白话可转债
入门与进阶实战指南

北落的师门 / 著

中国铁道出版社有限公司
CHINA RAILWAY PUBLISHING HOUSE CO., LTD.

内 容 简 介

本书涵盖了和可转债有关的知识点，从基本的概念、条款到背后的逻辑、法规，再到投资的案例、技巧，事无巨细地回答你在可转债投资学习中遇到的各种问题。当然，通俗性和专业性并重是本书写作过程中一直追求的目标，无论你是初学者还是发烧友，它都值得你细细品读。

打开本书的你，应该是个爱学习、爱钻研的投资者，毕竟可转债相对小众，又有点儿复杂，喜欢打探神秘代码的"聪明人"恐怕是没有耐心读完这本书；你可能还是个不太喜欢高风险的投资者，可转债在熊市中的抗跌性是你看中的；同时你大概是个"长期主义"者，有足够的耐心等待它在牛市中的精彩表演，那突如其来的爆发力是如此迷人。对，本书就是写给这样的你，希望你喜欢。

图书在版编目（CIP）数据

白话可转债：入门与进阶实战指南/北落的师门著. —北京：中国铁道出版社有限公司，2020.6（2025.2重印）
ISBN 978-7-113-26783-4

I. ①白… II. ①北… III. ①可转换债券-指南 IV. ①F830.91-62

中国版本图书馆CIP数据核字（2020）第059677号

书　　名：白话可转债——入门与进阶实战指南
　　　　　BAIHUA KEZHUANZHAI : RUMEN YU JINJIE SHIZHAN ZHINAN
作　　者：北落的师门

责任编辑：张亚慧　编辑部电话：（010）51873035　电子邮箱：lampard@vip.163.com
封面设计：宿　萌
责任印制：赵星辰

出版发行：中国铁道出版社有限公司（100054，北京市西城区右安门西街8号）
印　　刷：三河市兴达印务有限公司
版　　次：2020年6月第1版　2025年2月第12次印刷
开　　本：710 mm×1 000 mm　1/16　印张：17.75　字数：299千
书　　号：ISBN 978-7-113-26783-4
定　　价：59.00元

开始关注可转债大概是在 2012 年，那时候可转债不多、可转债基金更少，关于可转债的书也是十分稀少，我几乎翻遍了网络上的各种资料，研究它的历史案例，学习条款博弈、套利方法，甚至还做了一个自动计算溢价率的 Excel 文档。虽然没赚到什么大钱，但在那段难熬的熊市岁月中，这个十分抗跌的小众品种给我带来了很多乐趣。后来的故事很多人都经历过，2014 年底大盘暴涨，很多转债一骑绝尘，涨幅甚至超过了股票，但 2015 年的暴跌，也让很多涨到"天上"的转债尘归尘、土归土。

在股市大幅下跌时，我看到很多投资者在一知半解的情况下买入可转债、可转债基金甚至转债分级基金，遭受了巨大的损失；而当熊市来临，很多人心有畏惧不敢入场，却不知道有可转债这样一个穿着防弹衣抄底的好工具。从那时起，我便有心思想写一本关于可转债的书籍，但两个因素使我迟迟没有动笔：一是自己水平不行，虽然也研究了三四年，经历了一个完整周期，但经验毕竟有限，很多细节也是半吊子水平；二是刚刚经过 2015 年的暴涨暴跌，大量转债转股消失，市场只剩下几只转债在交易，一片死气沉沉的样子。在 2017 年，转债市场终于迎来了转机，一方面以蓝筹股为代表的股市涨得不错，带动了市场活跃度，另一方面政策对于转债融资的支持力度也逐渐加大，越来越多上市公司选择发行可转债，一时间供需两旺，这个格局一直持续至今。与此同时，参与到可转债中的投资者也越来越多，无论是转债打新，还是二级市场交易都十分活跃（包括网络社区的讨论），我个人也在这个过程中刷新了自己的很多认知盲点，算是有了些许长进。

而放眼图书市场，关于可转债科普读物仍旧不多，有的适合小白读者，有的适合专业读者，并且年代久远。而我希望写的是一本真正能够让一个读者从入门走向精通的书，小白读起来不乏味，专业人士捧上手会有所裨益，并且投资者在交易实践中还能够常读常新。说实话，这个要求有点儿高，但这其实是我个人学习可转债过程中遇到的痛点：阅读时通俗易懂能够很快入门，碎片化的投资技巧被系统化地串在一起，投资时遇到问题可以随时翻阅参考。

大概 2017 年底，我利用业余时间开启了本书的写作，中间断断续续一直到 2020 年春节才写完了初稿。在这个过程中，经历了 2017 年底转债打新的热潮、2018 年熊市中的转债破发潮、2019 年转债基金的风光无限，可以说我是一边更新经验，一边进行写作。所以直到本书定稿，我也不敢保证所有的内容都百分百正确（但我保证尽了最大努力），因为市场永远在变化，新东西会一直涌现。所以我建议各位读者，在阅读本书的同时，一定要多多和实践相结合，发现存疑的地方可以通过公众号找我讨论，也许下一版的修订（如果有的话）就来自于你的反馈和指正，我将不胜感激。

另外，任何投资都是收益与风险并存，请各位牢记。

北落的师门
2020 年 3 月

目 录

第 1 章

初次见面：你好，
可转债

1.1 双面佳人初相见

股票基金投资者常常会发出这样的抱怨：牛市来了嫌弃自己的基金跑不赢大盘，熊市亏了又后悔当初还不如去买个理财。这种既不想亏钱，又想多赚钱的心理，当然是所有人的梦想，不过世上安得双全法……

还别说，真有一种投资品种可以帮你接近这一梦想，它在牛市中涨幅犀利不逊股市，熊市中又变身抗跌"英雄"媲美债券。

这种投资品种就是本书唯一的主角：可转债。

下面我们从它的名字简单解释一下，分四步：

简易版：可转债

加长版：可转换公司债券

豪华加长版：可以转换成上市公司股票的公司债券

奢华全能加长版：在一定条件下可以转换成上市公司股票的，只要公司不倒闭就必须还本付息的债券。

这下大家明白了吧。它既是债券，投资者买了就可以享受发行人还本付息的保障，同时在一定条件下也可以转换成股票，也可以享受牛市里股价飞翔的快感。

如果你懂什么是期权，也可以理解为：可转债是一个上市公司债券，加上一个看涨期权，公司债券还本付息，保障你的投资安全，而看涨期权的价值则会随着股市上涨而增加，给你带来超额收益。

当然，不懂期权也没关系，完全不影响读懂本书。

这也是为什么很多人说可转债是"下有保底、上不封顶"的投资品种，不过这种说法的成立是要有条件的，否则梦想实现的也太容易了。本书的目的就是告诉你如何做才能更好地享受这位双面佳人带给你的双重惊喜。

下图是国内第一只可转债基金的历史收益情况：

兴全可转债基金与上证综指收益对比

兴全可转债基金成立于 2004 年 5 月，截至 2019 年 12 月底，取得了超过 800% 的回报，年化收益率超过 15%。从图中我们可以看出，在 2007 年和 2015 年牛市中，这只可转债基金都基本上跟随股市取得了大幅上涨，这是可转债的期权属性（或称为股票属性）在发威；而在 2008 年和 2015 年的两次大跌中，下跌又基本有限，尤其是在熊市磨底区间（如 2011—2014 年），该基金抗跌性明显，这是可转债的债券属性在硬撑。

当然，亮眼的业绩背后离不开基金经理的个人努力、基金公司的战略眼光以及中国股市发展的历史进程，虽然很多条件难以复制，但可转债这一投资品种作为其成功的核心要素始终是不变的。通过投资可转债，该基金做到了牛市大涨、熊市初期小跌、熊市末期微跌、震荡市小涨，长期积累后便可"独孤求败"。

这不正是普通投资者所梦寐以求的吗？

没错，可转债就是这么一个可爱的"家伙"，它是熊市中给你"济困解危"的"贫贱之交"，也是将来牛市"苟富贵、勿相忘"的"绝代佳人"。而个人投资者通过学习可转债知识、参与可转债投资，不仅能够使自己的资产保值、增值，还能体会到非常多的乐趣，何乐而不为呢？

知识链接 1.1：什么是看涨期权

看涨期权（Call Option）赋予期权的买方在一定有效时间内，按约定的价格和数量购进指定股票的权利。如果未来股票市价高于约定价格，期权买方可按约定的价格和数量购买股票，然后按市价出售，或转让看涨期权，获取利润，对应的成本是之前购买期权时付出的期权费；而当股票市价低于约定价格时，期权的买方执行该期权协议是不利的，如果期权到期后仍是如此，那么他会放弃执行该期权，获益为零，而损失就是之前付出的期权费。

看涨期权分为欧式（期权协议到期执行）和美式（期权协议在到期日之前可随时执行），而可转债的转股权其实就是一种美式看涨期权。

1.2 如何保底：我是债券

可转债首先是一个公司债券，准确地说，是上市公司发行的信用债券。既然是债券，那么上市公司就应当承担还本付息的义务。有没有可能不还呢？答案是：有可能，那就是公司倒闭了，企业散伙了。不过这种情况在可转债历史上从未发生过（截至 2019 年底），可能归可能，历史归历史，我们都要充分揭示。

为什么可转债没有出现过违约记录呢？那是因为可转债的发行审批是非常复杂的，证监会对公司资质的要求也十分严格，一般能够发行可转债的上市公司，各方面的质地基本都十分优良。尤其是前几年，上市的可转债以大型国企为主，如中石化、中国银行、中国工商银行等，闭着眼睛买也不会违约。不过随着 2017 年可转债市场的开闸扩容，一些容易受经营环境影响的中小公司也渐渐进入这一市场，甄别的难度也在不断加大，以后是否还能保持百分之百的安全，还真不好说。但总体而言，可转债的违约风险比其他类型的信用债券还是小很多的。

既然是债券，就应带有所有债券的属性。比如面值、票面利率、发行期限、回售条款等，该有的可转债一个不落。然而由于它又具有转股的特点，所以这些条款多多少少也会和传统的债券不一样，在第 4 章我们会详细展开论述。

另外要提示的是，无论是普通债券还是可转债，所谓的保底是指你必须以一个较低的价格买入才可以。比如发行时的面值 100 元，比如上市后它可能低于面值的 90 多元，比如在回售价或者到期还本付息价格之下的 10× 元，总之，如果你买贵了，到期连本带利还钱时可能都不够你的成本，比如 130 元买入。

买得便宜才保本，买得便宜才保本，买得便宜才保本，重要的事情说三遍！

另一个条件是，所谓保底必须持有到期，中间债券价格是有波动的，盈亏都是由二级市场交易带来的，风险要自己承担。

知识链接 1.2：债券分类方法

根据债券的分类方法，可转债通常是一种信用债，同时也是由上市公司发行的公司债，其募集方式多为公募，大多数无须担保，设计期限通常为中长期（5～6 年），见下表。

债券分类方法

根据发行主体的信用分类	
利率债	发行人为国家或信用等级与国家相当的机构，包括国债、地方政府债、央票、政策性银行债（国开债、农发债、口行债）等
信用债	债券的还本付息由发行人的信用情况决定，包括企业债、公司债、短融、中票等
根据发行人性质和审批机关分类	
企业债	非上市公司、企业发行，国企为主，发改委审批
公司债	上市公司、非上市公司发行、股份有限公司为主，证监会审批
金融债	政策性银行、商业银行、证券公司、其他非银金融机构发行，人民银行、银监会审批
非金融企业债务融资工具	中票、短融、PPN 等，银行间债券市场交易商协会审批
根据募集方式分类	
公募债券	它的发行人一般有较高的信誉，发行时要上市公开发售，并允许在二级市场流通转让
私募债券	发行手续简单，一般不到证券管理机关注册，不公开上市交易
根据是否有担保分类	
无担保债券	没有抵押物或相关保证人
有担保债券	指有一定抵押物或有保证人作为担保而发行的债券。当企业没有足够的资金偿还债券时，债权人可处置抵押物或要求保证人偿还
根据偿还期限分类	
长期债券	偿还期限在 10 年以上（国债等）或 5 年以上（企业债、公司债）
中期债券	期限在 1～10 年（国债等）或 1～5 年（企业债、公司债）
短期债券	偿还期限在 1 年以下

根据信用风险等级分类	
高等级	在国内，一般指信用评级 AA+ 到 AAA 的债券，信用风险较小
中高等级	在国内，一般指信用评级 AA 到 AAA 的债券，也被称为投资级别债券
中低等级	一般指信用评级在 AA 以下的债券，也被称为投机级别债券或者高收益债券、垃圾债

1.3 如何起飞：我能转股

可转债的魅力在于转股，可以说所有投资可转债的人，没有谁是准备持有五六年或冲着它还本付息去的，大家都盼望着体验它转股后飞翔的快感。转股的魅力有多大，我给你举个例子：中行转债 2010 年上市以后，常年在 90 ~ 100 元附近徘徊，这期间涨涨跌跌、起起落落，给了投资者很多"上车"的机会。到了 2014 年 11 月，大盘股突然开始启动，中行转债的价格从 100 元左右直接涨到了 2015 年 1 月最高的 194 元，只用了两个半月的时间，涨幅甚至超过了同期中国银行的股票。一个持有到期基本保本保息的投资品种，能给你带来这样的刺激，也是没谁了。

中行转债与中国银行价格对比

另外说明，中行转债作为经典案例，会在本书中各个角落伴随着你。

可转债之所以能在牛市时飞得这么高，是因为它可以转换成对应的股票，也就是所谓的正股。投资者一旦有了这个权利，它就具备了股票属性（其实是获得一份期权），牛市时，投资者根据条款把手里的可转债换成股票，到股市上一卖，赚钱非常轻松。如果你特别懒，不想点那几下鼠标去操作转股，也没问题，因为可转债自身的价格也会跟着股价波动，对应的正股涨，它的价格也会涨，对应的正股跌，它的价格也会跌，你可以像买卖股票一样买卖可转债，赚钱了直接卖掉可转债就可以了。

不同的是，由于它还具备债券属性，当对应的正股不给力，一旦跌的时候，可转债也会跟着跌，但是跌到一定程度就不会跟着跌了，这个时候它的债券属性就会出来帮忙，让可转债的价格停留在 90 ~ 100 元附近，这就是所谓的债底。

能飞多高呢？从理论上来说，股价能飞多高，可转债的价格就能飞多高，越是牛市，二者的趋同性越强，也就是所谓的股性越强。不过由于可转债有一个强制赎回条款，这也使得即使再牛的股票，其对应的可转债也只能跟跑一段时间，一旦触发该条款，可转债就必须得下车兑现盈利。虽然说飞不出"大气层"，但是飞到"云端"还是没有问题的，中行转债就是例子，翻一倍也该知足了。

转债虽好，切莫贪杯。

第 2 章

了解脾性：牛熊
见真章

2.1 牛市里的"大杀器"

前面我们提到过，可转债一旦跟随正股价格启动，很有可能涨幅巨大，而正股价格一旦触发强制赎回条款，可转债的持有人就会将其转股（因为一旦被强制赎回会有损失），从而使得可转债的余额越来越少，直到不达要求进而退市。这一段你暂时搞不懂没关系，先有一个大致印象。我这里要讲的是，虽然转债的存续周期都特别长，但是一旦遇上牛市，很可能发动一场闪电战，快速拿下胜利果实结束战斗。

2.1.1 牛市能赚多少钱

下表统计了截至 2019 年底退市的 78 只可转债的详情。由于经历了 2014—2015 年的大牛市，这些转债很多都在短时间内完成了强赎到退市的生命历程。这一历程可谓无比璀璨：比如"神债"通鼎转债，2014 年上市，不到一年时间即退市，最高价格达到 618 元，是发行价的 6 倍；比如洛钼转债，上市只有 8 个月便退市，最高翻了一倍。

观察这些可转债生命周期中的最高价，很多都到过 200 元，涨到 160、170 元也是很平常的事情。如果赶在牛市初期上市，那么很快便可以落袋为安，即使像中行转债、工行转债、石化转债这种熊市里"不给力的大象"，遇到牛市也在很短的时间内翻倍了。就算没卖到最高点，持有到退市前的价格，收益也算颇丰了。

部分可转债退市情况统计（2010-2019 年摘牌）

转债名称	退市价格（收盘价 / 元）	期间最高（收盘价 / 元）	期间最低（收盘价 / 元）	起息日	摘牌日	存续时间（年）
格力转债	105.69	289.36	100.00	2014/12/25	2019/12/25	5.00

续上表

转债名称	退市价格 （收盘价/元）	期间最高 （收盘价/元）	期间最低 （收盘价/元）	起息日	摘牌日	存续时间 （年）
海尔转债	132.02	132.02	100.00	2018/12/18	2019/12/17	1.00
绝味转债	158.52	165.10	100.00	2019/3/11	2019/11/22	0.70
天马转债	123.29	208.20	87.42	2018/4/17	2019/11/19	1.59
光电转债	129.03	144.50	100.00	2018/11/5	2019/11/7	1.01
崇达转债	123.00	154.33	98.46	2017/12/15	2019/11/1	1.88
蓝标转债	136.00	156.90	85.39	2015/12/18	2019/10/24	3.85
冰轮转债	130.80	161.80	100.00	2019/1/14	2019/10/23	0.77
平银转债	123.88	129.00	100.00	2019/1/21	2019/9/27	0.68
隆基转债	154.19	154.19	92.68	2017/11/2	2019/9/4	1.84
宁行转债	125.70	137.76	100.00	2017/12/5	2019/8/30	1.73
生益转债	167.56	167.56	98.00	2017/11/24	2019/8/1	1.68
安井转债	141.29	153.54	100.00	2018/7/12	2019/7/5	0.98
常熟转债	131.63	150.13	94.81	2018/1/19	2019/5/23	1.34
东财转债	138.59	194.01	100.00	2017/12/20	2019/5/21	1.42
康泰转债	168.66	215.38	100.00	2018/2/1	2019/5/15	1.28
鼎信转债	128.20	140.97	87.38	2018/4/16	2019/5/8	1.06
景旺转债	120.27	136.03	100.00	2018/7/6	2019/4/30	0.82
三一转债	176.09	178.51	100.00	2016/1/4	2019/3/26	3.22
江南转债	100.59	131.98	99.91	2016/3/18	2019/2/20	2.93
万信转债	145.80	180.80	100.00	2017/12/19	2018/8/29	0.69
宝信转债	141.39	160.96	96.86	2017/11/17	2018/7/13	0.65
汽模转债	121.18	147.62	99.97	2016/3/2	2017/8/17	1.46
歌尔转债	145.54	236.76	116.48	2014/12/12	2017/7/10	2.58
白云转债	138.27	138.28	99.99	2016/2/26	2017/6/13	1.30
通鼎转债	354.27	618.39	116.86	2014/8/15	2015/7/20	0.93
洛钼转债	130.25	222.83	103.89	2014/12/2	2015/7/16	0.62
吉视转债	99.75	193.81	99.75	2014/9/5	2015/7/15	0.86
民生转债	119.49	145.93	87.79	2013/3/15	2015/7/1	2.30
齐峰转债	200.18	207.64	100.00	2014/9/15	2015/6/16	0.75
齐翔转债	163.29	176.60	102.79	2014/4/18	2015/6/15	1.16

续上表

转债名称	退市价格（收盘价/元）	期间最高（收盘价/元）	期间最低（收盘价/元）	起息日	摘牌日	存续时间（年）
燕京转债	149.05	167.24	99.68	2010/10/15	2015/6/15	4.67
深机转债	219.94	227.77	90.78	2011/7/15	2015/6/8	3.90
浙能转债	165.19	167.03	107.36	2014/10/13	2015/6/5	0.64
东华转债	340.32	347.41	100.00	2013/7/26	2015/6/2	1.85
海运转债	205.91	235.06	90.89	2011/1/7	2015/5/15	4.35
深燃转债	142.64	155.53	94.26	2013/12/13	2015/5/8	1.40
双良转债	92.13	133.73	92.13	2010/5/4	2015/5/7	5.01
歌华转债	204.29	223.05	86.49	2010/11/25	2015/5/6	4.45
恒丰转债	172.87	181.52	93.45	2012/3/23	2015/5/5	3.12
冠城转债	176.57	180.13	100.00	2014/7/18	2015/4/29	0.78
长青转债	145.49	154.84	105.27	2014/6/20	2015/4/24	0.84
南山转债	151.03	157.25	88.91	2012/10/16	2015/3/13	2.41
中行转债	144.62	187.67	89.23	2010/6/2	2015/3/13	4.78
同仁转债	131.17	165.01	100.00	2012/12/4	2015/3/10	2.26
国电转债	168.63	211.34	96.73	2011/8/19	2015/3/5	3.55
东方转债	159.26	202.27	106.33	2014/7/10	2015/2/27	0.64
工行转债	131.74	157.44	97.31	2010/8/31	2015/2/26	4.49
石化转债	115.04	150.60	86.05	2011/2/23	2015/2/17	3.99
徐工转债	135.79	184.77	85.61	2013/10/25	2015/2/16	1.31
中海转债	114.31	162.34	88.28	2011/8/1	2015/2/13	3.54
平安转债	167.43	183.89	98.72	2013/11/22	2015/1/15	1.15
国金转债	194.65	234.83	107.47	2014/5/14	2015/1/9	0.66
久立转债	142.58	159.59	100.00	2014/2/25	2015/1/5	0.86
隧道转债	152.84	154.77	90.02	2013/9/13	2014/12/18	1.26
华天转债	153.78	153.85	100.00	2013/8/12	2014/12/8	1.32
重工转债	132.05	144.08	99.27	2012/6/4	2014/12/4	2.50
泰尔转债	133.34	147.36	97.07	2013/1/9	2014/11/21	1.87
海直转债	166.22	170.70	100.00	2012/12/19	2014/10/8	1.80
博汇转债	106.61	139.31	95.83	2009/9/23	2014/9/29	5.02
川投转债	158.45	158.45	87.43	2011/3/21	2014/9/10	3.48

转债名称	退市价格 （收盘价/元）	期间最高 （收盘价/元）	期间最低 （收盘价/元）	起息日	摘牌日	存续时间 （年）
中鼎转债	141.17	142.10	100.00	2011/2/11	2014/8/11	3.50
新钢转债	103.76	169.07	90.50	2008/8/21	2013/8/27	5.02
国投转债	128.09	142.04	91.14	2011/1/25	2013/7/12	2.46
巨轮转债	130.58	138.99	92.24	2011/7/19	2013/6/20	1.92
美丰转债	162.13	181.99	100.00	2010/6/2	2013/4/24	2.90
唐钢转债	109.73	162.69	100.25	2007/12/14	2012/12/14	5.01
澄星转债	104.63	154.52	102.32	2007/5/10	2012/5/17	5.02
塔牌转债	133.36	167.75	100.00	2010/8/26	2011/6/9	0.79
铜陵转债	182.57	214.82	100.00	2010/7/15	2011/4/1	0.71
锡业转债	140.94	351.17	101.43	2007/5/14	2010/12/14	3.59
王府转债	132.12	147.13	123.34	2009/10/19	2010/11/5	1.05
厦工转债	139.37	154.25	121.50	2009/8/28	2010/9/30	1.09
安泰转债	155.27	164.84	128.96	2009/9/16	2010/6/23	0.77
西洋转债	129.86	157.38	122.68	2009/9/3	2010/5/19	0.71
龙盛转债	128.41	159.29	119.69	2009/9/14	2010/5/12	0.66
大荒转债	138.48	196.37	105.01	2007/12/19	2010/3/12	2.23
山鹰转债	151.83	180.58	100.18	2007/9/5	2010/2/5	2.42

2.1.2　牛市的两个阶段

在可转债上市之后，如果股价没有特别突出的表现，转债价格一般会在100 ～ 110 元之间徘徊，比面值 100 元多出的部分是市场给的溢价，毕竟和普通的债券比，它是能转股的，这个"期权"多少还是有价值的。但是如果遇上股价不给力连续下挫，转债价格低于 100 元的可能性也不小。

而一旦牛市启动，那么后面的路只有两道关了。

阶段一：剑指 130 元，向强赎进发

仔细观察你会发现，表中所有成功退市的可转债，最高价都高于 130 元。这是因为触发强制赎回这一条款的条件是：正股价格比可转债的转股价高 30% 并持续一定的天数。看到这里你可能又晕了，不着急，现在你只需要知道，在 99% 的可转债的生命历程中，都会出现捅破 130 元这层窗户纸的时候，这样就可以了。至于到底怎么回事，我们在后面章节中会详细讲解。

也正是因为如此，很多人会说，100 元左右买可转债，大概率能赚 30% 以上，这话不假。在这个阶段，可转债是股债平衡属性。

阶段二：130 元之后的自由奔跑

可转债价格冲破 130 元之后，股性已经完全释放，这时候它的价格几乎和股票完全联动，所以也有可能随着股票涨到 200 元甚至更高，也有可能因为股价突然反转暴跌而重新跌回 130 元以下，2015 年股市暴跌期间就是如此。这一时期重要的变数是：如果已经触发了强制赎回，那么剩下的交易日就不多了，市场的博弈会加大，转债价格也有可能和股价呈现一定程度的背离。看不懂、没关系，好饭不怕晚，现在只是给你一个直观的感觉。

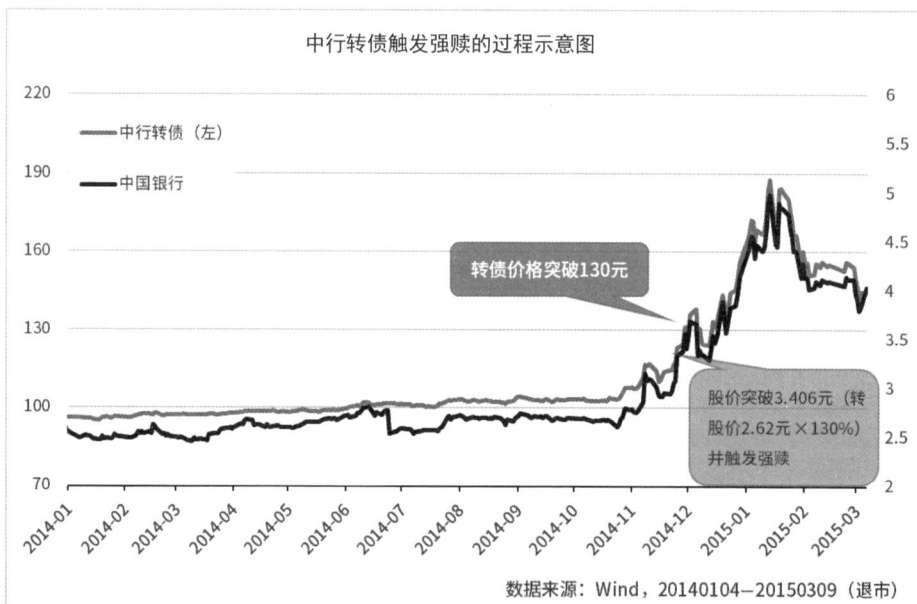

数据来源：Wind，20140104—20150309（退市）

中行转债触发强赎的过程示意图

以中行转债为例，2014 年底的当期转股价是 2.62 元，强赎的触发价为 2.62×130%=3.406 元，而在 2014 年 12 月 2 日，中国银行收盘价为 3.56 元，突破了触发价，而中行转债的收盘价也恰恰在这天突破 130 元来到 132.24 元。而到了 12 月 30 日，中国银行的股价已经有连续三十个交易日中已有十五个交易日的收盘价格不低于当期转股价，正式触发了强赎，中国银行随即发布强赎公告。

2.2 熊市里的避风港

2.2.1 可转债的四道防线

在熊市里，可转债同样会下跌，特别是从牛市回到熊市的过程中，跌幅还很大。不过一旦跌到一定程度，可转债的债性就开始凸显。这时候起作用的有四道防线。

第一道防线：保本价格

可转债是到期还本付息的债券，虽然票息没有那么高，时间又长，但是只要最后不违约（前面说过了违约概率不大），到期一定能够拿回本息，这个本息之和就是可转债的保本价格。这里以通鼎转债为例，它的面值是 100 元，票面利率：第一年 0.80%、第二年 1.00%、第三年 1.30%、第四年 1.60%、第五年 2.00%、第六年 2.50%。如果到期以后没有转股，发行人会对最后一期利息进行补偿，补到 10%（含第六年的利息 2.5%），即最后一年到期能拿回 110 元。如果站在刚发行时点看，到期一共能够拿回的金额有 0.8+1.0+1.3+1.6+2.0+110=116.7（元）。这个价格就是站在第一年度看通鼎转债的到期保本价。如果到了第二年，首年利息 0.8 元付掉以后，到期保本价就变成 115.9 元，以此类推。

通鼎转债保本价格示意图

投资年度	拿回本息（元）	保本价格（元）	剩余时间
第 1 年	0.8+1.0+1.3+1.6+2.0+110	116.7	5 ~ 6 年
第 2 年	1.0+1.3+1.6+2.0+110	115.9	4 ~ 5 年
第 3 年	1.3+1.6+2.0+110	114.9	3 ~ 4 年
第 4 年	1.6+2.0+110	113.6	2 ~ 3 年
第 5 年	2.0+110	112	1 ~ 2 年
第 6 年	110	110	0 ~ 1 年

在不同年份，只要可转债的价格跌到保本价之下，届时买入并持有到期，大概率是不会亏钱的，只不过这个"持有到期"到底是多久，需要根据买入时点和

可转债的到期时点来算一下剩余期限。

有一点需要提醒的是，个人投资者持有转债获得的票息收益是要交20%的利息税，但是法人机构投资则不需要交。所以个人投资者如果打算在利息发放期间仍旧持有转债，那么在计算到期保本价的时候需要把利息部分打八折计算。还有一种操作就是在利息发放前把转债在二级市场卖出（转债按全价交易，价格中包含利息），在利息发放后再买回来，这是一种"避税操作"，相当于投资者用比含利息的全价稍微低一点儿的价格卖给了机构投资者，让后者去"吃"票息收入（不交税）。在这个过程中，没有人交税，省下来的钱一部分个人投资者"吃"掉了（高卖低买的差价），一部分机构投资者拿走了。当然，一卖一买需承担期间正股带来的波动风险。不过，上市前几年，由于利息很低，合理避税的意义不大。

第二道防线：回售价格

很多可转债都有回售条款，大致意思是如果可转债对应的股价跌到转股价以下某个位置持续一定的时间，投资者可以把可转债以某个约定的价格卖回给发行人，这个约定价格通常是固定价格或者100元 + 当期利息，大概10×元。这种情况一般发生在熊市深入期，很多可转债对应的正股股价不给力，投资人眼看转股无望，有可能会选择回售。所以这个回售价格也是对投资人的一个保护。例如通鼎转债有条款规定："发行人股票在最后两个计息年度任何连续三十个交易日的收盘价格低于当期转股价格的70%时，可转债持有人有权将其持有的可转债全部或部分按债券面值的103%（含当期利息）的价格回售给发行人。"

这个回售价103元（面值100元 ×103%）就是第二道防线。如果可转债的价格跌到103元以下，也可以认为是进入保本区间了，而且这个回售的权利是一旦条件触发就可以执行的，不需要等到持有到期，极大缩短了保本的时间。

不过有很多可转债是没有这种赎回条款的，主要是一些大公司发行的转债，例如中行转债、工行转债等，投资者要注意。谁让人家信用好呢。

第三道防线：面值100元

这道防线主要是心理防线。因为无论是到期保本价还是回售价，都需要投资者查一查条款才能知道，而100元面值这个价格，任何人只要看到跌破了，就必然会认为该转债已经进入保本区间。所以这是一个非常重要的心理关口，可转债大面积跌破100元，也被认为是黄金配置时期的到来，这主要发生在熊市深度期。

注意：100 元以下的可转债，且买且珍惜。

第四道防线（终极防线）：债底

可转债的价格在下跌过程中最终会趋近于债底，到这个位置就基本稳住了。什么是债底？即如果抛去可转债其他所有属性，仅仅把它当作一只公司债去定价时的价格。普通的公司债定价主要是看到期本息和市场利率，一般是呈反比关系。这里用一个简单的公式来表达：

债券价格＝到期本息 /（1+ 市场利率），注：假设债券期限 1 年

这个债券价格就是所谓的债底，字面意思也能理解，可转债价格跌到此处就不会再跌了，到底了。

由于可转债多多少少还有一点转股的权利，即看涨期权的价值，虽然在熊市里这个价值会变得很小，但蚊子腿再小也是肉，所以在熊市中，可转债的价格往往会比拿公式算出来的债底价格要高那么一点点儿。

不过需要注意的是，决定债底的两个因素中，到期本息是固定的，而市场利率是浮动的，钱紧的时候利率高，钱松的时候利率低，所以这个债底还会根据市场利率的变化上下移动。钱荒的时候，债券价格普遍下跌，债底也会下移。如果这时股市也受资金面影响产生下跌，那么就会形成股债双杀，这对可转债来说是比较坏的消息，有可能会继续下跌。不过往往这个时候也是可以考虑重仓的好时机。

以 2016 年 1 月 15 日发行的 6 年期的九州转债为例，它的票面利率和持有到期本息和见下表：

九州转债票面利率与到期本息和

持有年份	第 1 年利息	第 2 年利息	第 3 年利息	第 4 年利息	第 5 年利息	第 6 年利息及补偿	到期本息和（元）
第 1 年	0.20%	0.40%	0.60%	0.80%	1.60%	8.00%	111.6
第 2 年		0.40%	0.60%	0.80%	1.60%	8.00%	111.4
第 3 年			0.60%	0.80%	1.60%	8.00%	111
第 4 年				0.80%	1.60%	8.00%	110.4
第 5 年					1.60%	8.00%	109.6
第 6 年						8.00%	108

从最后一列中我们可以算出不同年限下，第一道防线到期保本价的位置在哪里；九州转债的回售价是 103 元，这是第二道防线的位置，只不过根据条款该防线要到最后两年才生效，在之前四年是不会触发回售条款的；第三道防线是面值100 元；第四道防线是根据债券定价公式算出来的纯债价值，也就是债底。

可转债的四道防线（以九州转债为例）

上图清晰地刻画了九州转债的收盘价和四道防线之间的关系。该转债在上市以后曾经大幅上涨，随后震荡下行，在 2017 年底跌破了第一道防线（到期保本价），这时候开始介入转债就可以做到持有到期不亏钱；随后在 2018 年中跌破了回售价，但由于此时回售条款还没有进入有效期，所以保护性不强；2018 年底转债价格曾数次试探第三道防线，即 100 元面值，但始终未能攻破该心理价位；而到了 2019 年中，纯债价值随着时间的推移不断提升，而股市又经历了一波下跌，转债价格一度与债底有碰头之势，但始终未能刺破债底，随后便迎来了反弹。

在熊市或震荡市中，这四道防线所构成的区间可以理解为可转债的底部区域，当然也是黄金投资期。

2.2.2 底到底在哪儿

大家回头再去看一下前面的转债退市情况统计表，这些已完成生命周期的可转债，期间最低价大多在 85 ~ 100 元之间，其中比较著名的是中行转债跌到过 89.23 元，徐工转债 85.61 元，石化转债 86.05 元，这些价格站在现在看，简直不可思议，可谓满地黄金。而站在当时的角度看，这个价格也已经极具吸引力，因为纯吃票息已经不少了。想象一下刚才九州转债的例子，可转债价格跌到纯债价值附近时，说明该转债可以获得与同类型、同信用评级的信用债一样的利息，还白送一个看涨期权，这不是非常棒的投资机会吗？

下图用一种很直观的方式统计了可转债的历史平均价格，从图中可以看出，每次历史大底，可转债的价格都会在 90 元附近徘徊。如果遇见 80 多元的可转债，公司质地不差的话，那就好好珍惜吧！

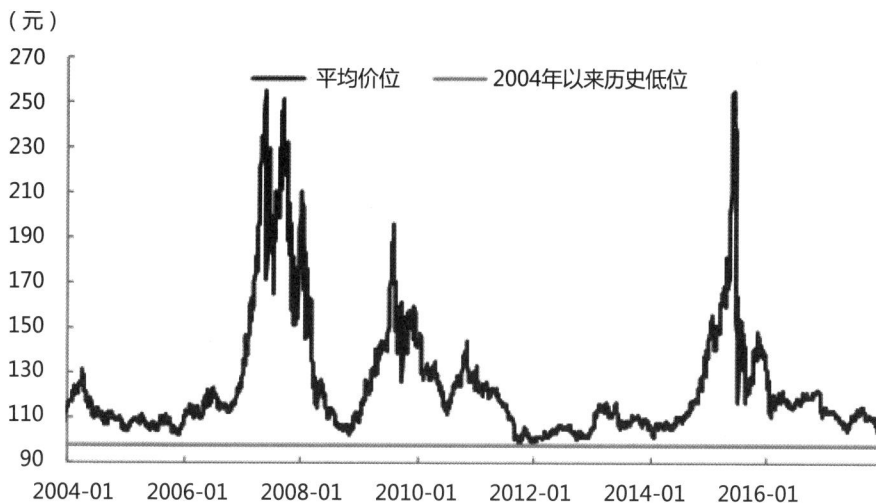

可转债历史平均价格变化（2004—2018 年）（图片来源：兴业证券研究所）

用中证转债指数也可以很明显地感受到："跌到一定程度就跌不动了"。无论是 2012—2014 年的熊市，还是 2016—2018 年的熊市，两大熊市可转债指数基本都处在一个底部震荡区域，见下图。

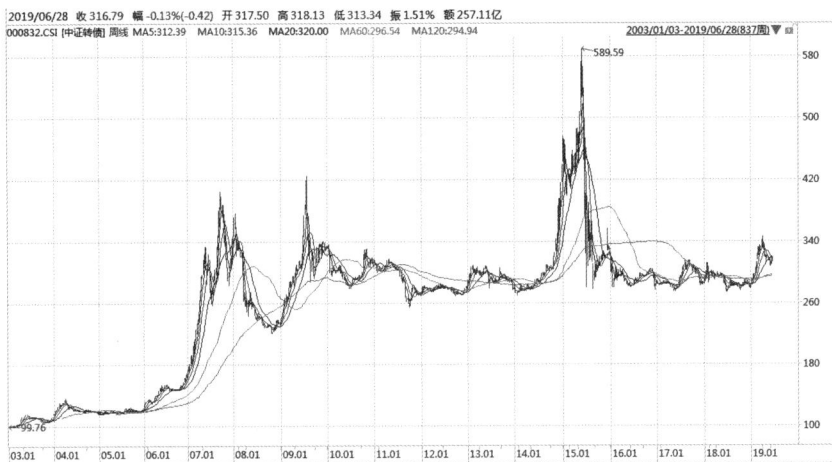

中证转债指数走势图（数据来源：Wind，20030101—20190628）

2.3 图解转债特性

2.3.1 通过对比股市看特性

下图是中证转债指数和沪深 300 指数的收益对比情况，从中可窥一二。

中证转债指数与沪深 300 指数的收益对比

中证转债指数代表了可转债市场的整体情况，我们用它和沪深 300 指数做个对比，从中总结可转债的一些特性出来。

（1）由牛转熊风险大。

当股市从顶峰跌落下来时，可转债也会跟跌，而且这时候的跌幅也不小。

（2）熊到深处便抗跌。

可以清楚地看到：在标示 1、标示 2 和标示 3 中，在深度熊市阶段，可转债已经不再跟着向下调整了，这时候可转债的债券属性较强。

（3）牛市初期涨得慢。

在牛市初期，可转债需要经历一个从债性向股性转换过渡的时间，属于酝酿期，所以虽然也涨但是涨不过股市。

（4）牛市后期猛如虎。

在牛市后期，可转债的股性已经充分体现，这时的涨跌则可以完全跟上股市甚至更猛。

（5）不同牛市有区别。

如果牛市时间长，比如 2006—2007 年，则跟不到最顶峰，如果牛市来得猛烈，比如 2015 年，则有可能跟到最顶峰。这主要是由可转债的转股机制带来的，后面会详细讲解。

（6）底部徘徊忽起飞。

可转债的特性决定了它在底部的时间比较长，可以给投资者较长的吸货时间，通常徘徊两三年之后，就会突然冲上去一年。在公众号"韭菜说投资社区"上曾经做过不同资产周期性表现的图表，可以清楚地看到，可转债指数在熊市中常常排名倒数，但绝对跌幅并不会很大，而当牛市来临，它便能以较高的收益率冲到前列。

注：读者可以在公众号后台回复"资产 2019"获得 2019 年的图表，以后我们也会定期更新，见下图。

大类资产收益率变化图（2009—2019）

2019	2018	2017	2016	2015	2014	2013	2012	2011	2010	2009
沪深300 36.07%	上证企债 5.74%	恒生指数 35.99%	原油 50.93%	美元指数 9.34%	中证转债 56.94%	标普500 29.60%	恒生指数 22.91%	原油 13.35%	黄金 29.53%	沪深300 96.71%
标普500 28.88%	美元指数 4.14%	沪深300 21.78%	标普500 9.54%	上证企债 8.84%	沪深300 51.66%	欧STOXX 13.26%	标普500 13.41%	黄金 9.77%	原油 21.15%	恒生指数 52.02%
中证转债 25.15%	中证转债 -1.16%	标普500 19.42%	黄金 8.71%	沪深300 5.58%	美元指数 12.56%	上证企债 4.36%	欧STOXX 8.78%	上证企债 3.50%	标普500 12.78%	中证转债 43.63%
欧STOXX 23.30%	黄金 -1.37%	原油 17.39%	上证企债 6.04%	欧STOXX 3.21%	标普500 11.39%	恒生指数 2.87%	沪深300 7.55%	美元指数 1.60%	上证企债 7.42%	原油 36.53%
原油 21.94%	标普500 -6.24%	黄金 13.12%	美元指数 3.73%	标普500 -0.73%	上证企债 8.73%	美元指数 0.55%	上证企债 7.49%	标普500 -0.00%	恒生指数 5.31%	欧STOXX 24.06%
黄金 18.07%	欧STOXX -13.15%	欧STOXX 5.56%	恒生指数 0.39%	黄金 -7.16%	欧STOXX 2.90%	原油 -0.33%	黄金 5.94%	欧STOXX -8.39%	美元指数 1.33%	标普500 23.45%
恒生指数 9.07%	恒生指数 -13.61%	上证企债 2.13%	欧STOXX -2.89%	黄金 -10.53%	恒生指数 1.28%	中证转债 -1.41%	中证转债 4.11%	中证转债 -12.77%	欧STOXX 0.04%	黄金 23.32%
上证企债 5.74%	原油 -18.72%	中证转债 -0.16%	沪深300 -11.28%	中证转债 -26.53%	黄金 -1.23%	沪深300 -7.65%	原油 3.87%	恒生指数 -19.97%	中证转债 -6.33%	上证企债 0.68%
美元指数 0.39%	沪深300 -25.31%	美元指数 -9.89%	中证转债 -11.76%	原油 -34.67%	原油 -48.11%	黄金 -27.52%	美元指数 -0.57%	沪深300 -25.01%	沪深300 -25.01%	美元指数 -4.00%

原始数据： Wind，20191231，本币计价，相关指数、Comex黄金连续、ICE布油连续

大类资产收益变化图（2009—2019）

2.3.2 转债价格规律图

下图我们从技术性的角度再来揭示一下可转债价格的运行规律。

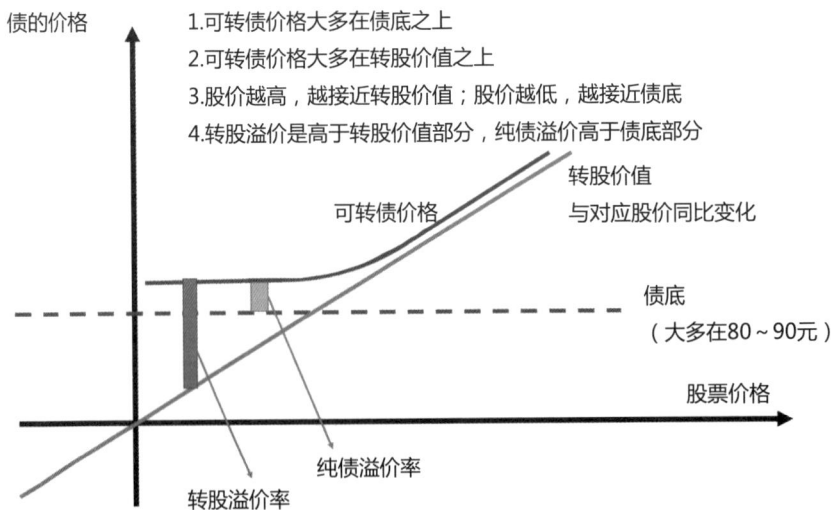

债的价格

1.可转债价格大多在债底之上
2.可转债价格大多在转股价值之上
3.股价越高，越接近转股价值；股价越低，越接近债底
4.转股溢价是高于转股价值部分，纯债溢价高于债底部分

转股价值
与对应股价同比变化

可转债价格

债底
（大多在80～90元）

股票价格

纯债溢价率

转股溢价率

可转债价格运行规律示意图

该图的横坐标轴是股票价格，即可转债对应的可以转换的正股的价格，纵坐标轴是可转债本身的价格。

中间笔直的斜线是可转债的转股价值，也就是说，这张转债在某一时刻转换成股票在股市卖掉值多少钱，我们发现，股票价格越高，转股价值越大，反之亦然，当股价跌为 0 的时候，这张可转债的转股价值也变成 0。所以它是一条向右上方倾斜的直线，可转债的转股价值和股票价格是线性关系。

而那条弯曲的斜线，展示的是可转债的价格与股票价值之间的关系。我们发现它们是一种非线性关系。

下面的那条水平的虚线，代表了可转债的债底价格水平，也就是把可转债纯粹当作债券看不考虑转股的情况下，其价格是多少，这一般就是可转债交易价格的下限了。这个债底价格是水平的，说明它和股票价格没有关系，但是也会随着时间上下平移，也就是说，当债券市场环境发生变化的时候，可转债的债底也会变化，当然，这个变化幅度并不会太大，因为债券市场本身的波动也没有那么大。

可转债价格和转股价值之间的差别，我们叫作转股溢价率，和债底之间的差别，叫作纯债溢价率。记住这两个指标很重要（后面我们还会详细说明其应用）。

接下来我们就可以从这张图中总结出几个特点。

（1）当正股股价上涨，可转债的价格也会上涨。

（2）股价涨得越多（从左向右看），可转债的价格越逼近其转股价值，极限情况下，会和转股价值趋同，从图上看就是两条线无限逼近，股价的变化会剧烈影响转债的价格。这时候可转债的转股溢价率也会接近 0，而纯债溢价率就会很大。可以发现，转股溢价率越低，纯债溢价率越高，对应可转债的股性就越强。

（3）当正股股价下跌，可转债的价格也会下跌。

（4）正股股价跌得越多（从右向左看），可转债的价格就会慢慢和转股价值脱钩不再跟跌，而是开始逼近债底这条线。这时候可转债的转股溢价率就会很大，而纯债溢价率就会很小，对应可转债的债性也就越强。

（5）大部分的时间中，可转债的价格都在债性和股性之间。熊市的时候债性强，抗跌；牛市的时候股性强，能涨。而纯债溢价率和转股溢价率是衡量债性和股性最重要的指标。

第 3 章

前世今生：发展历程
与生命周期

3.1 可转债的三个发展阶段

3.1.1 萌芽阶段（1991—1997 年）

1990 年底，沪深交易所分别成立。以此为起点，中国的可转债市场也进入了萌芽与尝试期。

1991 年 8 月，海南新能源股份有限公司（琼能源）发行了可转债并在公司上市后按计划实现了转股，成为我国最早发行可转债的公司。1992 年 11 月，深市上市公司深圳宝安企业集团股份有限公司（深宝安）在 A 股市场上首次发行了 5 亿元的可转债。随后还有中纺机、深南玻、轮胎橡胶被批准到境外发行可转债，成都工益冶金公司也在境内发行可转债并在上市后实现了转股。

在这一时期，出现的最大问题是深宝安可转债的转股失败，直接导致转债市场的发展停滞，直到 1997 年之前国内便再无可转债发行，只有少数在海外发行可转债的尝试。

深宝安 1991 年 6 月上市，是深市第六家上市公司。在 1992 年底的时候，国内利率水平极高，连三年期的国库券票面利率都要 9.5%，如果再算上保值贴息（当时国内处于通胀期），年均成本甚至接近 20%。而股市倒是处于火热的牛市中。这样一来，为了低息融资，又可在股市高位募集更多的资金，深宝安选择了可转债作为融资工具。初期发行很顺利，但是随后的熊市使得股价距离转股价越来越远，最后没有完成转股，投资人只获得了每年 3% 的利息，深宝安也没有达到促使转股从而不还钱的目的。

这一阶段，可转债市场没有完备的法律法规体系，无论是发行人、投行还是监管者，大家都是摸着石头过河，有得有失，为未来的发展积累了经验，奠定了基础。

3.1.2　发展阶段（1997—2006 年）

1997 年 3 月，国务院证券委员会发布了《可转换公司债券管理暂行办法》，这是我国可转债市场的第一个规范性文件，对可转债的发行、交易、转股、债券偿还等细节都做了详细规定。《可转换公司债券管理暂行办法》还允许拟上市的重点国有企业发行可转债，南宁化工、吴江丝绸、茂名石化成为首批试点企业。

2001 年，证监会接连颁布《上市公司发行可转换债实施办法》，2002 年又发布了《关于做好上市公司可转换债券发行工作的通知》。至此，国内可转债市场形成了相对完备的监管体系。2001 年市场上就有超过 50 家上市公司提出了可转债的发行方案，2002 年发行规模更是达到 41.5 亿元（阳光、万科、水运、丝绸、燕京），超越了历年总和，可转债市场正式进入了蓬勃发展的阶段。

这一阶段的主要特点体现在监管体系的逐渐完备，可转债的发行有了指导和约束的框架。不过由于正好赶上 2001—2005 年漫长的熊市，可转债市场的景气度也受到了一定的影响。这 5 年当中积聚的力量，最终在 2006—2007 年的大牛市中爆发。

3.1.3　成熟阶段（2006—2017 年）

2006 年，证监会颁布《上市公司证券发行管理办法》，之前提到的三个文件同时废止，可转债与股票的发行规则被合并到同一文件中，相关条款作为可转债发行的纲要性规定沿用至今。

由于 2006—2007 年的大牛市中，大部分的可转债都以优异的二级市场表现惊艳众人，投资者对其的关注度也越来越高。本书中提到的兴全可转债基金，也是在这一时期大放异彩。而后市场经历多次牛熊转换，可转债市场也日渐成熟。

3.1.4　新时代（2017 年—　）

2017 年 2 月，证监会发布了《上市公司非公开发行股票实施细则》和《发行监管问答——关于引导规范上市公司融资行为的监管要求》，规范上市公司再融资。随着再融资新规的发布，定增一定程度受到限制，可转债融资逐渐受到监管部门的鼓励和企业的青睐。2017 年 3 月，光大转债发行，转债市场规模迅速扩大。

2017 年 5 月，证监会发布了《上市公司股东、董监高减持股份的若干规定》，上交所、深交所也分别出台了完善减持制度的专门规则。定增股东持有股份的限售期相当于被延长，定增融资难度加大，可转债更受欢迎。

2017 年 9 月，证监会发布修订后的《证券发行与承销管理办法》，对可转债、可交换债发行方式进行了调整，将现行的资金申购改为信用申购。投资者申购时无须预缴申购资金，待确认获得配售后，再按实际获配金额缴款，解决了可转债发行过程中大规模资金冻结的问题，极大地提高了可转债的发行速度。

这一系列政策使定增在一定程度受到限制，而可转债再次成为企业再融资的重要方式，投资者对于可转债的关注度再次提高，转债打新也蔚然成风。2017—2019 年三年每年发行总额分别为 602 亿元、1071 亿元、2478 亿元，规模和品种较之以前获得极大提高和丰富，而 2016 年全年发行额只有 226 元，不到 2019 年的十分之一。

2020 年 2 月 14 日，证监会发布了新的再融资管理办法，对定增后减持要求又有了较大程度的放松。

在未来一段时间，定增和可转债仍会是上市公司融资的两个主要选项，并且会随着监管和市场环境而动态调整，下面图表为各种股权融资方式金额对比。

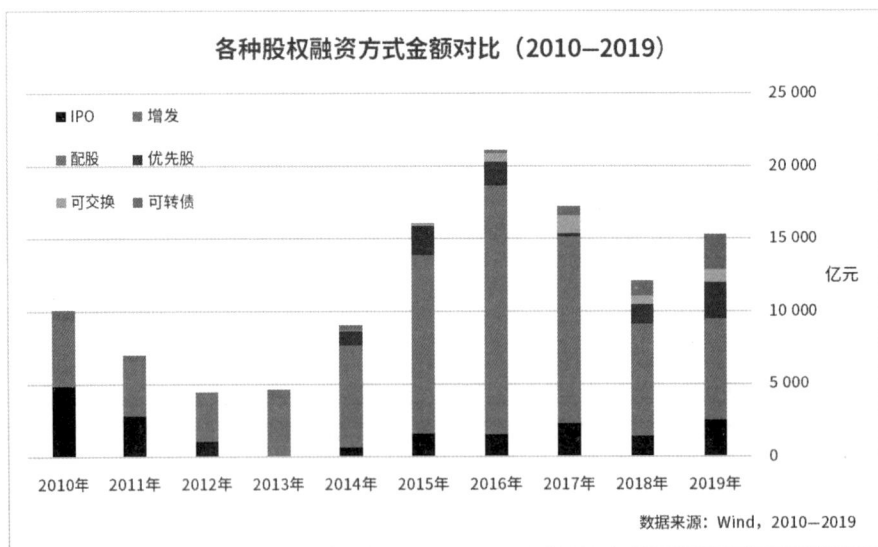

各种股权融资方式金额对比（2010—2019 年）

各种股权融资方式金额对比表（2010—2019 年）　　（单位：亿元）

年份	IPO	增发	配股	优先股	可转债	可交换
2019 年	2532.48	6798.198	133.876	2550	2477.815	831.378
2018 年	1 378.15	7 523.52	228.32	1 349.76	1 071.10	556.5
2017 年	2 301.09	12 705.31	162.96	200	602.72	1 251.78
2016 年	1 496.08	16 879.07	298.51	1 623.00	226.52	572.63
2015 年	1 576.39	12 253.07	42.34	2 007.50	93.8	134.13
2014 年	666.32	6 842.03	137.97	1 030.00	311.19	55.6
2013 年	0	3 584.26	475.73	—	551.31	2.56
2012 年	1 034.32	3 214.07	51.92	—	157.05	—
2011 年	2 809.69	3 485.37	338.5	—	413.2	—
2010 年	4 885.14	3 100.17	1 438.22	—	717.3	—

数据来源：Wind

3.2 海外可转债的历史

　　作为一种金融工具，可转债并不是一个新鲜玩意儿。早在 1843 年，纽约益利铁路公司就首次向社会发行过可转债来募集资金。经过 170 多年的发展，可转债在全世界各大金融市场均是不可小觑的品种。

　　作为可转债的发源地，时至今日，美国仍是可转债规模最大的市场，截至 2017 年，存量规模超过 2600 亿美元。美国可转债市场的迅速发展始于 19 世纪 70 年代后，并在不断创新中衍生出很多有别于我国的特色。比如：

　　（1）发行期限。根据我国《上市公司证券发行管理办法》规定，中国的可转债发行期限一般在 1 ~ 6 年之间，而海外可转债市场并没有类似的规定，所以它的发行期限有着很大的时间跨度，短则 1 年，长则 30 年以上，并且存在着相当数量的永久债券。

　　（2）票面利率。海外市场上的可转债票面利率在 0 ~ 10% 之间，其中大部分的永久债券的票面利率在 0 ~ 5% 之间，另外还有一部分零票息的可转债（日本大部分可转债都是零票息）。而我国目前为止还没有零票息可转债的，大部分都在 0 ~ 4% 之间，并随着时间的推移而增加，最后一年予以部分补偿。

（3）公司资质。在我国，可转债的发行条件比较严格，发行人资质都比较好。但是海外可转债市场的发行人则良莠不齐，例如美国市场基本上是信用等级较低的中小型、成长型企业，无法转股甚至不能偿还本息的概率比我国大多了。

相比而言，中国可转债市场的投资者还是比较幸福的。

3.3 可转债的生命路径

3.3.1 审批流程

可转债的发行审批环节中，仅有"董事会预案"和"股东大会通过"两个环节是上市公司及其股东主导的，其余环节均受到监管指导，也就是说，转债发行主要受到市场和监管审批节奏的影响，下图为可转债审批流程示意。

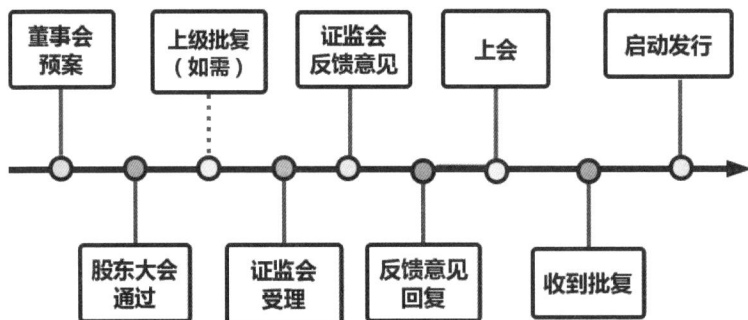

可转债审批流程示意

这几个环节中有些细节需要说明。

（1）上级批复通常是发生在国企比较多，比如国企要发行可转债，由于可能会涉及股权变动，就要先有国资委的批复。地方国企找地方国资委，央企则找国务院国资委。

（2）从证监会受理、屡次反馈意见到最终收到批复，这个过程的快慢就要根据监管部门的节奏来定了。

（3）从收到批复到启动发行，这个时间是由作为发行人的上市公司自行决定的，不过也会受到监管部门的指导。批复的有效期一般是 6 个月。

3.3.2 发行和申购

可转债一旦公布发行公告，就会涉及新股申购的问题。

由于可转债将来有可能转股，从而导致上市公司流通股份变多，稀释原股东的权益，所以在发行可转债时，要首先向原股东进行配售。至于是否参与，由原股东自己决定。一般情况下，可转债上市后的价格都会高于面值 100 元，所以打新赚钱的概率很大，原股东大多会参加配售。行情好的时候，甚至有投资者为了能够获配 100 元面值的可转债，而提前买入对应的股票成为股东，使得股价上涨，造成所谓的"抢权现象"。

一般可转债都会有相当的比例配售给原股东，上限最高可达 100%，也就是说，如果原股东全部参加配售，那么就没有其他投资者什么事儿了。当然，实际情况下，原股东不会全部参加，剩下的部分，机构和散户就可以参加网上和网下申购了。

网上和网下的区别就是：网上申购谁都可以参加，但是抽签决定谁能中签，要凭运气；网下申购只有满足一定门槛的投资者才能参加，目前主要是机构投资者，每签必中，但是获配的比例并不是特别大，所以也没有什么暴利。机构资金量大，所以算是"蚊子腿肉"。

2019 年 3 月曾经发生过有机构利用网下申购的制度漏洞，开通上百个账户申报可转债，并且每个账户的申报金额都远远超过管理的实际资产，引起监管的关注和政策"打补丁"。

对个人投资者而言，可转债打新的好处就是不用市值门槛，也不用交保证金，属于纯赠送的"彩票"。当然，这个"彩票"即使中了，也不是百分之百赚钱的，具体原理我们在后面章节会详细解读。

可转债申购完成后，一般三四天就会公布中签和配售情况。接下来就是哪一天上市了。一般从发行公告到最终上市，中间间隔一般 10 ～ 30 天，下图为可转债发行流程示意。

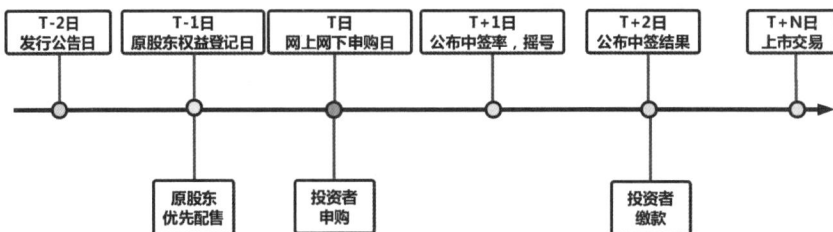

可转债发行流程示意

3.3.3 发行上市要求

下表展示了可转债发行、上市和暂停交易所对应的要求和法规，更详细的内容可以查看第 13 章的法条备查部分。

可转债发行、上市和交易条件

情形	内容	相关法规
	发行人申请公开发行股票、可转换为股票的公司债券，依法采取承销方式的，或者公开发行法律、行政法规规定实行保荐制度的其他证券的，应当聘请证券公司担任保荐人	《证券法》
发行条件	公开发行公司债券，应当符合下列条件： （一）具备健全且运行良好的组织机构； （二）最近三年平均可分配利润足以支付公司债券一年的利息； （三）国务院规定的其他条件。 上市公司发行可转换为股票的公司债券，除应当符合第一款规定的条件外，还应当遵守本法（指《证券法》）第十二条第二款的规定（指"具有持续经营能力"）	《证券法》《上市公司证券发行管理办法》

发行条件	（一）最近三个会计年度加权平均净资产收益率平均不低于百分之六。扣除非经常性损益后的净利润与扣除前的净利润相比，以低者作为加权平均净资产收益率的计算依据； （二）本次发行后累计公司债券余额不超过最近一期末净资产额的百分之四十； （三）最近三个会计年度实现的年均可分配利润不少于公司债券一年的利息 （四）公开发行可转换公司债券，应当提供担保，但最近一期末经审计的净资产不低于人民币十五亿元的公司除外 （五）利润实现数未达到盈利预测的百分之五十的，除因不可抗力外，中国证监会在三十六个月内不受理该公司的公开发行证券申请	《上市公司证券发行管理办法》
上市条件	（一）可转换公司债券的期限为一年以上； （二）可转换公司债券实际发行额不少于人民币五千万元； （三）申请可转换公司债券上市时仍符合法定的公司债券发行条件	《证券法》《深圳证券交易所可转换公司债券业务实施细则》《上交所类似》
终止上市	上市交易的证券，有证券交易所规定的终止上市情形的，由证券交易所按照业务规则终止其上市交易。 证券交易所决定终止证券上市交易的，应当及时公告，并报国务院证券监督管理机构备案	《证券法》
	（一）流通面值少于人民币三千万元时，自发行人发布相关公告三个交易日后停止交易； （二）转股期结束前十个交易日； （三）赎回期间； （四）中国证监会和本所认定的其他情况	《深圳证券交易所可转换公司债券业务实施细则》（上交所类似）

从发行条件来看，能够发行可转债的公司资质都还是不差的。可以说，在早年间能够发行可转债的公司，基本上都是知名度比较高的优秀企业，而从 2017 年开始，监管部门对上市公司通过可转债这种方式募集资金进行了鼓励和支持，才有越来越多并不算十分优秀的公司也被允许发行可转债，从下图中也可以看出，2018 年可转债发行数量出现明显增长。不过总体来讲，发行可转债的上市公司，其平均质量还是要高过沪深平均水平的。

可转债发行金额与数量对比（2010—2019 年）

3.3.4 如何退市

跟股票不同，可转债是公司债，是债就有到期日。除了到期日，可转债还可以通过转股、强赎、回售等方式完成历史使命。在大部分情况下，可转债退市都是因为转股，回售也时有发生，强赎很少发生（多数是因为投资者忘记转股），到期赎回的情况则更加少见。

现在你可能还无法完全理解强赎、回售等名词，不用着急，下一章我们就会进行详细解读，现在只要记住，大部分转债都会因为股市不错而进行转股，从而提前结束自己的使命。

可转债的退市与市场行情的发展变化紧密相连。一只可转债上市之后，如果恰好赶上牛市，甚至刚过 6 个月转股期便会迅速退市；如果遇上"漫漫熊途"，有可能三年、五年也还在底部徘徊，极少部分甚至有可能真的最后到期兑付赎回。

投资可转债的人，没有一个是希望持有到期拿票息的，大家共同的愿望都是希望手中的可转债能够顺利转股并获得可观的收益。从历史情况来看，这一愿望实现的概率还是很大的。

关于退市情况的统计，我们在第 6 章中有详细地统计和介绍。

第 4 章

出厂设置：剖析
要素条款

可转债也是债券，普通债券有的要素它基本上都有，却又有所不同。除此之外，可转债自身还有非常多的特色条款，甚至有点儿复杂。本章将对这些条款一一进行抽丝剥茧式的解析。看完本章，你应该能有不少的收获。好了，我们先从最简单的开始吧。

4.1 基本要素

可转债的基本包括：利率、面值、规模、期限、转股价格，下面进行具体分析。

4.1.1 利　率

先来看个例子，见下表。

通鼎转债

债券名称	通鼎转债
票面利率	第一年 0.80%、第二年 1.00%、第三年 1.30%、第四年 1.60%、第五年 2.00%、第六年 2.50%
补偿利率	本次发行的可转债到期后 5 个交易日内，发行人将按债券面值的 110%（含最后一期利息）的价格赎回未转股的可转债

票面利率

票面利率是可转债存续期间发行人每年需要付给持有人的利息。利息越高，对投资者的吸引力越大，可转债的价值也就越高，反之亦然。然而从通鼎转债这个例子中我们可以看出，票面利率具有以下两个特点：

（1）票面利率水平很低。根据相关规定，可转债的票面利率不超过银行同期存款的利率水平。之所以这么低，是因为发行人不想承担太多的财务成本，而投资人之所以愿意接受如此低的利率，是因为可转债附带了转股的期权价值。说白了，投资人没把这点利息看在眼里，为的是股市的一片"江山"，而非利息的蝇头小利。

（2）票面利率水平每年递增。这也是一个常见的设计。可转债如果刚一上市就能迅速转股，那么票面利率设计多低都没有问题，没有人关心的。而上市以后一旦遇上熊市，转股遥遥无期，那么投资人就会比较"不爽"了，相当于长期低息借款给上市公司。所以随着时间的延长，发行人会逐年提高一些利率，作为对投资人的一个补偿。当然，所谓的"高"也只是相对之前的"低"而言的，绝对水平依然很低。

补偿利率

补偿利率的逻辑与票面利率每年递增是一样的。如果可转债运行到了最后一年，仍旧无法实现转股，那么投资人就不得不需要面对到期还本付息的局面。这就比较悲剧了，没有拿到转股的高收益，却低息借钱给上市公司用了很多年。

所以在条款设计的时候，发行人都会加一条补偿利率：到期以一个高于最后一期利息的价格对可转债进行赎回。像通鼎转债的例子，到期赎回对价为债券面值的 110%（含最后一期利息 2%），实际上相当于是补偿了 8%。当然，分摊到六年中，每一年也没有多出多少。也有一些可转债的补偿利率形式是"到期对价 + 最后一期利息"，形式怎样并不重要，因为投资者只关心最后拿到手里的有多少钱。

不过最近我们也观察到有一些转债设置了非常高的补偿利率，变相提高了到期保本价，"遭"到投资者的疯抢。

关于利率，读者了解到这里就差不多了，下面一段关于会计处理的内容略微复杂，可能引起读者不适，您可以尽管略过。

知识链接 4.1：可转债的会计处理

虽然可转债的票面利率很低，实际支付的金额也很低，但是由于转债"债券 + 权益"的特殊属性，其会计处理相当复杂，并且会直接影响到发行企业的当期利润。

根据《企业会计准则第 37 号——金融工具列报》，可转债的债券部分与转股权部分应当分开计量和列报。实践中以"负债 + 权益"的方式为主。

假设 A 公司发行 100 万可转债，期限均为 5 年，折现率（即市场实际利率）为 5%，可转债票面利率为 2%，不考虑发行费用。

那么在初始确认时，可转债会被分为：

（1）负债部分公允价值 87.01 万元，这个金额是由债券本息现金流和实际利率折现而来；

（2）权益部分公允价值 100-87.01=12.99（万元），这部分会计入资本公积。

会计分录是：

借：银行存款   100

    应付债券——利息调整   12.99

    贷：应付债券——面值   100

      资本公积——其他资本公积   12.99

一年后可转债付息的时候，利息费用就不是 100×2%=2（元），而是 87.01×5%=4.35 元，同时应付债券利息调整在转回 2.35 元（4.35 元利息摊销 -2 元实际付款）

会计分录是：

借：利息费用   4.35

    贷：应计利息   2

      应付债券——利息调整   2.35

看到没有，当期的利息费用是 4.35 元，比实际的支出多出一倍多，这些费用都是要计入利润表的，这就是可转债利息摊销对利润表的侵蚀。虽然将来转股时，多摊销的部分将会一并转回，实质上并无大碍，但当年的财报还是会受影响。以歌尔转债为例，其 2015 年年报中公司"财务费用 - 利息支出"为 2.93 亿元，相比 2014 年多出约 1 亿元，年报披露，这一差距主要是由于"对可转换公司债按实际利率法进行摊销，本期利息支出增加"。

参考：研究报告《【中金固收·可转债】发行转债能节约财务费用吗？——转债的会计计量 20181107》

4.1.2   面值

我国可转债的面值是 100 元 / 张，最小交易单位是 10 张，也就是 1000 元面值。从这一点上来讲，对于普通的散户投资者是没有什么门槛限制的。

而其他一些类型的债券，虽然交易门槛也是 10 张，但是必须是合格投资者才可以购买，一般散户是无法参与的。

知识链接 4.2：哪些投资者可以参与债券投资 ·····················

根据上交所和深交所发布的《债券市场投资者适当性管理办法（2017 年修订）》，2017 年 7 月 1 日起，各类投资者允许的投资标的范围见下表：

投资者参与债券投资的范围

项目	合格投资者		社会公众投资者
	合格投资者中的机构投资者	合格投资者中的个人投资者	
可以认购及交易的债券品种	1. 国债 2. 地方政府债 3. 政策性银行金融债 4. 公开发行的可转换公司债券 5. 公募公司债（含大公募公司债、小公募公司债、企业债） 6. 私募公司债 7. 资产支持证券 8. 提供转让服务的暂停上市债券 9. 质押式协议回购的融资交易及融券交易 10. 质押式回购的融资交易及融券交易	1. 国债 2. 地方政府债 3. 政策性银行金融债 4. 公开发行的可转换公司债券 5. 债项评级 AAA 的大公募公司债、企业债 6. 债项评级 AAA 的小公募公司债、企业债 7. 质押式回购的融券交易	1. 国债 2. 地方政府债 3. 政策性银行金融债 4. 公开发行的可转换公司债券 5. 债项评级 AAA 的大公募公司债、企业债 6. 质押式回购的融券交易

而个人如果想成为合格的投资者，必须同时满足以下两个条件：

（1）申请资格认定前 20 个交易日名下金融资产日均不低于 500 万元，或者最近 3 年个人年均收入不低于 50 万元；

（2）具有 2 年以上证券、基金、期货、黄金、外汇等投资经历，或者具有 2 年以上金融产品设计、投资、风险管理及相关工作经历，或者属于符合规定的合格投资者的高级管理人员、获得职业资格认证的从事金融相关业务的注册会计师和律师。

4.1.3　规模

对于可转债的发行规模，《上市公司证券发行管理办法》并无明确规定，但是却受到很多条件的限制。比如，最近三个会计年度实现的年均可分配利润不少于公司债券一年的利息。在这些限制下，小公司发行规模自然小，一两亿元也是十分常见的，大公司发行规模大，三四百亿元也不稀奇。一般情况下，发行规模都在一亿元以上，那些规模小于一亿元的可转债，基本都是新三板挂牌公司发行的，不在本书的讨论范围之内，投资者谨慎辨别。

可转债的发行规模一般称为张数，比如通鼎转债共计发行 600 万张，每张面值 100 元，规模就是 6 亿元，见下表。

通鼎转债的发行规模要素

债券名称	通鼎转债
面值	100 元 / 张
发行张数	600 万张
发行规模	亿元

4.1.4　期限

债券期限

根据规定，可转债的期限最短为 1 年，最长为 6 年，不过大部分可转债的发行期限都在 5 ～ 6 年之间，既然是低息借款，为什么不借得久一点呢。

转股期

根据规定，可转换公司债券自发行结束之日起 6 个月后方可转换为公司股票，转股期限由公司根据可转换公司债券的存续期限及公司财务状况确定。

在实际情况中，大部分的可转债的转股期都是发行之日起 6 个月后。在 6 个月之内，投资者无法将手中的可转债转换为对应的股票，这也常常导致可转债的价格与股价出现一定程度的背离。因为二者无法转换，即使可转债的价格低于转股价值，投资者也无法买入可转债并转换成股票到二级市场卖掉完成套利。但是过了 6 个月以后，投资者就随时可以将手中的可转债转换成股票卖掉。在转股期内，可转债和对应正股的转换机制被打通，二者的价值也会呈现出更有规律的变化，我们后面会进行更加详细的探讨。

回售期

在部分可转债的条款中，通常会有一条回售条款。以通鼎转债为例，见下表：

发行人的股票在最后两个计息年度任何连续 30 个交易日的收盘价格低于当期转股价格的 70% 时，可转债持有人有权将其持有的可转债全部或部分按债券面值的 103%（含当期利息）的价格回售给发行人。

关于这一条款我们后面会进行详细剖析，这里需要注意的是，这一条款的生效是有期限限制的：即最后两个计息年度内。也就是说，只有到了最后两年，投资者才有权利行使这一条款规定的权利。

不同的可转债对于回售期有不同的规定，投资者需要留意。

除了回售期以外，针对下修条款，其有效期限一般是从债券存续期就开始，强制赎回条款的有效期一般是从 6 个月转股期后开始。关于上述条款的作用，会在后面进行详细剖析。

通鼎转债各种期限要素

债券名称	通鼎转债
起息日	2014/8/15
转股期间	2015/2/25 至 2020/8/14（发行 6 个月后）
回售起始日	2018/8/15（最后两年）
赎回起始日	2015/2/23（发行 6 个月后）
修正起始日	2014/8/15

4.1.5 转股价格和转股比例

转股价格和转股比例是可转债所有要素中最核心的（见下表）。几乎所有的指标都是围绕着它来变化的，请各位睁大眼睛不要走神继续以通鼎转债为例：

通鼎转债的转股价和转股比例

债券名称	通鼎转债
初始转股价格	17.5 元
初始转股比例	5.714

债券名称	通鼎转债
转股价格调整原则	在本次发行之后，因送红股、转增股本、增发新股或配股、派息等情况（不包括因可转债转股增加的股本）使发行人股份发生变化时，将按下述公式进行转股价格的调整： 送股或转增股本：$P_1=P/(1+n)$； 增发新股或配股：$P_1=(P+A \times k)/(1+k)$； 两项同时进行：$P_1=(P+A \times k)/(1+n+k)$；派息：$P_1=P-D$； 上述三项同时进行：$P_1=(P-D+A \times k)/(1+n+k)$。 其中：$P$ 为初始转股价，n 为送股率，k 为增发新股或配股率，A 为增发新股价或配股价，D 为每股派息，P_1 为调整后的转股价格。 当发行人出现上述股份和 / 或股东权益变化的情况时，将依次进行转股价格调整，并在中国证监会指定的上市公司信息披露媒体上刊登董事会决议公告，并于公告中载明转股价格调整日、调整办法及暂停转股时期（如需）。当转股价格调整日为本可转债持有人转股申请日或之后，转换股票登记日之前，则该持有人的转股申请按发行人调整后的转股价格执行

转股价是评估可转债价值时最重要的因素，它的意义表示这张 100 元面值的可转债能以什么样的价格换成正股股票。假设转股价是 S，而正股股价是 S，那么当 S 大于 P 的时候，投资者便可以以 P 为价格把可转债换成股票，然后到二级市场上以 S 为价格把股票卖掉，相当于"低买高卖"，获取差价。当然，这是对持有成本是 100 元面值的转债投资者而言，由于可转债的交易价格随着正股股价的上涨而上涨，你要是买的成本高于 100 元，转股是否有利还是要再评估一下。其实，在大部分的情况下，人们在有了浮盈以后都不会选择转股兑现，而是直接在二级市场把可转债卖掉。

而当 S 小于 P 的时候，可转债转股相当于"高买低卖"，显然是吃亏的，所以这时候就不会有人去转股，不过你依然可以在二级市场通过交易机会赚钱。

其实，可转债本身就是一个债券 + 一个看涨期权，而转股价就是这个看涨期权的行权价。

那么这个转股价是怎么定下来的呢？先看比较重要的"初始转股价"和"初始转股比例"。

以通鼎转债为例，初始转股价格是 17.5 元，那么转股比例就是用 100 元面值除以 17.5 元，得到约 5.714。也就是说每一张可转债可以换成 5.714 股上市公司通鼎互联的股票。

17.5 元是怎么定出来的呢？根据规定，可转债的转股价格应不低于募集说明书公告日前 20 个交易日该公司股票交易均价和前一交易日的均价。

用一个公式表述，转股价 ≥ max（前 20 交易日均价，前 1 交易日均价）

通鼎转债的募集说明书发布于 2014 年 8 月 13 日，而当时的正股通鼎互联的股价多在 16 ～ 17 元附近徘徊。通常情况下，初始转股价格会比当时的股价上浮一些，保持在一个合理适中的溢价比率，所以就定了 17.5 元。

延伸思考一下，假如初始转股价比现有股价低，那么 100 元面值的可转债，换成股票后的转股价值，其实是高于 100 元的，这显然不合理，上市公司按照 100 元面值发行就会吃亏，投资者也会疯抢。而初始转股价比现有股价高，其转股价值便会略微低于 100 元，发行人按照 100 元发行募集资金自然不吃亏，而投资者也会买单，因为毕竟可转债还提供了债券利息作为保底。

而"转股价格调整原则"是说，股票价格会因为分红派息、送股配股等事项而产生除权、除息等变化，对于可转债而言，每一股所对应的股票价值也会发生变化，这就会间接影响到可转债持有人的利益。所以一旦股价发生除权下降，转股价也必须跟着下降，转换比例则因此而提高，可转债投资者可以换取更多的股票从而保证其转股价值不发生变化，这样一来，可转债持有人的利益就得到了保障。

除此以外，股票持有人如果取得现金分红还需要缴税，而可转债持有人因为只是获得了更多的换股权利，所以不需要缴税，从这一点上来讲还是有优势的。

所以投资者要关注的不仅仅是初始转股价，更要关心最新转股价（即当期转股价）是多少。这个价格会随着时间而不断发生变化。

转股价调整的另一种可能来自下修条款。下面我们就进入三大条款的解读，这三大条款同样极其重要。

4.2 三大核心条款

4.2.1 下修条款

下修条款如下表所示，以通鼎转债为例。

通鼎转债的下修条款

债券名称	通鼎转债
特别向下修正条款说明	在本可转债存续期间，当发行人股票在任意连续 20 个交易日中有 10 个交易日的收盘价低于当期转股价格的 90% 时，发行人董事会有权提出转股价格向下修正方案并提交股东大会表决。
	上述方案须经出席会议的股东所持表决权的三分之二以上通过方可实施。股东大会进行表决时，持有本可转债的股东应当回避。修正后的转股价格应不低于当次股东大会召开日前 20 个交易日发行人股票交易均价和前 1 交易日均价之间的较高者，同时修正后的转股价格不低于最近一期经审计的每股净资产和股票面值。若在前述 20 个交易日内发生过转股价格调整的情形，则在转股价格调整日前的交易日按调整前的转股价格和收盘价计算，在转股价格调整日及之后的交易日按调整后的转股价格和收盘价计算

通俗解释

看着有点儿复杂，先做一个通俗解释：

如果可转债所对应的股票价格"跌跌不休"，跌到比转股价打九折还便宜，并且持续一段时间的话，想要转股难度太大了。但是转债投资者可以和发行人说，把转股价往下调一些，这样转股的难度就会变小了。不过，股东答不答应，还得举手表决，谁也不敢打包票。

看到这你估计还有疑问，继续往下看。

为什么会有下修条款

该条款的核心是说如果可转债对应正股的价格低于转股价一定比例且持续一段时间，那么发行人有权去向股东大会提出把转股价格向下进行一定的调整。

这是因为发行人发行可转债的主要动机是融资，虽然利息不高，但是大部分发行人连本息都不想还，他们希望促使可转债的投资人转股，从而达到变相增发的目的。

我们在前面说了，促使转股的核心要素在于：正股价格 S 高于转股价 P。

如果遇上牛市倒还好，正股股价很轻松可以超过转股价，转股一般比较顺利。但是一旦遇上"漫漫熊市"，股价"跌跌不休"，正股价格会低于所持可转债的转股价格，投资人眼看着股价倒挂，转股无利可图，就只能卖出转债或硬扛到底。这样一来，发行人最后需要还本付息。

这个时候上市公司就可以使出这一招：把转股价格 P 往下进行调整，这样一来，股价和转股价之间的差距便会缩小，只要一个幅度不大的反弹，就有可能超过转股价，这时可转债的投资人转股就会有利可图。说专业点儿，这其实也是可转债附带的看涨期权从虚值期权（换股会亏损）变成实值期权（换股会盈利）的过程。随着越来越多的人选择换股，从债主变成股东，发行人便不需要还钱了。

所以说下修条款对于上市公司促进可转债转股是好事，对于投资者而言也是好事。是颇受大家欢迎的条款。一旦完成下修，可转债的价格大多会应声上涨。

如何数日子

以通鼎转债为例，在本可转债存续期间，当发行人股票在任意连续 20 个交易日中有 10 个交易日的收盘价低于当期转股价格的 90% 时，才会触发该条款。

从这段表述中可以发现，这 10 个交易日可以是不连续的，散落在这 20 个交易日中间。各转债的下修条款大同小异，有数 20 个交易日中 10 个交易日的，也有数 30 个交易日中 15 个交易日的，还有数 30 个交易日中 20 个交易日的。而低于转股价的比例，有 90% 也有 85% 或者 80%。

像通鼎转债这种，笔者在做功课的时候通常简易表述为"10/20，90%"。

用最新转股价乘以 90% 或者 85%，得到的价格被称为下修触发价。通鼎转债的初始转股价是 17.5 元，那么初始的下修触发价就是 17.5 元 ×90%=15.75 元。以后随着当期转股价的不断调整，当期下修触发价也会跟着调整。

需要注意的是，触发下修这一条款的有效期从可转债一成立就开始算了，不需要等到某个期限以后。

谁的权利

虽然下修条款对可转债投资者有利，但是这一权利是归属于发行人上市公司的。投资者对此要有清醒的认识。有的时候即便达到了下修条款的触发条件，发行人也不见得会愿意去下修转股价。

刚才我们讲了，下修转股价对发行人促进可转债转股是有利的，对可转债投资者也是好事，但是对一个人是坏事，这个人就是上市公司的原股东。

由于下修转股价会使转换比例提高，可转债持有人有权利转换成更多的新发股份，这其实是稀释了原股东的股份，这里既包括大股东，也包括小股东，所以在实践中会遇到一些阻力。

有的时候发行人会受到舆论的压力通过公告进行下修，但是否通过并不一定。

"发行人董事会有权提出转股价格向下修正方案并提交股东大会表决。上述方案须经出席会议的股东所持表决权的2/3以上通过方可实施。股东大会进行表决时，持有本可转债的股东应当回避。"

根据上述条款，即便大股东是个"善人"，为了公司的长远发展，不惜股权被稀释有意向促进转股，但是该方案还要交股东大会批准。如果股东大会大股东占比较高甚至超过2/3，那么就会比较顺利，但是如果大股东占比不高，或者大股东在可转债配售的时候也持有可转债（他就要回避，不能投票），这时小股东的话语权就很重要。理论上，小股东是不愿意股权被稀释的，所以大概率会投反对票。此时便会有下修方案不通过的情况。

民生转债就是一个比较著名的例子。2013年3月，民生银行发行了200亿元A股可转换公司债券（民生转债，110023.SH）。自2013年底以来，民生银行A股价格跌入熊市，以至于在2014年1月9日触发转股价下修条款。1月11日，民生银行董事会审议通过了下修转股价的决议，并提请公司临时股东大会审议。令所有人意外的是，在1月27日下午召开的2014年第一次临时股东大会上，关于"民生转债"转股价格向下修正的议案未获股东大会通过。由于此前转债价格已计入下修预期，28日开盘，民生转债暴跌逾10%至市价88元/张。

公告显示，本次会议采用现场记名投票与网络投票相结合的方式对议案进行表决，最终有45.64%的票数赞成上述议案，40.42%的票数反对，弃权票占13.94%。由于该议案没有获得持有效表决权股份总数的三分之二以上票数通过，最终未获股东大会通过。这里面有一个很重要的原因就是民生银行的股权一直比较分散，没有一个真正的主事人，导致"下修"被投"死"，并致使股价暴跌，如下图所示。

民生转债下修失败后价格暴跌

当然，现实操作中一些持有可转债的股东可以通过代持等操作来达到下修目的。比如在下修投票之前，先把所持有的股份转让出去（达不到公告条件那种），这样他们就不用回避投票，等到投票表决完成顺利通过下修方案，他们再把之前转让出去的股份收回来。

下修流程

可转债的下修流程及注意事项见下表。

可转债下修流程及注意事项

下修流程及注意事项	
第一步	股价下跌并持续一段时间，触发下修条款
第二步	董事会通过下修议案并提交股东大会审议
第三步	股东大会表决，须经出席会议的股东所持表决权的三分之二以上通过，确定转股价是否下修
注意事项	持有公司可转债的股东应当回避，修正后的股价不低于股东大会召开前 20 个交易日股票均价和前 1 交易日的股票均价

净资产：重要限制

修正后的转股价格应不低于当次股东大会召开日前 20 个交易日发行人股票交易均价和前 1 交易日均价之间的较高者，同时修正后的转股价格不低于最近一期经审计的每股净资产和股票面值。

这段表述对可转债下修转股价的幅度做出了限制，即不能低于当时的市场价，同时又不能低于净资产和股票面值。

不能低于市场价好理解，这个上一节我们就讲了；不能低于面值更好说，因为股票面值是 1 元，股价低于 1 元的可能性还是比较小的（连续 20 个交易日低于股票面值可能触发退市）。

这里面最重要的就是不能低于净资产这一项。如果转股价可以低于净资产，那么一些国企转债转股的话，就很有可能会造成国有资产流失：以低于净资产的价格新发行了股票。一些大型银行转债，股价低于净资产是经常发生的事情，就是因为有这一条的限制，导致转股价无法继续下调至股价附近，而必须在净资产之上。这也会导致可转债的吸引力下降。

当然，"不得低于净资产"这个规定，只是参考国有资产管理的相关规定，无论是定增还是转债都会参考。但也并不是百分之百强制要求，2019 年就出现了国企湖北广电低于净资产下修"湖广转债"转股价的情形，令市场感到惊讶。

历史上也有一些国企低于净资产发行可转债的案例，主要是在熊市中。还有像平银转债，2019 年 1 月发行，赶在平安银行 2018 年财报公布（2019 年 4 月）前发行，参考的是 2017 年年报的净资产，这样就可以把转股价定得低一些，更有利于转股。

而对于民营企业，由于不涉及国有资产的问题，所以理论上下修可以无底线，下修的次数也没有什么限制。但是由于很多投行在制作材料的时候都是抄来抄去，所以不少民营企业可转债在募集说明书中也规定了"不得低于净资产"这一条。当然，民营企业的股价往往远高于净资产，一般也不太会触及这一问题。

4.2.2 赎回条款

赎回条款分为到期赎回和强制赎回（也称为有条件赎回）。到期赎回的相关内容这里不再赘述，我们将用主要篇幅来讲解强制赎回条款，依然以通鼎转债为例，见下表。

通鼎转债的赎回条款

债券名称	通鼎转债
赎回条款	（1）到期赎回：本次发行的可转债到期后 5 个交易日内，发行人将按债券面值的 110%（含最后 1 期利息）的价格赎回未转股的可转债。 （2）有条件赎回： 在本可转债转股期内，当下述两种情形的任意一种出现时，发行人有权决定按照债券面值的 103%（含当期利息）的价格赎回全部或部分未转股的可转债。 A. 在转股期内，如果发行人股票在任何连续 30 个交易日中至少 20 个交易日的收盘价格不低于当期转股价格的 130%（含 130%）； B. 当本次发行的可转债未转股余额不足 3000 万元时。若在前述 30 个交易日内发生过转股价格调整的情形，则在调整前的交易日按调整前的转股价格和收盘价计算，调整后的交易日按调整后的转股价格和收盘价计算

为什么会有强赎条款

我们先来看看强制赎回条款的内涵：

情形一：当可转债的转股价格连续高于当期转股价某个比例一定时间，发行人就有权利以一个比较低的价格将可转债赎回，持有人不答应也得答应。

情形二：当可转债已经大部分转股，存量余额低于一定金额之后，发行人就有权利以一个比较低的价格将可转债赎回，持有人不答应也得答应。

在这两种情形之下，发行人都是为了督促可转债持有人抓紧时间转股，否则就会被以一个很便宜的价格赎走，持有人也很聪明，这眼前亏不能吃，自然就会抓紧去进行转股操作，由债主变为股东，之后是走是留全凭自己心意。

上市公司完成了变相增发，投资者也大概率从中赚钱。

为什么会大概率赚钱呢？你看对这两个情形的描述。

情形一中的关键条件就是可转债的正股价格超过当期转股价，且超过一定幅度、持续一段时间。这即便不是整体牛市，也是对应正股的一波凌厉上涨，可转债的价格也必然会水涨船高。

在可转债条款的惯例中，正股价格超过转股价从而触发强赎条款的比例一般都是 30% 左右，而这个时候可转债的价格也通常会涨到 130 元之上。

这不难理解：假设可转债面值 100 元，转股价 20 元，转换比例是 5。如果有天正股价格涨到了 20×130%=26（元），那么这张可转债换成股票就值 26×5=130（元）。实践中可转债的价格大概率会高于 130 元，而不是低于 130 元，否则就会有转股套利空间。

情形二中余额已经很小，大部分可转债成功转股，这当然也是因为之前股价涨得好，大部分投资人才会转股。

如何数日子

以通鼎转债为例，在转股期内，如果发行人股票在任何连续 30 个交易日中至少 20 个交易日的收盘价格不低于当期转股价格的 130%（含 130%），才会触发该条款。

从这段表述中可以发现，这 20 个交易日可以是不连续的，散落在这 30 个交易日之中。各个转债的强赎条款大同小异，有数 30 个交易日中 15 个交易日的，还有数 30 个交易日中 20 个交易日的。而高于转股价的溢价比例，基本都是 130%，极个别的有 125%（如济川转债）。

像通鼎转债这种，我在笔记中通常简易表述为"20/30，130%"。

用最新转股价乘以 130%，得到的价格被称为强赎触发价。通鼎转债的初始转股价是 17.5 元，那么初始的强赎触发价就是 17.5 元 ×130%=22.75（元）。

需要注意的是，触发这一条款的有效期是从可转债进入转股期（通常为发行后 6 个月）才开始的，这很好理解，不进入转股期，发行人用这个条款去"逼迫"投资人转股也是实施不了的。

谁的权利

很显然，这项权利是发行人的，也是对发行人十分有利的。它有助于加速可转债结束其使命，因为持有人如果不进行转股，就会被以很低的价格把债券赎回，是要吃大亏的。所以可转债一旦触发强赎，投资人要么把可转债直接在二级市场卖掉，要么转成股票，这样无论是可转债价格还是正股的价格都会受到一定的供给冲击。

总之，强赎条款帮助发行人完成变相增发，不用再承担财务成本。所以在大部分的情况下，一旦正股价格到达强赎条件，发行人都会行使这一权利触发该条款。只有极个别的情况例外，那就是条件虽然触发，但是可转债转股十分顺利，发行人懒得去用强赎这一办法。比如在 2008—2009 年期间退市的民生转债、招行转债、包钢转债等。

特别提示

强制赎回条款是发行人督促可转债持有人进行转股操作的条款，因为如果你不转股，手里的转债就会被发行人以一个较低的价格赎回，必然产生损失。

不过在现实中，总是会有马大哈忘记进行转股操作，最后被强制赎回。就连专业机构有的时候也会犯这种错误。

某债券基金，2017 年二季报称："基金持有歌尔转债因工作失误未在赎回日前进行转债卖出或转股，造成该转债被强制赎回。对此，公司以持有人利益最大化为原则全额弥补，未对基金净值造成影响。"不过由于该基金持有的数量很少，造成的损失并不大。早在 2007 年，公募基金行业也发生过类似可转债强赎致使基金资产遭遇损失事件。根据当时监管部门向基金公司发布的通告，三家基金公司旗下的 5 只基金，在 8 月中旬因未能及时转股或卖出所持有的上电转债，而被上市公司强制赎回，直接造成了 2200 万元的损失，这部分损失由基金公司风险准备金弥补。

4.2.3　回售条款

回售条款见下表，仍以通鼎转债为例。

通鼎转债的回售条款

债券名称	通鼎转债
回售条款	发行人股票在最后两个计息年度任何连续 30 个交易日的收盘价格低于当期转股价格的 70% 时，可转债持有人有权将其持有的可转债全部或部分按债券面值的 103%（含当期利息）的价格回售给发行人。 若在上述交易日内发生过转股价格因发生送红股、转增股本、增发新股（不包括因本次发行的可转换公司债券转股而增加的股本）、配股以及派发现金股利等情况而调整的情形，则在调整前的交易日按调整前的转股价格和收盘价格计算，在调整后的交易日按调整后的转股价格和收盘价格计算。如果出现转股价格向下修正的情况，则上述"连续 30 个交易日"须从转股价格调整之后的第 1 个交易日起重新计算。 最后两个计息年度可转债持有人在每年回售条件首次满足后可按上述约定条件行使回售权一次，若在首次满足回售条件而可转债持有人未在发行人届时公告的回售申报期内申报并实施回售的，该计息年度不应再行使回售权。可转债持有人不能多次行使部分回售权

回售条款分为两种情形：一种是由于发行人改变资金用途，一种是由于像通

鼎转债这种股价过于低迷导致的。第一种情形发生的概率比较低，第二种情形是比较常见的，我们将主要讨论这一情形。

为什么会有回售条款

回售发生其实是大家都不想看到的事情：投资者只拿到了很低的收益，发行人也没有达到不还钱的目的。

之所以发生是因为股价不"给力"。当正股价格低于转股价一定比例，并持续一段时间，投资人眼看转股无望，要么认赔转手卖掉，要么持有到期（剩余期限有可能很长）。有没有什么方式可以早点结束这段痛苦的旅程呢？

这时候回售条款就起作用了。一旦股价长期不"给力"达到一定条件，投资者可以把可转债卖回给发行人，价格通常为 10× 元，发行人不得拒绝。

如何数日子

以通鼎转债为例："发行人股票在最后两个计息年度任何连续 30 个交易日的收盘价格低于当期转股价格的 70% 时，可转债持有人有权将其持有的可转债全部或部分按债券面值的 103%（含当期利息）的价格回售给发行人。"

从这段表述中可以发现，这 30 个交易日必须是连续的。大部分可转债设计的倒数日都是 30 天，正股价格的触发比例也基本都是 70%。而回售价格通常是面值 100 元加上当期利息或者是直接给出一个价格，比如 103（含当期利息）

像通鼎转债这种可以简易表述为"30/70%/103%"。

用最新转股价乘以 70%，得到的价格被称为回售触发价。通鼎转债的初始转股价是 17.5 元，那么初始的回售触发价就是 17.5 元 ×70%=12.25 元。

需要注意的是，回售的触发条件是比下修转股价要苛刻的。折价比例 70% 比下修时常用的 85% 或 90% 还要苛刻，连续 30 天也比"30 天内 20 天"要苛刻。可见一旦遇上熊市，下修转股价是发行人首先要做的，下修的实在是没办法了才会走到回售这一步。

历史上出现过回售的转债非常少，比较有名的是双良转债，几乎所有的份额都被回售了。

谁的权利

很显然这项权利是投资者的，是在实在转股无望的情况下，逃出生天的一种方式。从另一个角度讲，回售价也可以认为是可转债的保本价格之一，而且不用等到债券到期。这时候你再去回想我们之前讲过的四道防线，就会有更深刻的理解。

除此以外，投资者还需要注意回售权利一年只有一次，首次触发不行权，则该计息年度不能再次行权，另外，并不是所有的可转债都有该类回售条款。特别是大型央企发行的可转债比较强势，从来不设置该类回售条款。比如中行转债、工行转债、石化转债，都仅仅设置了一个改变资金用途下的回售条款。这种情况下，就不需要枉费心机的数日子了，这道保本防线自然也就没有了。

一般而言，银行等金融机构发行的可转债都不愿意设置回售条款。由于银行迫切需要核心一级资本和附属二级资本，这是它们业务扩张的本钱。可转债转股后可以立即补充核心一级资本，故而银行转债促转股的意愿特别强；但是在转股之前，如果可转债没有回售条款，则也可以算作附属二级资本，有了回售条款则不能计算，故而大部分银行转债都不设置回售条款。

特别提示：触发不等于启动

这里要跟读者特别提示的是，可转债各项条款的触发并不代表启动。触发只是代表达到启动的条件，而是否真正启动，还要根据条款的权利、义务归属以及后续情况判定。下表对三大条款触发和启动的关系进行了说明。

三大条款触发和启动的关系

条款	权利方	触发条件	如何启动
下修条款	发行人的权利	正股在任意连续 M 个交易日中有 N 个交易日的收盘价低于当期转股价格一定的比例	触发不一定启动。发行人董事会有权提出转股价格向下修正方案，之后还需提交股东大会表决。下修日为某特定交易日
强赎条款	发行人的权利	在转股期内，正股在任何连续 M 个交易日中至少 N 个交易日的收盘价格不低于当期转股价格的 130% 或可转债余额不足 3000 万	触发不一定启动。触发后，发行人可视情况随时启动，不需要股东大会表决。强赎日为某特定交易日
回售条款	投资人的权利，发行人的义务（如约定）	正股在回售期内任何连续 M 个交易日的收盘价格低于当期转股价格一定的比例	触发后立即启动。发行人发布回售公告，投资人在回售操作期进行操作

4.3 其他要素

4.3.1 正股

正股就是可转债转换时对标的股票。可转债本身具有双重价值，债性价值决定了底部，而股性价值（即看涨期权价值）则决定了可转债向上能飞多高。决定股性价值的关键，就是对应正股是否"给力"。

所以投资可转债除了要看可转债自身的要素指标之外，更为本质的是要对正股进行全面研究。正股有投资价值，预期上涨空间大，那么其可转债也会有更大的空间。正股如果出现黑天鹅事件，可转债也难以独善其身，下图为中行转债与中国银行股价对比。

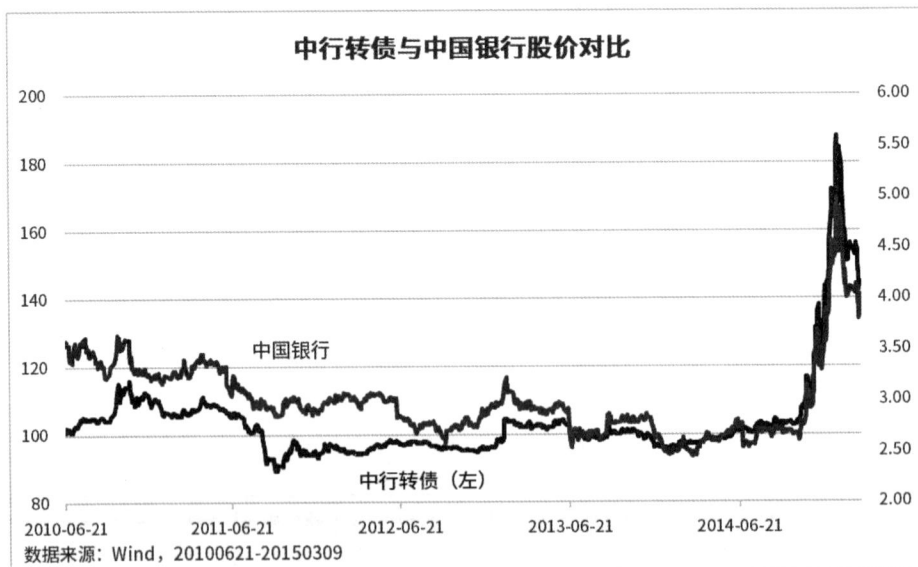

中行转债和中国银行股价对比

目前可转债数量大幅度增加，也增加了潜在的违约风险。所以其债性价值也越来越多地受到上市公司质地的影响。上市公司一旦出现资金链断裂的情况，别说股价腰斩，转股无望，本息都有可能无法偿还。

截至 2019 年底，公募转债还没有出现过违约，但是在私募转债和可交换债领域已经出现了由于上市公司经营不善，股价大幅下跌同时无法偿还债券本息的事件。

4.3.2　担保

《上市公司证券发行管理办法》第二十条规定：

公开发行可转换公司债券，应当提供担保，但最近一期末经审计的净资产不低于人民币十五亿元的公司除外。

提供担保的，应当为全额担保，担保范围包括债券的本金及利息、违约金、损害赔偿金和实现债权的费用。

以保证方式提供担保的，应当为连带责任担保，且保证人最近一期经审计的净资产额应不低于其累计对外担保的金额。证券公司或上市公司不得作为发行可转债的担保人，但上市商业银行除外。

设定抵押或质押的，抵押或质押财产的估值应不低于担保金额。估值应经有资格的资产评估机构评估。

从目前的情况看，大部分发行可转债的上市公司，净资产都高于 15 亿元，所以也基本上都没有担保条款。少部分可转债带有担保条款，比如航电转债，正股是上市公司中航电子，其净资产远超 15 亿，但是也设置了担保人：其母公司中国航空工业集团，信用那是"杠杠的"。

4.3.3　评级

可转债也是公司债，评级也是必须要有的，而且在转债市场扩容的背景下，越来越多的中小上市公司进入，评级也会显得越发重要。

从下表中可以看出，大部分金融机构（银行、券商等）和央企、国企的评级都是比较高的。而民营企业的评级普遍偏低，由于担保机构也是民企，所以增信效果并不强。

一般而言，机构投资者在对可转债进行评级的时候，通常会放宽一些信用标准。比如原来可投范围是 AA+，那么转债则可能会放宽到 AA。

部分可转债评级与担保情况

发行公告日期	代码	名称	担保人	评级机构	评级结果	正股名称
2019/3/12	110053.SH	苏银转债	—	中诚信	AAA	江苏银行
2019/3/8	113022.SH	浙商转债		中诚信	AAA	浙商证券
2019/2/28	113021.SH	中信转债		大公国际	AAA	中信银行
2019/1/17	127010.SZ	平银转债		中诚信	AAA	平安银行
2018/12/14	110049.SH	海尔转债		联合信用	AAA	海尔智家
2018/8/23	128045.SZ	机电转债	中航机载系统有限公司	中诚信	AAA	中航机电
2018/3/8	127005.SZ	长证转债		联合信用	AAA	长江证券
2017/12/21	110042.SH	航电转债	中国航空工业集团公司	联合信用	AAA	中航电子
2017/7/5	113013.SH	国君转债		新世纪资信	AAA	国泰君安
2017/3/15	113011.SH	光大转债		中诚信	AAA	光大银行
2018/11/16	110046.SH	圆通转债		中诚信	AA+	圆通速递
2018/11/15	113020.SH	桐昆转债		联合信用	AA+	桐昆股份
2018/11/8	128048.SZ	张行转债		中诚信	AA+	张家港行
2018/11/1	128047.SZ	光电转债		联合信用	AA+	中航光电
2018/7/31	113516.SH	苏农转债		中诚信	AA+	苏农银行
2018/7/11	110045.SH	海澜转债		大公国际	AA+	海澜之家
2018/6/26	127007.SZ	湖广转债		联合信用	AA+	湖北广电
2018/3/9	127006.SZ	敖东转债		鹏元资信	AA+	吉林敖东
2017/12/6	123003.SZ	蓝思转债		联合信用	AA+	蓝思科技
2017/11/22	110040.SH	生益转债		鹏元资信	AA+	生益科技
2019/4/12	110058.SH	永鼎转债		中诚信	AA	永鼎股份
2019/4/12	128065.SZ	雅化转债		中诚信	AA	雅化集团
2019/4/11	127013.SZ	创维转债		中诚信	AA	创维数字
2019/4/5	113025.SH	明泰转债		联合信用	AA	明泰铝业
2019/4/4	113534.SH	鼎胜转债		联合信用	AA	鼎胜新材
2019/4/3	128064.SZ	司尔转债		中证鹏元资信	AA	司尔特
2019/3/31	113533.SH	参林转债		中证鹏元资信	AA	大参林
2019/3/29	128062.SZ	亚药转债		新世纪资信	AA	亚太药业

续上表

发行公告日期	代码	名称	担保人	评级机构	评级结果	正股名称
2019/3/29	113532.SH	海环转债	福州市水务投资发展有限公司	中诚信	AA	海峡环保
2019/3/27	113531.SH	百姓转债		新世纪资信	AA	老百姓
2018/6/14	113510.SH	再升转债	郭茂	联合信用	AA−	再升科技
2018/6/12	128040.SZ	华通转债	钱木水、沈剑巢、朱国良	联合信用	AA−	华通医药
2018/6/6	128039.SZ	三力转债		新世纪资信	AA−	三力士
2018/4/13	113507.SH	天马转债	陈庆堂	鹏元资信	AA−	天马科技
2018/3/7	128036.SZ	金农转债		大公国际	AA−	金新农
2018/1/30	123008.SZ	康泰转债		鹏元资信	AA−	康泰生物

4.4 条款要素梳理

下表是一份比较典型的可转债要素表，以通鼎转债为例，其中除了初始转股价、初始转股比例以及担保条款会不定期发生变化之外，其他的要素都不会发生变化。研究任何一只可转债，只要把这些信息拿到手，就基本掌握了其主要特征。

可转债的典型要素

债券名称	通鼎转债
债券代码	128007.SZ
面值	100 元 / 张
发行张数	600 万
发行规模	6 亿元
对应正股	通鼎互联
债券期限	6 年
票面利率	第一年 0.80%、第二年 1.00%、第三年 1.30%、第四年 1.60%、第五年 2.00%、第六年 2.50%
补偿利率	本次发行的可转债到期后 5 个交易日内，发行人将按债券面值的 110%（含最后 1 期利息）的价格赎回未转股的可转债
初始转股价格	17.5 元

债券名称	通鼎转债
初始转股比例	5.714
转股期间	2015/02/25 至 2020/08/14（发行 6 个月后）
转股代码	128007
下修条款	在本可转债存续期间，当发行人股票在任意连续 20 个交易日中有 10 个交易日的收盘价低于当期转股价格的 90% 时，发行人董事会有权提出转股价格向下修正方案并提交股东大会表决
赎回条款	（1）到期赎回：本次发行的可转债到期后 5 个交易日内，发行人将按债券面值的 110%（含最后 1 期利息）的价格赎回未转股的可转债。 （2）有条件赎回： 在本可转债转股期内，当下述两种情形的任意一种出现时，发行人有权决定按照债券面值的 103%（含当期利息）的价格赎回全部或部分未转股的可转债： A. 在转股期内，如果发行人股票在任何连续 30 个交易日中至少 20 个交易日的收盘价格不低于当期转股价格的 130%（含 130%）； B. 当本次发行的可转债未转股余额不足 3000 万元时
回售条款	发行人股票在最后两个计息年度任何连续 30 个交易日的收盘价格低于当期转股价格的 70% 时，可转债持有人有权将其持有的可转债全部或部分按债券面值的 103%（含当期利息）的价格回售给发行人
担保条款	无
债项评级	AA-（维持，2015/04/24），上海新世纪资信评估投资服务有限公司

不过上面这张要素表中的内容并非每一个转债都全部具备，根据相关规定，有些是必须有的，有的则为可有可无。我们梳理了一下，见下表：

必须具备的要素

要素	监管要求	是否为必要条款
期限	1 ~ 6 年	是
面值	100 元	是
利率	发行人与主承销商确定	是
评级	公开发行需要有资格的评级机构进行信评和跟踪	是
担保	公开发行应当提供担保，但最近一期末经审计的净资产不低于人民币十五亿元的公司除外。 提供担保的，应当为全额担保。	否 （大多数不需要）
转股期	发行结束之日起 6 个月后	是

续上表

要素	监管要求	是否为必要条款
转股价	应不低于募集说明书公告日前 20 个交易日该公司股票交易均价和前一交易日的均价	是
赎回	募集说明书可以约定赎回条款，规定上市公司可按事先约定的条件和价格赎回尚未转股的可转换公司债券	是
回售	募集说明书可以约定回售条款，规定债券持有人可按事先约定的条件和价格将所持债券回售给上市公司	否
转股价调整	募集说明书应当约定转股价格调整的原则及方式。发行可转换公司债券后，因配股、增发、送股、派息、分立及其他原因引起上市公司股份变动的，应当同时调整转股价格	是
转股价下修	募集说明书约定转股价格向下修正条款的，应当同时约定： （一）转股价格修正方案须提交公司股东大会表决，且须经出席会议的股东所持表决权的三分之二以上同意。股东大会进行表决时，持有公司可转换债券的股东应当回避； （二）修正后的转股价格不低于前项规定的股东大会召开日前 20 个交易日该公司股票交易均价和前 1 个交易日的均价	否 （绝大多数有）

回售条款和下修条款是两个关键条款，但却并非必要条款。尤其是回售条款，一些大公司转债常常只规定"资金用途改变时可回售"，而不规定"股价持续下跌时可回售"，"店大欺客"你也没办法。而且有的银行转债，即使有下修条款，也会因为股价跌破净资产而导致该条款失效，这个前文我们有过详细论述，这里不做说明。

第 5 章

跟踪监控：看透
三大指标

投资可转债必须时时刻刻关注它的两大特性：股性和债性。股性决定着它能飞多高，债性决定着它会探多深。

判断股性和债性有定性和定量两种方法。定性的方法要考虑的因素很多，主要目的是判断发行人促使转股的意愿是否强烈，这一点可以从条款设计、票面利率、发行人股东结构、条款博弈等要素去推断。比如转股价较高，票面利率较高的可转债，通常转股难度较大，发行人的转股意愿也许并不强烈，那就是债性较强；而转股价定得较低、票面利率较低的可转债，发行人通常是希望能够低息借款、最终完成转股不用还钱，那就是股性较强。总体而言，大部分的发行人还是转股意愿比较强烈的，毕竟上市公司对于真金白银还是比较需要的，没人真正想还本付息。

而定量的方法则是要通过一系列指标来辅助判断包括以下两点。

（1）利用纯债溢价率和到期收益率来判断债性：纯债溢价率越低，到期收益率越高，其债性越强，可转债价格的波动性越小，向下保护越强，反之亦然；

（2）利用转股溢价率来判断股性：转股溢价率越低，其股性越强，可转债价格的波动越大，向上弹性越大，反之亦然。

现在我们来回顾一下 2.3.2 节曾提到的这张图，图中的四句话请大家再熟读三遍，然后开始拆解。

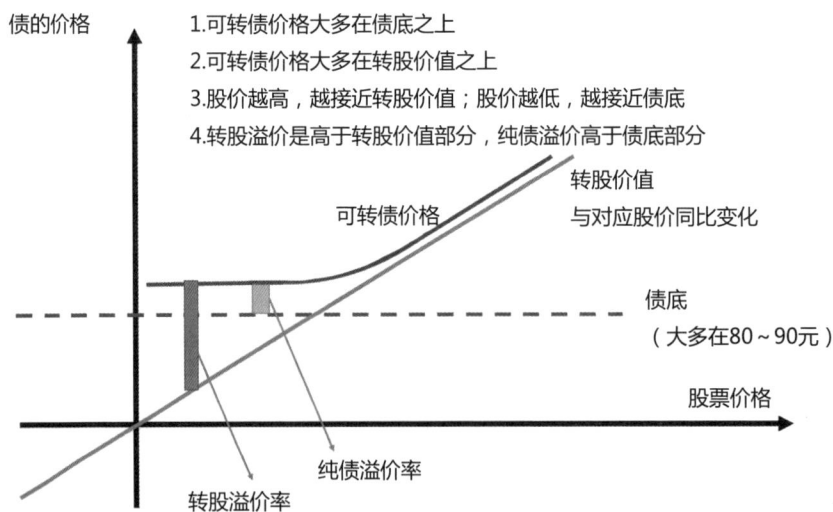

可转债价格运行规律示意图

5.1 股性指标：转股溢价率

5.1.1 逻辑推导：转股溢价率

从下表可以看出股性指标的核心"转股溢价率"的推导过程：通过转股价计算出转换比例，再和股票现价相乘得出转股价值，这一步是算出如果可转债立即转换成股票卖掉的话值多少钱。通常情况下可转债的二级市场价格是高于转股价值的，高出来的这部分就叫作转股溢价，转股溢价除以转股价值得出转股溢价率，代表高出来的幅度。转股溢价率通常为正，如果为负就可能会存在套利空间，可转债持有人可以立即选择转股卖掉获取差价，实际操作中这种情况会偶有发生。

转股溢价率的推导过程

指标	算法	内涵
转换比例	100 ÷ 转股价	一张可转债可以转成多少股股票
转股价值	股票市价 × 转换比例	将手中的可转债换成股票值多少钱
转股溢价	可转债市价 − 转股价值	可转债市价比转股价值高出多少
转股溢价率	转股溢价 ÷ 转股价值	可转债价格比转股价值高出多大比例。一般情况下该指标大于 0

从第 5 章开篇图中的第 3 条和图形演示可以看出，可转债正股股价越高，可转债的价格就越接近转股价值，最终二者接近趋同，也就是转股溢价率越来越低。在极限情况下，转股溢价率甚至可以趋近于 0，可转债和对应正股的涨跌幅甚至呈现出十分接近的状态，这时候的可转债股性极强。

5.1.2 案例演示：转股溢价率

下图以中行转债为例，向大家演示转股溢价率的变化。

中行转债收盘价与转股价值、转股溢价率变化

从上图中可以看出：

（1）大部分的时间，可转债的收盘价是大于转股价值的，下方两条面积图的差值便是转股溢价，这符合我们之前的判断。

（2）转股溢价率的高低和可转债的转股价值（或收盘价）基本呈现出相反的态势。在2011—2013年熊市区间，可转债的转股溢价率一直位于较高的位置。但是当2014年牛市来临，转股溢价率迅速收敛缩小，最终在牛市高峰期转债价格接近200元的位置，缩小至0附近。

（3）在可转债最后的日子，即强制赎回条款启动以后，转股溢价率甚至跌到0以下。这是因为对于转债持有人而言，在强赎期内，变现有两种选择，一种是自己进行转股再卖掉股票，另一种是直接把可转债转手卖给别人。大部分人嫌转股比较麻烦通常会选择卖掉可转债，这导致转债二级市场抛压较大，而只有当转股溢价率为负的情况时，才会有套利投资者进场接盘，把收集来的转债进行转股操作，赚这一点点"搬砖"的体力钱。

（4）从上图中也可以看出，在2013年的3月29日，中行转债的转股溢价率突然出现"跳水"，发生了什么？原来是中行转债下调了转股价，从3.44元下调到2.99元，这也导致转换比例从29.07上升到33.44，进而转股价值也从84.3

元跳涨到 97.7 元，而可转债的价格并没有太大变化，还是维持在 102 元左右，所以转股溢价率出现跳水。

（5）不是说下调转股价对可转债是利好吗？为什么可转债价格却没有什么变化呢？这是因为下调转股价这件事已经被市场充分预期了，早在 2013 年 1 月 30 日，中国银行就公告了关于建议下修转股价格的董事会预案，而可转债价格在预案公告之后便出现了明显跳涨，而可转债的转股价值并没有变化，所以这段时间的转股溢价率也出现了上升。

（6）可以说在可转债预期要触发下修条款，到董事会预案，再到实施下修条款，这个过程中的转股溢价率的变化是包含"预期"的，也可以说是失真的。在下修条款真正实施之后，那一下跳水只是对之前"预期"实现与否的一个修正。还记得民生转债下修失败的例子吗？读者可以了解一下民生银行转股溢价率在当时的变化情况：转股价值没有跳升，但是下修失败后可转债价格大幅跳水，转股溢价率同样也会跟着跳水。

5.2 债性指标：纯债溢价率

5.2.1 逻辑推导：纯债溢价率

从下表可以看出债性指标的核心"纯债溢价率"的推导过程：将可转债的期权价值去掉，把它当成一个按部就班还本付息的纯债来看，用债券定价模型为其计算出纯债价值；而通常情况下可转债的二级市场价格是高于纯债价值的（否则可转债不仅能提供相当于纯债的收益率，还白送看涨期权，这种好事儿出现的概率太低了），高出来的这部分就叫作纯债溢价，纯债溢价除以纯债价值得出纯债溢价率，代表高出来的幅度。

纯债价值、纯债溢价和纯债溢价率的算法与内涵

指标	算法	内涵
纯债价值	根据相同期限和评级的信用债收益率对可转债未来本息进行贴现算出的价值	仅考虑可转债的债券属性，它的价值是多少。也被称为"债底"
纯债溢价	可转债市价 – 纯债价值	可转债价格比其纯债价值高出多少
纯债溢价率	纯债溢价 / 纯债价值	可转债价格比其纯债价值高出多大比例，一般情况下该指标大于 0

　　从第 5 章开篇图中的第 3 条和图形演示可以看出，可转债正股股价越低，可转债的价格就越接近纯债价值，最终二者接近趋同，也就是纯债溢价率越低。在极限情况下，纯债溢价率甚至可以趋近于 0，可转债和对应债券的涨跌幅甚至呈现出十分接近的状态，这时候的可转债是债性的。

5.2.2　案例演示：纯债溢价率

　　下图以中行转债为例，向大家演示纯债溢价率的变化。

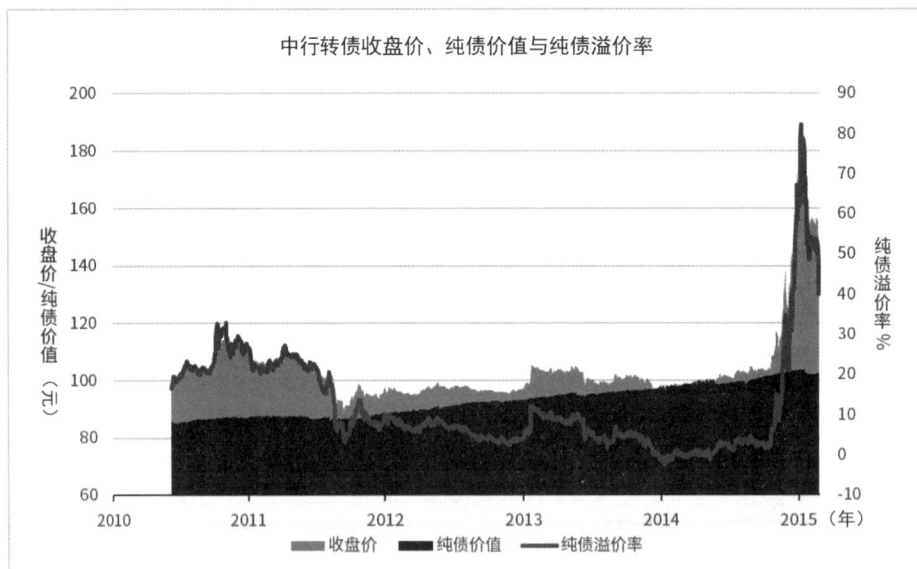

中行转债收盘价、纯债价值与纯债溢价率

　　从图中可以看出：

　　（1）大部分的时间，可转债的收盘价是大于纯债价值的，下方两条面积图

的差值便是纯债溢价，这符合我们之前的判断。

（2）纯债溢价率的高低和可转债的市场价基本呈现出同涨同跌的态势。这是由于作为该指标分母的纯债价值基本上是相对稳定的（随着时间平缓向上移动），而作为分子的可转债价格（准确说分子是可转债价格 – 纯债价值），是跟着股市涨跌变动的。

纯债溢价率 =（可转债市价 – 纯债价值）/ 纯债价值 = 纯债溢价 / 纯债价值

（3）虽然同涨同跌，但是在行情不好的时候，可转债的股性减弱、债性增强，价格波动也变小，所以熊市中纯债溢价率的波动就会变小。这从图中 2011—2014 年熊市期间的纯债溢价率的波动情况也能看出来。而当牛市来临，纯债溢价率指标的意义就不大了，因为可转债已经变为股性，债底保护的意义已经不大，这时候该指标数值会非常大，波动也会变大，例如 2015 年。

（4）纯债价值呈现出稳步增长的态势，基本上是一条直线，慢慢收敛至到期本息和的位置。中间有小幅变化，通常是受到利率市场影响而带来的小幅波动。纯债价值的另一个说法是"债底"，这个底字也说明纯债价值是可转债的最后防线。

（5）不过在熊市深处，纯债溢价率偶尔会触及 0 甚至负值，中行转债在2013 年底和 2014 年初就是这样，这充分说明了当时市场的悲观情绪。另一方面，这时候可转债既可以提供纯债收益，又附赠看涨期权，可以说是千载难逢的好机会。

5.3 债性指标：到期收益率

5.3.1 逻辑推导：到期收益率

从下表可以看出债性指标的第二个核心"到期收益率"的推导过程：有了可转债每期的利息和本金，又有了可转债的市价，那么就可以把它当成一个普通债券用定价公式来算出其到期收益率是多少。

到期收益率和回售收益率的算法与内涵

指标	算法	内涵
到期收益率	根据可转债市价和未来本息和，贴现倒算出来的债券年化收益率	以目前价格买入可转债并持有到期，每年可以获得多少收益
回售收益率	根据可转债市价和回售价格（如果触发），倒算出来的可转债参与回售可获得的收益率	以目前价格买入可转债，并参与回售，可获得的收益率

公式如下：

$$P_v = \frac{C_1}{1+r} + \frac{C_2}{(1+r)^2} + \cdots + \frac{C_n}{(1+r)^n} + \frac{F}{(1+r)^n}$$

其中：P_v 为可转债现价，是已知项；F 为可转债面值，是 100 元，也是已知项；n 为剩余的付息年数，也是已知项；C_n 为每一期可转债的票面年利息，每年可能有所不同，尤其是最后一年，可转债会给一些补偿利率，也是已知项。有了上述所有的已知项，便可以求出未知项 r，即可转债的到期收益率。

具体的计算方法还有很多种，最方便的就是用 Excel 中的 RATE、IRR、YIELD 等函数，在此不多赘言，大家可以自行搜索查询。

有了这个到期收益率，便可以知道目前该可转债的保护性有多强。r 越高，可转债的债性就越强，可转债的价格也就越接近债底，以现价买入并持有到期的安全性也就越强。

与到期收益率类似的还有一个回售收益率。对于进入回售期的可转债，可以根据条款获知回售价是多少，也就是投资者将可转债卖回给发行人可以获得多少利润。如果可转债目前市价比回售价还便宜，那么这之间的差价除以市价便得到回售收益率。当然，在大多数情况下，可转债的市价会在回售价之上（回售收益率为负），发行人也会千方百计维持这一状态（比如下修转股价），否则投资者纷纷参与回售，发行人也会受不了。这时候我们通常会说可转债是有回售保护的。不过回售条款并非所有的转债都具备，像中行转债、工行转债、石化转债这种强势的转债就没有该条款，自然也就没有回售收益率一说。

5.3.2 案例演示：到期收益率

下图以中行转债为例，向大家演示到期收益率的变化。

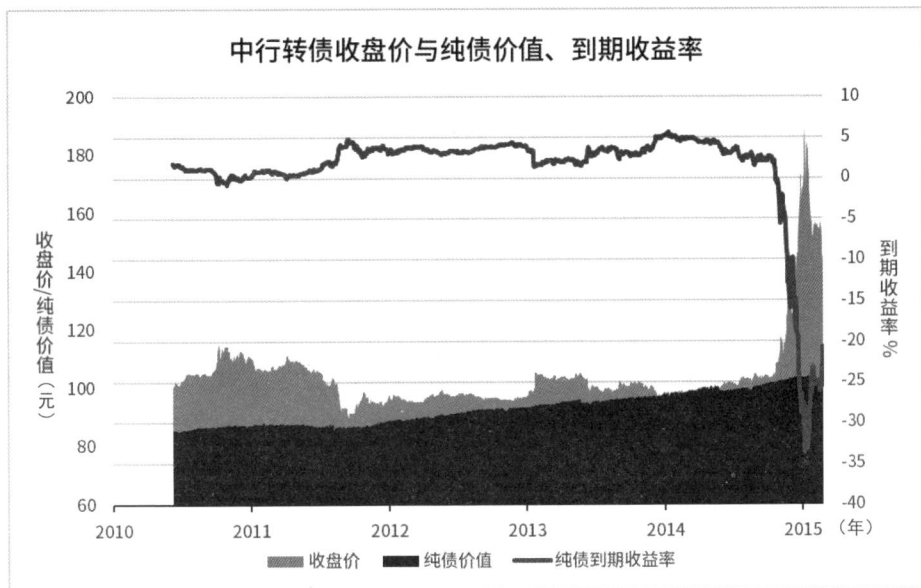

中行转债收盘价与纯债价值、到期收益率

从图中可以看出：

（1）在熊市中，到期收益率通常是正的，买入并持有到期可以保证获得正收益（不违约的情况下）；而在牛市阶段，到期收益率就会变成负的，也就是说可转债安全性减弱，即便持有到期也有可能亏钱。通常情况下，可转债的到期收益率由负变正，是一个比较重要的安全信号，也有可能是比较好的买入时点。

（2）到期收益率的高低和可转债的市场价基本呈现相反的态势。这不难理解，往前翻一下公式就会发现，可转债现价 P_v 和到期收益率 r 之间是一种"反比"关系，因为到期本息和基本是固定的，当前价格越高，持有到期能获得收益自然就越低，价格太高超过本息和，等待投资者的自然就是负收益，当然这是在可转债无法完成转股的情况下。下一章我们会用真实的案例对各种情况进行说明。

（3）到期收益率高低和纯债溢价率高低基本呈现相反的态势。二者的主要变动因素都是可转债价格，熊市中转债价格低迷，纯债溢价率很低，而到期收益率则很高，可转债债性十足；牛市中转债价格高涨，纯债溢价率很高，而到期收益率则变为负值，可转债股性十足。

5.4 利用指标，七步找出优质可转债

买可转债的目的只有两个：

（1）防守：股市下跌的时候亏得少甚至不亏。

（2）进攻：股市上涨的时候能够跟着涨赚钱。

从历史数据来看是可以做到的，但需要技巧。下面我们利用刚刚讲解的转债指标，尝试七步找出优质的可转债标的。相关数据的时点是 2018 年 7 月 16 日。

5.4.1 第一步：判定哪些可转债到期安全性强

可转债到期是否保本，最简单的方法是看价格，只要价格在 100 元面值以下，到期大概率是"保本"的，不过由于有利息、回售价、赎回补偿等因素，即使超过 100 元，也有可能同样"保本"。

最简单的方法是看纯债到期收益率，就是把可转债当成普通债券看，到期的收益率年化能有多少？

在当时来看，有 71 只都是保本的，年化收益最高的超过 8%，还有大量超过 4% 的（不考虑违约），见下表。

可转债剩余期限与到期收益率示意

序号	证券代码	证券简称	正股简称	正股代码	收盘价（元）	剩余期限（年）	纯债到期收益率（%）
1	127003.SZ	海印转债	海印股份	000861.SZ	83.85	3.90	8.45
2	128012.SZ	辉丰转债	辉丰股份	002496.SZ	79.33	3.76	8.33
3	123001.SZ	蓝标转债	蓝色光标	300058.SZ	87.70	3.42	7.66
4	128013.SZ	洪涛转债	洪涛股份	002325.SZ	84.55	4.04	7.62
5	127004.SZ	模塑转债	模塑科技	000700.SZ	88.28	4.88	5.69
6	128037.SZ	岩土转债	中化岩土	002542.SZ	84.86	5.67	5.31
7	128018.SZ	时达转债	新时达	002527.SZ	86.20	5.31	5.00
8	113502.SH	嘉澳转债	嘉澳环保	603822.SH	87.95	5.32	4.99

续上表

序号	证券代码	证券简称	正股简称	正股代码	收盘价（元）	剩余期限（年）	纯债到期收益率（%）
9	128038.SZ	利欧转债	利欧股份	002131.SZ	87.16	5.68	4.95
10	128023.SZ	亚太转债	亚太股份	002284.SZ	88.66	5.39	4.72
11	128026.SZ	众兴转债	众兴菌业	002772.SZ	87.34	5.41	4.69
12	128036.SZ	金农转债	金新农	002548.SZ	87.18	5.65	4.52
13	128030.SZ	天康转债	天康生物	002100.SZ	91.21	5.44	4.12
14	113014.SH	林洋转债	林洋能源	601222.SH	90.18	5.28	4.11
15	128021.SZ	兄弟转债	兄弟科技	002562.SZ	91.33	5.37	3.70
16	128039.SZ	三力转债	三力士	002224.SZ	89.73	5.90	3.67
17	113017.SH	吉视转债	吉视传媒	601929.SH	91.25	5.45	3.66
18	123004.SZ	铁汉转债	铁汉生态	300197.SZ	91.39	5.42	3.65
19	128015.SZ	久其转债	久其软件	002279.SZ	94.55	4.90	3.64
20	113016.SH	小康转债	小康股份	601127.SH	92.43	5.31	3.60
21	128019.SZ	久立转2	久立特材	002318.SZ	92.45	5.32	3.50
22	128020.SZ	水晶转债	水晶光电	002273.SZ	93.45	5.34	3.49
23	113008.SH	电气转债	上海电气	601727.SH	100.69	2.55	3.44
24	113505.SH	杭电转债	杭电股份	603618.SH	94.61	5.64	3.28
25	123003.SZ	蓝思转债	蓝思科技	300433.SZ	93.30	5.40	3.26
26	128040.SZ	华通转债	华通医药	002758.SZ	95.51	5.92	2.99
27	128010.SZ	顺昌转债	澳洋顺昌	002245.SZ	101.47	3.52	2.96
28	113510.SH	再升转债	再升科技	603601.SH	95.87	5.93	2.92
29	128034.SZ	江银转债	江阴银行	002807.SZ	94.69	5.53	2.77
30	110041.SH	蒙电转债	内蒙华电	600863.SH	96.61	5.44	2.70
31	113009.SH	广汽转债	广汽集团	601238.SH	100.47	3.52	2.66
32	128033.SZ	迪龙转债	雪迪龙	002658.SZ	96.70	5.45	2.54
33	110043.SH	无锡转债	无锡银行	600908.SH	95.87	5.54	2.54
34	113507.SH	天马转债	天马科技	603668.SH	98.48	5.76	2.52
35	127005.SZ	长证转债	长江证券	000783.SZ	95.83	5.66	2.50
36	113010.SH	江南转债	江南水务	601199.SH	102.80	3.67	2.49
37	113509.SH	新泉转债	新泉股份	603179.SH	97.33	5.89	2.32
38	128032.SZ	双环转债	双环传动	002472.SZ	98.46	5.44	2.29

序号	证券代码	证券简称	正股简称	正股代码	收盘价（元）	剩余期限（年）	纯债到期收益率（%）
39	110030.SH	格力转债	格力地产	600185.SH	104.10	1.44	2.27
40	110031.SH	航信转债	航天信息	600271.SH	103.14	2.91	2.27
41	110033.SH	国贸转债	厦门国贸	600755.SH	103.80	3.47	2.25
42	127007.SZ	湖广转债	湖北广电	000665.SZ	100.00	5.95	2.21
43	128025.SZ	特一转债	特一药业	002728.SZ	98.68	5.39	2.18
44	110044.SH	广电转债	广电网络	600831.SH	100.00	5.95	2.16
45	123010.SZ	博世转债	博世科	300422.SZ	100.00	5.97	2.15
46	113512.SH	景旺转债	景旺电子	603228.SH	100.00	5.98	2.15
47	113018.SH	常熟转债	常熟银行	601128.SH	98.02	5.51	2.13
48	113015.SH	隆基转债	隆基股份	601012.SH	99.17	5.30	2.12
49	113513.SH	安井转债	安井食品	603345.SH	100.00	5.99	2.11
50	113019.SH	玲珑转债	玲珑轮胎	601966.SH	103.08	4.62	2.09
51	113508.SH	新凤转债	新凤鸣	603225.SH	100.64	5.78	2.08
52	113511.SH	千禾转债	千禾味业	603027.SH	100.71	5.93	2.01
53	113504.SH	艾华转债	艾华集团	603989.SH	100.00	5.63	1.92
54	110045.SH	海澜转债	海澜之家	600398.SH	100.00	5.99	1.92
55	113012.SH	骆驼转债	骆驼股份	601311.SH	100.40	4.69	1.86
56	113503.SH	泰晶转债	泰晶科技	603738.SH	102.87	5.42	1.84
57	113506.SH	鼎信转债	鼎信通讯	603421.SH	100.91	5.75	1.64
58	127006.SZ	敖东转债	吉林敖东	000623.SZ	99.23	5.66	1.63
59	128016.SZ	雨虹转债	东方雨虹	002271.SZ	102.61	5.19	1.48
60	113013.SH	国君转债	国泰君安	601211.SH	102.75	4.98	1.37
61	110034.SH	九州转债	九州通	600998.SH	106.00	3.50	1.34
62	113011.SH	光大转债	光大银行	601818.SH	103.66	4.67	1.26
63	110040.SH	生益转债	生益科技	600183.SH	103.55	5.36	1.26
64	123002.SZ	国祯转债	国祯环保	300388.SZ	104.48	5.36	1.09
65	128022.SZ	众信转债	众信旅游	002707.SZ	105.30	5.38	0.93
66	123007.SZ	道氏转债	道氏技术	300409.SZ	107.98	5.45	0.77
67	128028.SZ	赣锋转债	赣锋锂业	002460.SZ	106.48	5.43	0.63
68	128014.SZ	永东转债	永东股份	002753.SZ	109.95	4.75	0.59

序号	证券代码	证券简称	正股简称	正股代码	收盘价（元）	剩余期限（年）	纯债到期收益率（%）
69	110042.SH	航电转债	中航电子	600372.SH	108.05	5.44	0.34
70	128017.SZ	金禾转债	金禾实业	002597.SZ	109.02	5.30	0.28
71	128024.SZ	宁行转债	宁波银行	002142.SZ	108.01	5.39	0.21

5.4.2　第二步：选择防守性较好的可转债

如果只看可转债保本与否，有一点儿片面。因为有一些保本的债券确实是资质不太好，比如海印转债、辉丰转债等，公司的经营确实也出现了一定的问题，评级被一再下调，有很大的违约风险，赌的成分大一点。

所以这方面没有必要只看"到期收益率"，只要是防守性好的，都应该考虑一下。

评价防守性的好坏，还可以看一个指标。

纯债溢价率：即可转债价格高出其纯债价值的比率，见下图。

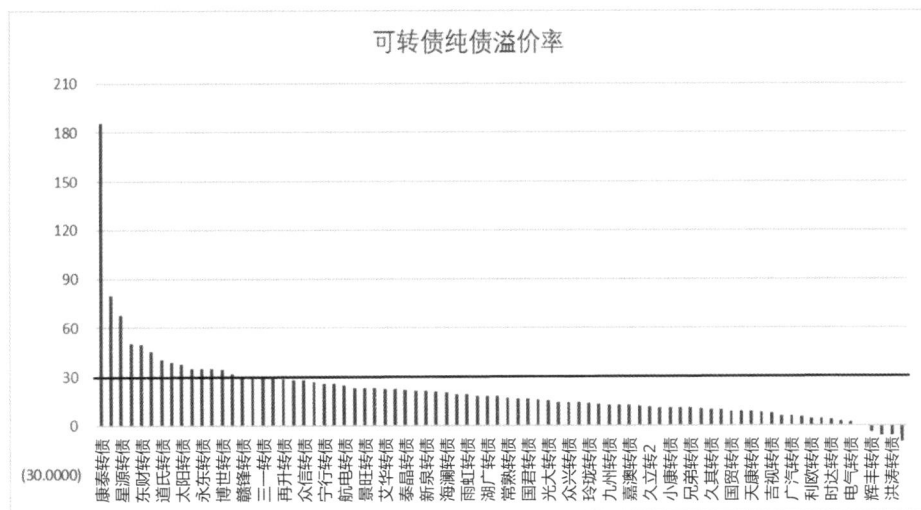

可转债纯债溢价率

这个值越低，可转债的价格越接近债底，防守性就越好，我们选择 30% 作为一个标准观察一下。

5.4.3 第三步：选择进攻性较好的可转债

买可转债一是买放心，大跌的时候不至于受重伤，二是选择进攻的时候要犀利的。

判定一只可转债股性如何的标准是看另一个指标。

转股溢价率：可转债价格高于其转股价值的比率，见下图。

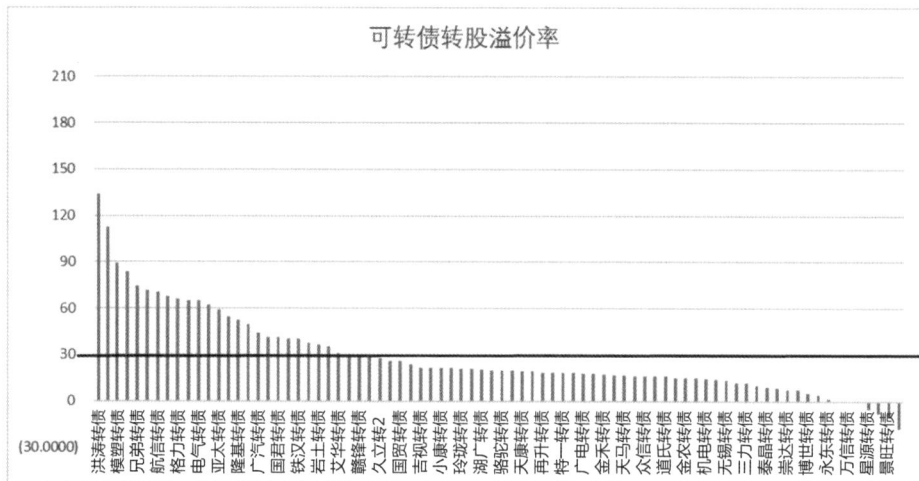

可转债转股溢价率

这个值越低，可转债的价格越接近转股价值，进攻性就越好。我们也选择30% 作为一个标准观察一下。

这里面可以看到有一小部分转债的转股溢价率是负的，这是因为它们刚刚上市，还在6个月非转股期之内，否则套利资金就会把可转债的价格打上去。当然，也有一些可转债虽然在转股期，但是价格刚好在130元触发强赎附近，所以卖压比较重，偶尔也会有负溢价。

总之要记住，纯债溢价率越低，防守性越好；转股溢价率越低，进攻性越好。

5.4.4 第四步：找出防守好，进攻也好的可转债

这里我们做一个散点图，横坐标是纯债溢价率，纵坐标是转股溢价率，并把二者同时低于30% 的区域标出来，就会得到下图。

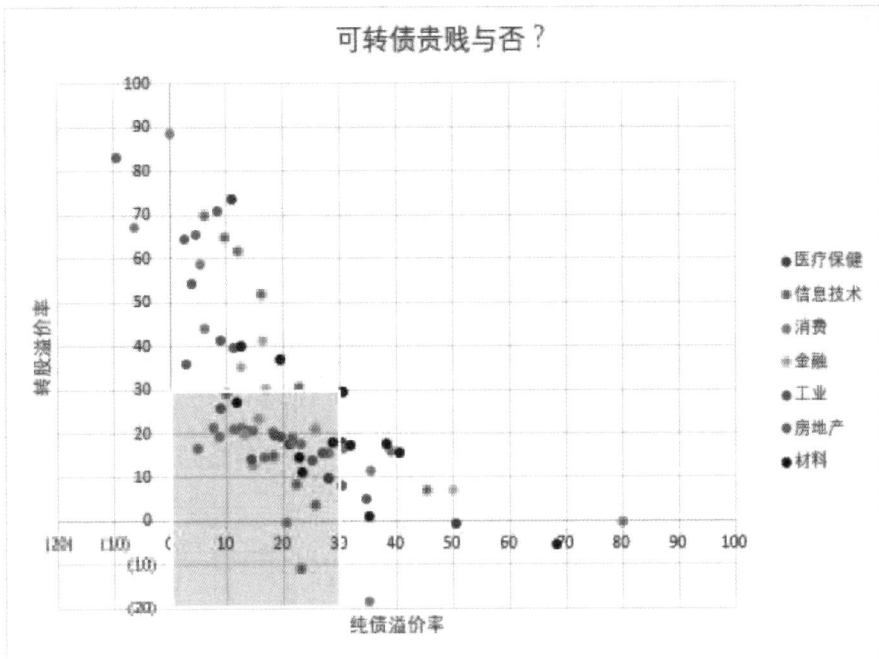

可转债纯债溢价率与转股溢价率散点图之一

放大一下看看，见下图。

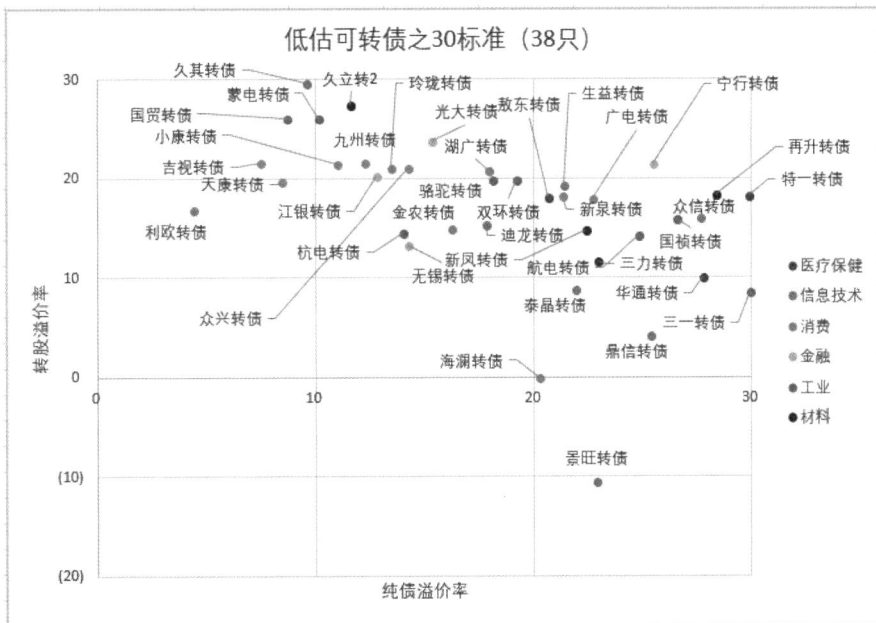

可转债纯债溢价率与转股溢价率散点图之二

还是有点儿多。标准再定得严格一些，定 20% 如何？见下图。

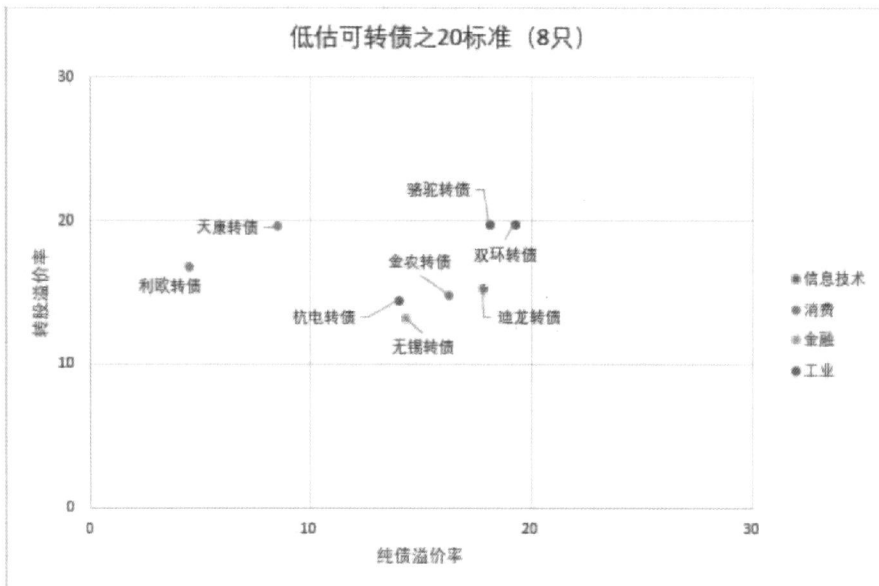

可转债纯债溢价率与转股溢价率散点图之三

只剩下 8 个，又太少了，不妨设为 25%。于是便有下图。

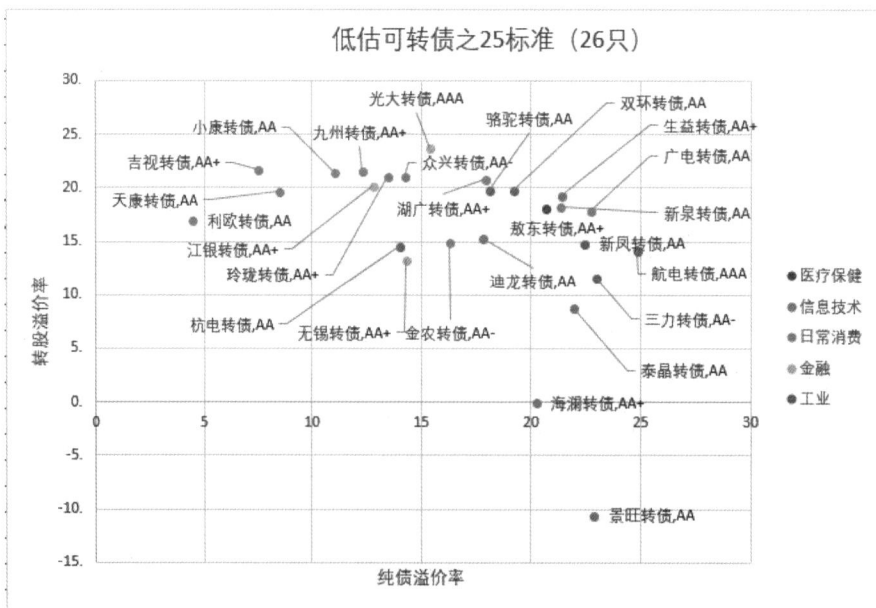

可转债纯债溢价率与转股溢价率散点图之四

上图的标签中把可转债的评级也放在上面了，这样大家可以一目了然地看到这些"进可攻、退可守"的可转债，信用情况如何。

5.4.5 第五步：剔除正股过于贵的转债

仅保留正股市盈率小于 40，市净率小于 3 的转债，得到如下标的，见下表。

转债筛选结果（市盈率＜40，市净率＜3）

证券代码	证券简称	正股简称	评级	收盘价（元）	纯债到期收益率（%）	正股市盈率＜40	市净率＜3	行业
128038.SZ	利欧转债	利欧股份	AA	87.16	4.95	27.20	1.51	媒体Ⅱ
128039.SZ	三力转债	三力士	AA-	89.73	3.67	24.27	2.31	材料Ⅱ
128032.SZ	双环转债	双环传动	AA	98.46	2.29	23.23	1.68	资本货物
128026.SZ	众兴转债	众兴菌业	AA-	87.34	4.69	22.04	1.19	食品、饮料与烟草
128033.SZ	迪龙转债	雪迪龙	AA	96.70	2.54	21.32	2.42	技术硬件与设备
110034.SH	九州转债	九州通	AA+	106.00	1.34	20.86	1.65	食品与主要用品零售Ⅱ
110044.SH	广电转债	广电网络	AA	100.00	2.16	20.13	1.20	媒体Ⅱ
113012.SH	骆驼转债	骆驼股份	AA	100.40	1.86	19.78	1.77	资本货物
113017.SH	吉视转债	吉视传媒	AA+	91.25	3.66	18.40	1.05	媒体Ⅱ
113019.SH	玲珑转债	玲珑轮胎	AA+	103.08	2.09	18.37	2.21	汽车与汽车零部件
127007.SZ	湖广转债	湖北广电	AA+	100.00	2.21	15.96	0.91	媒体Ⅱ
128030.SZ	天康转债	天康生物	AA	91.21	4.12	14.69	2.00	食品、饮料与烟草
128034.SZ	江银转债	江阴银行	AA+	94.69	2.77	11.91	1.05	银行
113508.SH	新凤转债	新凤鸣	AA	100.64	2.08	11.72	2.67	材料Ⅱ
127006.SZ	敖东转债	吉林敖东	AA+	99.23	1.63	10.91	1.00	制药、生物科技与生命科学
110043.SH	无锡转债	无锡银行	AA+	95.87	2.54	10.53	1.13	银行
113011.SH	光大转债	光大银行	AAA	103.66	1.26	6.01	0.62	银行

这里面没有把 AA– 和 AA 评级的转债也剔除掉，主要是由于这几个可转债的信用风险还处在可控阶段。一方面历史上暂时还没有违约的。另一方面，如果发行可转债的公司真的还不起钱，它们可以不断地下调转股价（银行转债除外），只要它们的股票还有价值，那么可转债的持有人还是可以"跑"出来的。

只有一种非常极端的可能性，公司破产、债券违约，股票也变得一文不值甚至退市，那就有可能真的不行了。

5.4.6 第六步：从中挑选符合自己要求的转债

5.4.5 中的表把行业也列进去了，所以投资者如果对于行业有偏好，可以从这个"退可守、进可攻"的"池子"里面挑选。

比如看好银行股，光大转债、无锡转债、江银转债可以选择。

比如看好券商股，虽然这里头没有国君转债、东财转债，但是有敖东转债，它的主要收入就来自广发证券，可以作为替代品。

以此类推。

如果你觉得标的池有点儿小，那么可以放宽一下标准，从 25% 调到 30%，看看有哪些心仪的转债。

5.4.7 第七步：关注条款和相关信息

虽然可转债的关键指标是纯债溢价率和转股溢价率，但是其他核心条款也是不能忽略的。

特别要注意的有：

（1）可转债的期限，目前挑出来的这些剩余期限都还有 4 ~ 5 年，要做好长期准备。

（2）是否有回售条款作为保护，如果没有的话防守就会弱一些。

（3）是否有下修条款，下修意愿是否强烈，特别是要关注大股东持有的可转债数量，因为下修议案表决的时候，持有转债的大股东是要回避的。

（4）正股经营的情况，比如融资是否顺利，是否受到去杠杆影响，股权质押比例高不高等。

以上只是一个方法的分享，不代表对任何标的的推介。不过，从当时我用此方法选出来的可转债确实在 2018 年的熊市中表现出了非常强的抗跌性，在 2019年初的小牛市当中，上涨也非常不错，所选可转债均价变化情况见下图。

所选可转债均价变化情况

第 6 章

经典案例：解读
退出路径

6.1 转债退出方式

可转债的退出方式一般有三种：转股、回售和到期赎回。这三种退出方式的路径，我们可以用下图来展示。

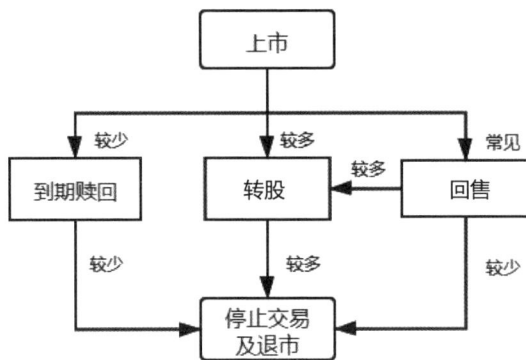

可转债退出流程示意

6.1.1 转股退出

我们统计了从 1993—2018 年共计 26 年间的所有退市的 113 只可转债，其中绝大部分是以转股结束其使命。有 105 只转债最终的转股比例超过 90%，占所有退市转债数量的 93%。

在这些转股的转债中，又分为以下四种情形：

（1）绝大多数是触发强赎并且发行人实施强赎，于是持有人纷纷转股。

（2）一种是虽然也触发了强赎条款，但是发行人没有实施，不过由于行情活跃，转债转股情况不错，最终也大部分实现了转股，真正到期赎回的量非常少，比如燕京转债、桂冠转债、招行转债等。当然，这里面也包括几只大量转股导致余额不足 3000 万元而被迫停止交易的。发行人不着急实施强赎，一般是因为看到转股的情况较好，又不愿意过早被稀释股份。

（3）自始至终未触发强赎条款，但可转债持续出现负溢价套利空间或者其他"摸不着头脑"的原因，在到期之前投资者大部分进行了转股操作，如阳光转债、博汇转债。

（4）其他特殊原因：比如雅戈转债，到期前几天正股雅戈尔赶上因股权分置改革而停牌，投资者预期正股复牌后会大涨，所以最后几天纷纷选择转股（当时正股还未复牌）；比如丝绸转债和南化转债，由于早年设置了"到期强制转股"条款而被自动转股（现在该条款已经不存在）。

6.1.2　回售退出

从 1993 年到 2018 年，虽然常常有触发回售的情形出现，但是真正以回售为主要方式退出的只有 2 例，分别是双良转债、创业转债。回售的发生是因为股价持续不振造成的，如果发行人现金流压力大，那么它就会想办法下修转股价或者拉抬股价去规避回售，但是如果发行人压力不大，那么就可能任回售发生（创业转债）。就算下修转股价，要么是下修幅度不"给力"（双良转债），要么就是直接被股东大会被否掉（澄星转债，回售比例 21.9%），回售仍会发生。

6.1.3　赎回退出

除了被实施强赎的转债，其他转债无论退出方式是什么，都会运行到期，只不过在到期日还有大量转债未转股从而被赎回的案例并不多见。在 1993—2018 年，一共也只有 4 例转债是以发行人赎回为主要退出方式的。这里面又分为两种情形：

（1）股价持续不振，之前虽然触发过回售但实施者寥寥（因转债价格高于回售价），最终也未能触发强赎，例如唐钢转债、新钢转债。这对发行人和投资者是双输。

（2）早期发展原因，例如宝安转债由于转股价格过高和发行时间不当造成转股比例较低，茂炼转债因未能发行股票而转股失败。

6.1.4 多种方式

澄星转债在转股期内一直未能触发强赎，在 2008 年 10 月份触发回售，发行人董事会虽然提出下修预案，但却被股东大会否掉。失望的投资者选择了回售，比例达到 21.9%。后来澄星股份股价有所好转，有大量的持有人转股（54.4% 比例），也有很多人最终选择到期赎回（23.6% 比例），整体而言发行人现金充足，但促转股意愿不是很强烈。

吉视转债则是因为触发强赎后，正好赶上 2015 年 "股灾"，转债和正股价格暴跌，导致一部分投资者转股（61.9% 比例），而另一部分犹豫的投资者发现与其转股，还不如按照强赎价格赎回，于是有大量的转债被发行人提前赎回（38.1%）。

下表为 1993—2018 年可转债的主要退出方式，下图为 1993—2018 年可转债主要退出方式占比。

可转债主要退出方式一览（1993—2018 年）

主要退出方式	路径	案例
90% 比例以上转股（105 例）	触发并实施强赎	绝大部分转债
	触发强赎但未实施，自然转股	燕京转债（125729）、桂冠转债、招行转债等
	未触发强赎，但负溢价或其它原因转股	阳光转债、博汇转债
	其他特殊原因	雅戈转债、丝绸转债等
50% 比例以上回售（2 例）	触发回售、资金充裕或下修不足未能规避	创业转债、双良转债
90% 比例以上赎回（4 例）	触发回售但未有效实施，也未能触发强赎，最终到期	唐钢转债、新钢转债
	早期发展原因	宝安转债、茂炼转债
其他（2 例）	多种方式	澄星转债、吉视转债

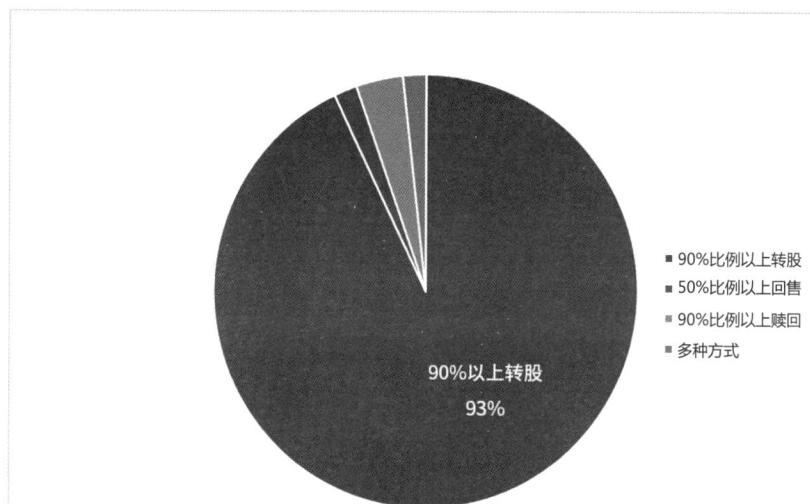

可转债主要退出方式占比（1993—2018 年）

下表为 1993—2018 年退市的可转债退出方式统计。

退市的可转债退出方式统计（1993—2018年）

代码	名称	起息日	摘牌日期	转债转股比例（%）	赎回比例（%）	回售比例（%）	到期比例（%）	路径
125009.SZ	宝安转债	1993/1/1	1996/1/1	2.7	97.3	0.0	0.0	到期赎回
100001.SH	南化转债	1998/8/3	2001/5/28	100.0	0.0	0.0	0.0	强制转股
125301.SZ	丝绸转债	1998/8/28	2003/8/27	99.8	0.0	0.0	0.2	强制转股
125302.SZ	茂炼转债	1999/7/28	2004/7/28	0.0	100.0	0.0	0.0	因未发行股票而赎回
100009.SH	机场转债	2000/2/25	2004/5/14	98.0	2.0	0.0	0.0	提前赎回
125898.SZ	鞍钢转债	2000/3/15	2005/3/14	99.8	0.0	0.0	0.2	到期赎回
100220.SH	阳光转债	2002/4/18	2005/4/25	93.5	0.0	0.0	6.5	到期赎回
125002.SZ	万科转债	2002/6/13	2004/4/30	99.6	0.4	0.0	0.0	提前赎回
100087.SH	水运转债	2002/8/13	2007/4/11	99.9	0.1	0.0	0.0	提前赎回
126301.SZ	丝绸转2	2002/9/9	2006/9/18	94.3	5.7	0.0	0.0	提前赎回
125729.SZ	燕京转债	2002/10/16	2007/10/16	100.0	0.0	0.0	0.0	到期赎回
125629.SZ	钢钒转债	2003/1/22	2004/4/14	100.0	0.0	0.0	0.0	提前赎回
100016.SH	民生转债	2003/2/27	2008/2/26	100.0	0.0	0.0	0.0	到期赎回
100177.SH	雅戈转债	2003/4/3	2006/4/10	98.4	0.0	0.0	1.6	到期赎回
125930.SZ	丰原转债	2003/4/24	2006/3/24	99.7	0.3	0.0	0.0	提前赎回
125630.SZ	铜都转债	2003/5/21	2006/7/11	99.8	0.2	0.0	0.0	提前赎回
100726.SH	华电转债	2003/6/3	2007/6/5	98.5	1.5	0.0	0.0	提前赎回
100567.SH	山鹰转债	2003/6/16	2007/2/13	99.7	0.3	0.0	0.0	提前赎回
100236.SH	桂冠转债	2003/6/30	2008/7/4	91.9	0.0	3.6	4.5	回售—到期

续上表

代码	名称	起息日	摘牌日期	转债转股比例（%）	赎回比例（%）	回售比例（%）	到期比例（%）	路径
100795.SH	国电转债	2003/7/18	2007/4/30	99.9	0.1	0.0	0.0	提前赎回
100117.SH	西钢转债	2003/8/11	2007/6/14	99.8	0.2	0.0	0.0	提前赎回
125936.SZ	华西转债	2003/9/1	2006/8/21	94.7	5.3	0.0	0.0	提前赎回
100096.SH	云化转债	2003/9/10	2006/9/9	99.7	0.0	0.0	0.3	到期赎回
100196.SH	复星转债	2003/10/28	2006/7/24	99.7	0.3	0.0	0.0	提前赎回
110001.SH	邯钢转债	2003/11/26	2007/3/16	99.9	0.1	0.0	0.0	提前赎回
125959.SZ	首钢转债	2003/12/16	2007/4/13	97.5	2.5	0.0	0.0	提前赎回
125069.SZ	侨城转债	2003/12/31	2005/4/29	99.9	0.1	0.0	0.0	提前赎回
110418.SH	江淮转债	2004/4/15	2006/7/18	99.8	0.2	0.0	0.0	提前赎回
110037.SH	歌华转债	2004/5/12	2009/5/18	99.9	0.0	0.0	0.1	到期赎回
110317.SH	营港转债	2004/5/20	2007/4/6	99.1	0.9	0.0	0.0	提前赎回
110874.SH	创业转债	2004/7/1	2007/9/7	31.3	0.0	68.7	0.0	回售+提前赎回
125932.SZ	华菱转债	2004/7/16	2007/6/8	100.0	0.0	0.0	0.0	回售+提前赎回
125937.SZ	金牛转债	2004/8/11	2008/3/18	100.0	0.0	0.0	0.0	提前赎回
125822.SZ	海化转债	2004/9/7	2008/2/26	100.0	0.0	0.0	0.0	提前赎回
125488.SZ	晨鸣转债	2004/9/15	2007/5/21	100.0	0.0	0.0	0.0	提前赎回
126002.SZ	万科转 2	2004/9/24	2006/4/14	99.8	0.2	0.0	0.0	提前赎回
110219.SH	南山转债	2004/10/19	2006/8/24	99.8	0.2	0.0	0.0	提前赎回
110010.SH	包钢转债	2004/11/10	2009/11/16	99.9	0.0	0.0	0.1	到期赎回

续上表

代码	名称	起息日	摘牌日期	转债转股比例（%）	赎回比例（%）	回售比例（%）	到期比例（%）	路径
110036.SH	招行转债	2004/11/10	2009/11/17	100.0	0.0	0.0	0.0	到期赎回
110325.SH	华发转债	2006/7/27	2007/4/13	99.9	0.1	0.0	0.0	提前赎回
110423.SH	柳化转债	2006/7/28	2007/4/13	99.7	0.3	0.0	0.0	提前赎回
110398.SH	凯诺转债	2006/8/15	2007/10/26	99.9	0.1	0.0	0.0	提前赎回
125024.SZ	招商转债	2006/8/30	2007/5/31	100.0	0.0	0.0	0.0	提前赎回
110488.SH	天药转债	2006/10/25	2007/7/4	99.5	0.5	0.0	0.0	提前赎回
110232.SH	金鹰转债	2006/11/20	2009/5/19	99.9	0.1	0.0	0.0	提前赎回
110021.SH	上电转债	2006/12/1	2007/8/27	97.3	2.7	0.0	0.0	提前赎回
128031.SZ	巨轮转债	2007/1/8	2009/9/7	100.0	0.0	0.0	0.0	提前赎回
125717.SZ	韶钢转债	2007/2/6	2007/10/16	99.9	0.1	0.0	0.0	提前赎回
110078.SH	澄星转债	2007/5/10	2012/5/17	54.4	0.0	21.9	23.6	回售—到期
125960.SZ	锡业转债	2007/5/14	2010/12/14	99.1	0.9	0.0	0.0	提前赎回
110026.SH	中海转债	2007/7/2	2008/4/9	99.4	0.6	0.0	0.0	提前赎回
110567.SH	山鹰转债	2007/9/5	2010/2/5	99.8	0.2	0.0	0.0	提前赎回
110971.SH	恒源转债	2007/9/24	2009/12/25	99.8	0.2	0.0	0.0	提前赎回
110227.SH	赤化转债	2007/10/10	2009/6/2	97.4	2.6	0.0	0.0	提前赎回
125709.SZ	唐钢转债	2007/12/14	2012/12/14	0.0	0.0	0.0	100.0	回售—到期
110598.SH	大荒转债	2007/12/19	2010/3/12	99.8	0.2	0.0	0.0	提前赎回
125572.SZ	海马转债	2008/1/16	2009/6/9	99.6	0.4	0.0	0.0	提前赎回

续上表

代码	名称	起息日	摘牌日期	转债转股比例（%）	赎回比例（%）	回售比例（%）	到期比例（%）	路径
110368.SH	五洲转债	2008/2/29	2009/7/8	99.7	0.3	0.0	0.0	提前赎回
125528.SZ	柳工转债	2008/4/18	2009/6/30	99.9	0.1	0.0	0.0	提前赎回
110002.SH	南山转债	2008/4/18	2009/9/24	99.8	0.2	0.0	0.0	提前赎回
110003.SH	新钢转债	2008/8/21	2013/8/27	0.0	0.0	0.1	99.9	回售—到期
110004.SH	厦工转债	2009/8/28	2010/9/30	99.9	0.1	0.0	0.0	提前赎回
110005.SH	西洋转债	2009/9/3	2010/5/19	99.8	0.2	0.0	0.0	提前赎回
110006.SH	龙盛转债	2009/9/14	2010/5/12	99.8	0.2	0.0	0.0	提前赎回
125969.SZ	安泰转债	2009/9/16	2010/6/23	99.7	0.3	0.0	0.0	提前赎回
110007.SH	博汇转债	2009/9/23	2014/9/29	98.5	1.5	0.0	0.0	到期赎回
110008.SH	王府转债	2009/10/19	2010/11/5	99.9	0.1	0.0	0.0	提前赎回
110009.SH	双良转债	2010/5/4	2015/5/7	0.1	0.0	99.5	0.4	回售—到期
125731.SZ	美丰转债	2010/6/2	2013/4/24	99.6	0.4	0.0	0.0	提前赎回
113001.SH	中行转债	2010/6/2	2015/3/13	99.9	0.1	0.0	0.0	提前赎回
126630.SZ	铜陵转债	2010/7/15	2011/4/1	99.8	0.2	0.0	0.0	提前赎回
128233.SZ	塔牌转债	2010/8/26	2011/6/9	99.9	0.1	0.0	0.0	提前赎回
113002.SH	工行转债	2010/8/31	2015/2/26	99.9	0.1	0.0	0.0	提前赎回
126729.SZ	燕京转债	2010/10/15	2015/6/15	99.8	0.2	0.0	0.0	回售—提前赎回
110011.SH	歌华转债	2010/11/25	2015/5/6	99.2	0.9	0.0	0.0	提前赎回
110012.SH	海运转债	2011/1/7	2015/5/15	99.8	0.2	0.0	0.0	提前赎回

代码	名称	起息日	摘牌日期	转债转股比例（%）	赎回比例（%）	回售比例（%）	到期比例（%）	路径
110013.SH	国投转债	2011/1/25	2013/7/12	99.7	0.3	0.0	0.0	提前赎回
125887.SZ	中鼎转债	2011/2/11	2014/8/11	99.5	0.5	0.0	0.0	提前赎回
110015.SH	石化转债	2011/2/23	2015/2/17	99.8	0.2	0.0	0.0	提前赎回
110016.SH	川投转债	2011/3/21	2014/9/10	98.4	1.6	0.0	0.0	提前赎回
125089.SZ	深机转债	2011/7/15	2015/6/8	99.9	0.1	0.0	0.0	提前赎回
129031.SZ	巨轮转2	2011/7/19	2013/6/20	96.6	3.4	0.0	0.0	提前赎回
110017.SH	中海转债	2011/8/1	2015/2/13	99.1	0.9	0.0	0.0	提前赎回
110018.SH	国电转债	2011/8/19	2015/3/5	99.9	0.1	0.0	0.0	提前赎回
110019.SH	恒丰转债	2012/3/23	2015/5/5	99.9	0.1	0.0	0.0	提前赎回
113003.SH	重工转债	2012/6/4	2014/12/4	99.9	0.1	0.0	0.0	提前赎回
110020.SH	南山转债	2012/10/16	2015/3/13	99.9	0.1	0.0	0.0	提前赎回
110022.SH	同仁转债	2012/12/4	2015/3/10	99.6	0.4	0.0	0.0	提前赎回
127001.SZ	海直转债	2012/12/19	2014/10/8	99.9	0.1	0.0	0.0	提前赎回
128001.SZ	泰尔转债	2013/1/9	2014/11/21	99.4	0.6	0.0	0.0	提前赎回
110023.SH	民生转债	2013/3/15	2015/7/1	99.2	0.8	0.0	0.0	提前赎回
128002.SZ	东华转债	2013/7/26	2015/6/2	100.0	0.0	0.0	0.0	提前赎回
128003.SZ	华天转债	2013/8/12	2014/12/8	99.9	0.1	0.0	0.0	提前赎回
110024.SH	隧道转债	2013/9/13	2014/12/18	99.8	0.2	0.0	0.0	提前赎回
127002.SZ	徐工转债	2013/10/25	2015/2/16	99.9	0.1	0.0	0.0	提前赎回

续上表

代码	名称	起息日	摘牌日期	转债转股比例（%）	赎回比例（%）	回售比例（%）	到期比例（%）	路径
113005.SH	平安转债	2013/11/22	2015/1/15	99.9	0.1	0.0	0.0	提前赎回
113006.SH	深燃转债	2013/12/13	2015/5/8	99.8	0.2	0.0	0.0	提前赎回
128004.SZ	久立转债	2014/2/25	2015/1/5	99.8	0.2	0.0	0.0	提前赎回
128005.SZ	齐翔转债	2014/4/18	2015/6/15	100.0	0.0	0.0	0.0	提前赎回
110025.SH	国金转债	2014/5/14	2015/1/9	99.4	0.6	0.0	0.0	提前赎回
128006.SZ	长青转债	2014/6/20	2015/4/24	100.0	0.0	0.0	0.0	提前赎回
110027.SH	东方转债	2014/7/10	2015/2/27	99.9	0.1	0.0	0.0	提前赎回
110028.SH	冠城转债	2014/7/18	2015/4/29	99.7	0.3	0.0	0.0	提前赎回
128007.SZ	通鼎转债	2014/8/15	2015/7/20	100.0	0.0	0.0	0.0	提前赎回
113007.SH	吉视转债	2014/9/5	2015/7/15	61.9	38.1	0.0	0.0	提前赎回
128008.SZ	齐峰转债	2014/9/15	2015/6/16	99.6	0.4	0.0	0.0	提前赎回
110029.SH	浙能转债	2014/10/13	2015/6/5	99.8	0.2	0.0	0.0	提前赎回
113501.SH	洛钼转债	2014/12/2	2015/7/16	99.1	0.9	0.0	0.0	提前赎回
128009.SZ	歌尔转债	2014/12/12	2017/7/10	100.0	0.0	0.0	0.0	回售+提前赎回
110035.SH	白云转债	2016/2/26	2017/6/13	99.4	0.6	0.0	0.0	提前赎回
128011.SZ	汽模转债	2016/3/2	2017/8/17	100.0	0.0	0.0	0.0	提前赎回
110039.SH	宝信转债	2017/11/17	2018/7/13	98.2	1.8	0.0	0.0	提前赎回
123005.SZ	万信转债	2017/12/19	2018/8/29	99.3	0.7	0.0	0.0	提前赎回

6.1.5　路径统计

如果我们不以退出方式为统计目的，而是想要看看有多少转债触发过强赎（提前赎回）、回售或者自然到期，也会很有意思。

（1）在 113 只退市的转债中共有 102 只在生命周期中触发过强赎条款，占比 90.3%，其中 94 只实施了强赎，8 只达到了强赎条件但发行人未实施。这 8 只转债分别是鞍钢转债、燕京转债（125729）、民生转债（100016）、歌华转债、桂冠转债、云化转债、包钢转债、招行转债，由于燕京转债、民生转债历史上都有过两只，这里我们加上代码予以区分。从理论上来说，凡是在生命周期中曾经触发过强赎条款的转债，都是"好"转债，它们都为投资者提供了非常不错的赚钱机会。

（2）在 113 只退市的转债中，共有 9 只在生命周期中从未触发过强赎条款，占比 7.96%，分别是：宝安转债、茂炼转债 、雅戈转债、阳光转债、澄星转债、唐钢转债、新钢转债、博汇转债和双良转债。这其中除了雅戈转债之外，其他的可以称为"不那么成功"的转债，没有做到投资者和发行人的双赢。

（3）还有 2 只发行较早的转债因"强制转股"条款到期后被强制转股，分别是南化转债和丝绸转债。

可转债强制赎回触发情况见下图。

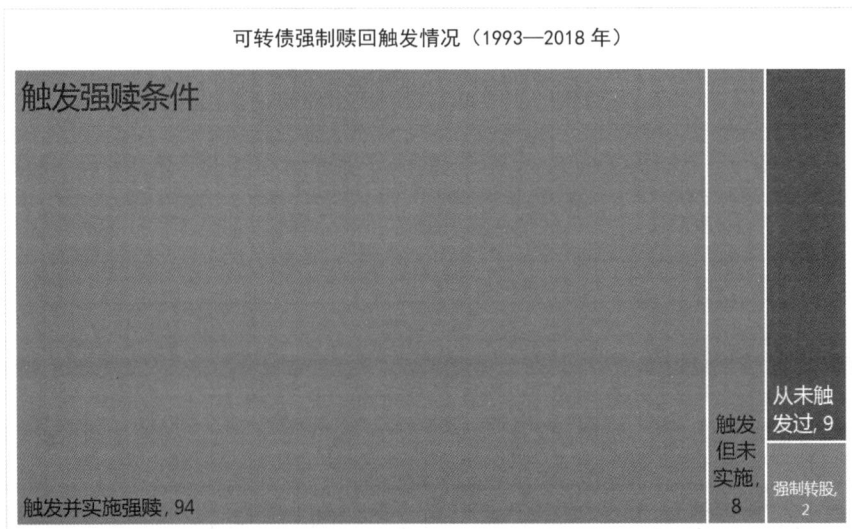

可转债强制赎回触发情况

（4）在 113 只退市的转债中，共有 9 只在生命周期中触发了回售条款，占比 7.96%，分别是桂冠转债、创业转债、华菱转债、澄星转债、唐钢转债、新钢转债、双良转债、燕京转债（126729）、歌尔转债，但是其中只有双良转债是以 99% 的回售比例完成使命，创业转债回售比例高达 68%、澄星转债只有 21.9%。其他几只虽然触发了回售，但是投资者都没有参与或者参与比例非常小。在这 9 只转债中，除双良转债之外，剩下 8 只有 4 只后来又触发了强赎条款，分别是创业转债、华菱转债、燕京转债和歌尔转债，可谓起死回生；还有 4 只最终到期赎回，分别是唐钢转债、新钢转债、桂冠转债和澄星转债。

（5）从到期赎回的角度来看，一共有 17 只转债，占比 10.6%。不过这其中有 8 只都是（1）中提到的触发了强赎但是发行人未实施的，剩下的 9 只中，茂炼转债和宝安转债是历史原因到期赎回，双良转债是之前大比例回售了，而博汇转债、雅戈转债、阳光转债都因为各种各样的原因在之前大比例转股了，到期赎回比例很小，真正大比例到期赎回的只有唐钢转债（100%）、新钢转债（99.9%）、澄星转债（23.6%），而其中最失败的案例就是唐钢转债和新钢转债。

6.2 强赎最快的转债：洛钼转债

有的可转债发行在熊市末期或牛市初期，刚开始运行便迎来利好行情，正股价格迅速超过转股价的 30%，随即触发强制赎回条款，转债的生命周期很快便结束了。投资者赚钱，上市公司融资，大家都很开心，可谓超级幸运星。

案例：洛钼转债

截至本书完成时（2020 年春节），历史上生命周期最短的转债是洛钼转债，其上市时间仅为 138 个交易日。洛钼转债的发行人为洛阳栾川钼业集团股份有限公司，该转债于 2014 年 12 月 16 日上市，当时正值 2014—2015 年大牛市的第一阶段，正股股价持续上涨，洛钼转债上市后价格即从面值 100 元跳升至 119 元，到 2015 年 6 月 5 日，最高价触达 237 元。不过洛钼转债从 2015 年 6 月 2 日开始，即进入转股期，此时早已达到触发强制赎回的条件。由于从 2015 年 6 月中旬，股市开始大幅下跌，洛钼转债价格暴跌但仍满足赎回条件，因此 6 月 24 日上市公司赶紧发布公告提前赎回转债，7月9日为赎回日，这一消息更加促进了可转债投资者进行转股，最终洛钼转债转股比例高达99.07%。有趣的是，在洛钼转债生命的最后时期，受到了强赎转股＋股灾的双重打击，其价格从237元的云端，一路暴跌至7月8日的104元，而7月9日是其最后一个交易日，这一天A股从千股跌停到千股涨停，被称为"大奇迹日"，当天洛钼转债单日暴涨25%，可谓"回光返照"，洛钼转债上市交易及退市过程见下图。

洛钼转债上市交易及退市过程

6.3 熬过熊市后被强赎：中行转债

有的可转债发行在牛末熊初，在它生命周期中的大部分时候，转债价格都蛰伏在底部，并且随着熊市的深入，往往会触发下修条款，甚至回售条款，这二者都是熊市才会发生的情形。但随着熬过熊市，迎来下一波牛市，可转债的价格终于迎来春天，从而触发强赎条款并完成转股，走完生命历程。这种情形也是最为常见的。

案例：中行转债

中行转债的生命历程是可转债历史上的典型案例，其参与人数之多、历程之转折、知名度之高，都非常具有研究价值。中行转债的发行人为中国银行股份有限公司，该转债于2010年6月18日上市，期限6年。其上市后股市迎来一波反弹，中行转债的价格一度涨至117元，但随后便迎来了一轮长达4年的熊市，在此期间，其价格一直在 100 元之下的债性区间徘徊。2011 年 9 月，中行转债价格一度下探至 89 元，纯债收益率甚至超过了 4%，对于中国银行这样几乎没有任何违约风险的 AAA 品种，又有获取股市上涨的机会，这一价格是非常具有吸引力的。而且这种状态一直持续了三四年，给投资者带来了大量的"上车"机会，同时也有很多人忍受不了磨底的过程而中途"下车"。

值得一提的是，中行转债在 2012 年 9 月中旬，即触发了转股价格下修条款，但是中国银行并未响应市场强烈的下修预期进行下修操作，反而到了 2013 年 1 月 31 日，在正股价格反弹出下修区间后，发布了建议下修的董事会预案。这可能是由于股价反弹后进行下修，对于转股的促进作用更强，因为一方面转股价降低，另一方面股价上升，二者差距缩小后更容易触发强赎条款。到了 3 月 26 日，中国银行发布公告，自 3 月 29 日起，中行转债转股价格由 3.44 元 / 股向下修正到 2.99 元 / 股。之所以选择这个时点是非常讲究的。

根据中国银行募集说明书及相关规定，可转债向下修正后的转股价格应不低于下列 4 个价格的最高值：

（1）股东大会召开前 20 个交易日正股交易均价。

（2）股东大会召开前 1 个交易日交易均价。

（3）正股最近一期经审计的每股净资产（2012 年底）；

（4）正股股票面值。

当时中行转债的上述 4 个价格分别为 2.96 元、2.99 元、2.95 元和 1 元，因此，中行转债最后确定的转股价格为 2.99 元 / 股。

之所以选择在 2013 年一季度末进行下修，是因为市场普遍预期其 2013 年一季报中的每股净资产将上升至 3.02 元，如果中行转债的转股价格下调日晚于一季报，那么上述四个最低价中的第（3）项就会被抬高，这将导致中行转债不能把转股价下调得更低，从而促进转股。

这种在最近一期净资产披露前夕，进行转股价下调或者发行新转债的情形，都是为了更低的转股价格，对于这样的转债和上市公司，其转股意愿可见一斑，投资者要好好珍惜。

在本次修正后，2.99 元的转股价已经大概率低于 2013 年一季报中的每股净资产，未来除非中国银行出现亏损其净资产才可能下降，否则其净资产将一直处于上升态势。因此这次修正后，受制于修正后的转股价不能低于每股净资产约束，中行转债将无法再向下修正转股价。

后面的发展情况也确实如此，由于股市持续低迷，中国银行的股价跌破每股净资产，但中行转债却无法继续进行下修，这也导致中证转债吸引力下降，价格也一直在低位徘徊。

最后的发展情况当然大家都很熟悉了，2014年底金融股异动，中行转债一飞冲天，从不到100元暴涨至194元，翻了几乎一倍。对于在其中潜伏多年的投资者而言，真是"何以解忧、唯有暴富"。2015年1月底，中行转债也发布了强制赎回的公告，随后正股和转债价格均出现了一定程度的下跌。这也是可转债触发强赎后的常见现象，由于此时大量的可转债转换成股票在二级市场上形成抛压，从而带来股价和转债价格的依次下跌，下图为中行转债上市交易及退市过程。

中行转债上市交易及退市过程

6.4 下修后却最终回售：双良转债

有的可转债同样生不逢时，并且随着熊市的深入，不仅触发了下修条款，甚至还触发了回售条款。由于种种原因，投资者对于未来转股不抱期望，最终大部分选择回售，从而结束可转债的生命周期。这种情形对于投资者和发行人而言，都是不愿意看到的，不过这样的情况在历史上并不常见。

案例：双良转债

双良转债于 2010 年 5 月 14 日上市，从时间上看与中行转债类似，但命运却不尽相同，其中最重要的因素便在于"回售条款"。双良转债的发行人是双良节能系统股份有限公司，其上市首日便下跌 2.12%，是 2008 年转债发行重启以后继新钢转债之后唯一一只上市首日下跌的转债，可谓出师不利。虽然 2010 年下半年随着市场反弹曾涨至 135 元，但从 2011 年市场进入熊市以后，双良转债一路下跌，正股价格下跌也很快便触发下修，但双良转债并未启动下修。

直到 2011 年 9 月份，双良转债的正股价格已经跌到 11 元附近，而此时的转股价格还在 20.81 元，不仅仅触发了下修，连回售条款都已经早早触发（这是投资人的权利，必须进行回售）。这时候发行人出人意料的同时发布了下修和回售公告，但是下修幅度非常低，只修到正股价格的 160% 附近（后经调整修到了120%），尽管如此，投资者还是非常失望的。如此没有诚意的下修，使得可转债转股变得非常困难。发行人的意图也很明显，因为触发了回售，发行人就不得不还钱，但是如果同时下修转股价，就会对可转债的价格有所刺激，使交易价格高于 103 元的回售价格，这样一来投资者便不会选择回售而是继续持有，发行人也就不用还钱了。

从公告之后一段时间的转债价格也可以看出，在 103 元以上反复了很长一段时间。但人算不如天算，由于行情不"给力"，双良转债的价格终于击穿了 103 元，大部分的持有人最终都选择了回售。截至 2011 年 12 月份，双良转债的流通数量已经小于 3000 万元，根据规定不得不退市。不过仍旧可以转股和回售，所以我们看到后来双良转债又发布了很多次公告，对于可转债募投资金的用途进行了修改，因而不断触发回售，最终剩下的一小部分份额也最终在 2015 年 5 月随着双良转债的到期而消失，彼时余额只剩下 300 万元左右。

从这一事件中也可以看出发行人对于转股的意愿不是很强烈，否则它不可能在回售可能性如此之大的情况下仍旧"非常没有诚意"的下修转股价，投资者也看清了这一点，故而对于发行人未来下修促转股的预期大大降低，于是纷纷选择回售。可以说双良转债是转债史上极不光彩的一个案例。

值得一提的是，中行转债是没有设置回售条款的，所以无论其正股价格如何下跌，都不存在下修博弈的情况，投资者只能选择继续持有或者卖掉。而如双良转债等不是那么强势的发行人，通常会设置回售条款，一旦遇到熊市，交易的复杂性也会增强。当然，对投资者而言，回售条款是权利，是好事情，双良转债上市交易及退市过程见下图。

双良转债上市交易及退市过程

6.5 下修失败：民生转债

通过前面的几个案例我们可以发现下修条款的重要性，但并不是所有的下修条款都会顺利启动。由于转债下修转股价会触发转股，从而稀释原股东的权益，所以在进行股东大会表决的时候，往往存在不确定性。一般而言，如果上市公司的股权比较集中，大股东基本说了算，那么为了企业能够"不还钱"，下修往往比较顺利，但是如果上市公司股权分散，下修的支持者和反对者很有可能展开一场激战，具体结果就不好说了。民生转债就是个有名的例子。

案例：民生转债

历史上有两个民生转债，发行人都是民生银行股份有限公司。第一个民生转债（100016）存续在 2003—2008 年，第二个民生转债（110023）存续在 2013—2015 年，我们这里说的是第二个民生转债。

民生转债发行于 2013 年 3 月 15 日，期限 6 年，规模 200 亿元。民生转债发行前，民生银行股价刚刚从 2012 年底到 2013 年初完成了一轮接近翻倍的暴涨，但上市没多久就遇到银行股的低迷期，民生银行的股价也一路下跌，到了 2014 年初，转债价格已跌破面值，正股价格也触发了下修条款。此时市场对于民生银行进行下修并通过的预期比较高，主要是因为民生银行 2013 年 3 季报核心资本充足率仅有 8.32%，低于监管部门要求的 8.5% 的标准。而可转债实现转股会较大程度的补充核心资本。因此转债价格也一直在 98 元附近，这个价格包含了一定的下修通过的预期。

2014 年 1 月 10 日，民生银行发布董事会公告，拟向下修正"民生转债"转股价格，然而在 2 月 27 日召开的民生银行 2014 年第一次临时股东大会上，有投票权的股东大会参与者中，对于转股价下修议案，46% 投赞成票，40% 反对票，14% 弃权。由于下修转股价议案须要获得持有效表决权股份总数的 2/3 以上票数通过，因此没有通过。

这一结果相当出人意料，事后民生转债价格直接跳空暴跌 10%，跌至 87 元，很多参与条款博弈的投资者损失惨重。究其原因，在于彼时的民生银行股权相对分散，尽管公司历经多次股权变更，期间虽有所集中，但单个股东持股比例却从未超过 10%，因此也一直未出现过一股独大的局面。所以即便管理层希望下修转股价，但由于股东力量较为均衡，最后被生生"投死"也只能无可奈何。

后面的事情大家都知道了，2014 年底牛市到来，2015 年民生转债顺利完成转股。顺便提一句，民生转债是继唐钢转债后历史上第二例下修转股失败的案例，下图是民生转债上市交易及退市过程。

民生转债上市交易及退市过程

6.6 到期还本付息：唐钢转债

接下来说说这个"奇葩"的唐钢转债。这个案例在可转债的历史上颇具典型意义，是第一只接近全额到期赎回的可转债，也是第一个下修失败的可转债。可转债到期赎回理论上是其生命历程之一，但是我国转债市场历史较短，数量有限，这种情形发生并不常见。

案例：唐钢转债

唐钢转债发行于 2007 年底，发行人是唐山钢铁（唐钢股份），2008 年 6 月，唐钢集团与邯钢集团、承德钒钛合并重组，成立河北钢铁集团有限公司，上市主体也从唐钢股份改名为河钢股份。所以在唐钢转债的"后半生"中，其对应的正股主要是河钢股份，下图为唐钢转债上市交易及退市过程。

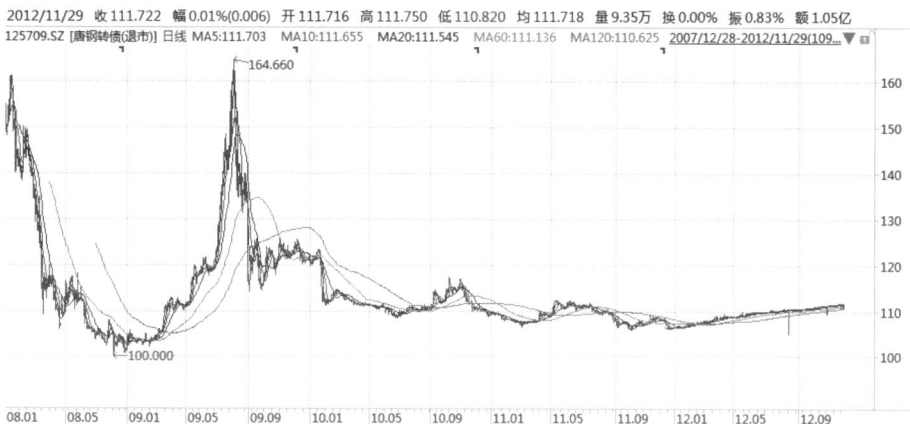

唐钢转债上市交易及退市过程

不幸的是，唐钢转债发行不久就迎来了 2008 年股市大幅下跌，股债价格跌幅巨大，并于当年 7 月 29 日触发回售，回售价格 100.8 元，与此同时，董事会也提出了向下修正转股价格的议案。这么做的意图很明显，提出议案有助于将转债价格稳定在回售价之上，这样一来投资者便不会进行回售，发行人也没有偿债压力。

不过在 2008 年 8 月 26 日召开的临时股东大会否决了向下修正议案，其时出席会议占 64.91% 的股份但只有约 17% 的股东参与表决，大股东因持有转债不能参与投票，这导致议案最终未被通过。这也是史上第一个下修失败的案例。

在整个存续期，唐钢转债累计触发回售 5 次，即每个计息年度均触发了回售条款，但每次回售结果都应者寥寥。由于这一期间正股唐钢股份的股价处于深跌状态，虽然时有反弹，但也距离转股价格非常遥远，按理来说转债价格应该一路下行，但是由于"回售"条款一直处于触发状态，投资者看到向下有回售价格保护，到期赎回也能有 112 元（年化算起来是比较高的），于是就把他当作一个债券来看待，同时由于钢铁企业资金压力很大，投资者又预期发行人一定会想办法促进转股，所以买入的人也非常多，转债价格一直位于回售价之上。这使得唐钢转债的转股溢价率非常高，"看涨期权"也一直处于极度虚值状态。其实发行人河北钢铁也一直很努力，2008 年和 2010 年的业绩预增公告，2008 年提出的高送转、2009 年吸收合并邯郸钢铁和承德钒钛、2010 年收购股东资产、2011 年的增发等，一直在想办法拉抬股价。

就这样，在唐钢转债交易的大部分时间，投资者把它当作一个债券，尤其是最后一年多，其交易价格基本上变成一条直线，债性明显。最后河北钢铁也硬生生的掏出了 30 多亿元来兑付转债本息。

与唐钢转债类似的案例还有新钢转债，之前澄星转债也曾出现过部分到期赎回的情形。这对于发行人和投资者而言都是不愿意看到的。

6.7 触发强赎却没能促转股：吉视转债

一般而言，可转债发行人一旦实施强赎，持有人都会选择转股（除非忘了），但是在可转债历史上却有这么一个"倒霉蛋"，刚刚实施强赎，就遇到股价大幅下挫，结果大量的投资人选择接受强赎，而不是转股。

案例：吉视转债

历史上也有两个吉视转债，发行人都是吉视传媒。这里说的是存续于 2014—2015 年的吉视转债（113007），发行人是吉视传媒股份有限公司，吉视转债上市交易及退市过程见下图。

2015/07/07 收 100.180 幅 -0.76%(-0.770) 开 100.880 高 101.190 低 100.120 均 100.369 量 87.83万 换 0.00% 振 1.06% 额 8.82亿
113007.SH [吉视转债(退市)] 日线 MA5:107.444 MA10:120.729 MA20:147.689 MA60:153.531 MA120:147.869 2014/09/25-2015/07/07(18... ▼

吉视转债上市交易及退市过程

从发行时点上来看，吉视转债和洛钼转债非常相似，"前半生"的历程也很类似，就是随着 2014—2015 年的牛市上涨，最高价格一路触达 199 元，并触发强赎条款。可令发行人万万没有想到的是，刚一触发强赎便遇到了股市大跌，这导致股价在短短两周之内腰斩并跌破转股价，转债价格也犹如自由落体跌到 100 元面值附近。在这个过程中，仍有 6.47 亿元的可转债没来得及转股，占总量 17 亿元的 38.07%，这部分投资人此时再转股将面临亏损，由于股价大幅下挫，转股价值已经明显低于 100 元，于是他们别无选择，只有卖掉或者到期赎回。而发行人也因为运气太差，强赎的促转股作用未能完全体现，不得不掏出真金白银来结束转债的生命周期。早知道还不如不启动强制赎回。

6.8 先回售再强赎：创业转债

有一些转债在上市以后时运不济正好赶上熊市，股价一路低迷最终触发回售条款。这时候如果转债价格在回售价以上，投资者则不会参与回售，如果在回售价以下，便会有一些"不想玩"的投资者参与回售退出投资。尽管如此，也会有相当比例的投资者选择坚守，后面一旦遇上牛市，他们的坚守便会得到丰厚的回报。

案例：创业转债

创业转债的发行人是天津创业环保股份有限公司，发行于 2004 年 7 月，之后便是 1 年大熊市，到了 2005 年 7 月，股价持续低迷下跌触发了回售条款，殊不知 A 股有史以来最大的底部刚刚形成。就这样，创业转债成为中国可转债历史上第一只触发回售并实施的转债，创业转债上市交易及退市过程见下图。

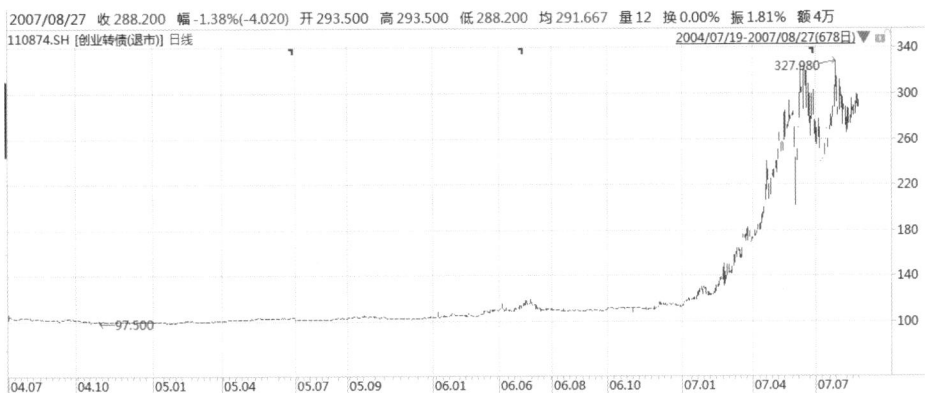

2007/08/27 收 288.200 幅 -1.38%(-4.020) 开 293.500 高 293.500 低 288.200 均 291.667 量 12 换 0.00% 振 1.81% 额 4 万

110874.SH [创业转债(退市)] 日线　　　　　　　　　　　　　　　　2004/07/19-2007/08/27(678日)▼

创业转债上市交易及退市过程

由于在 2005 年 5 月刚刚发生过"华菱转债"回售风波，监管部门对创业转债这次真正实施的回售非常重视，多次召集发行人、保荐人、交易所进行协调准备，由于当时转债价格略微低于回售价格，最终共有 68.6% 的投资人选择回售。同时也有 30% 多的投资人则选择坚守，一是转债价格接近债底继续持有风险不大，二是期望发行人将来继续下修转股价，三是对牛市仍抱有一丝幻想。最终命运垂青了他们，创业转债在随后的大牛市中，一度冲高到 327 元，退市价格也高达 288 元。

知识链接 6.1：华菱转债回售风波 ·············

下文是当时深圳特区报的报道：

按照华菱管线 2004 年发行 20 亿元可转债时的承诺，2005 年 1 月 16 日至 2009 年 7 月 16 日转股期内，如果股价连续 15 个交易日低于转股价（早期设定为 5.01 元／股）的 85%，华菱管线需掏出超过 21 亿元回购可转债。4 月 14 日至 18 日，华菱管线股价以三连阴开局。5 月 17 日是华菱股价低于转股价 85% 的连续第 14 个交易日，收盘前 1 分钟，华菱管线股价上冲到当天的最高价 4.23 元，但空方数笔大单迎头猛击，将股价打到 3.97 元。5 月 18 日华菱管线通过紧急协调，公告将转股价修正为 4.5 元。盘面上，为了保卫 3.83 元这个未来转债回售与否的

"生死线"，多头以大资金在 3.82 元至 3.86 元上下 5 档护盘，并在收市时将股价推到 3.98 元。

随后的缠斗逐渐淡出盘面。5 月 30 日，兴业、海富通和大成基金管理有限公司、长江证券、北京国投和中国平安保险集团股份有限公司六家机构联合声明，要求华菱管线为回售可转债埋单。

声明说，华菱管线将公司转股价格从 5.01 元修正为 4.50 元，并从 5 月 19 日开始执行修正后的转股价进行转股。故截至 5 月 18 日，华菱管线 A 股股票收盘价已连续 15 个交易日低于当期转股价格的 85%，满足回售条件。为此，华菱管线必须付出 21.4 亿元的代价来满足 19.99 亿元可转债的回售要求。

对此，华菱管线回应说，回售条件不成立。理由是公司董事会已于 5 月 17 日修正转股价并按规定上报并披露。在公司董事会决议中明确规定此次转股价 4.50 元，股权登记日为 5 月 18 日，所以说 5 月 18 日转股价应该是新的 4.50 元，华菱管线股票收盘价连续低于原当期转股价 85% 的交易日只有 14 天。

1 个月后，华菱转债回售风波未散。6 月 30 日，华菱管线董事会秘书汪俊告诉记者，通过与相关机构的"友好沟通"，仍有投资人不愿放弃争取回售的努力。

6.9 亏损转股之谜：博汇转债

理论上，如果转债在生命周期的最后，既没有触发强赎，同时转债又是溢价的，那么一定是不会有投资者转股的，等待它的命运就是到期赎回，发行人要掏大笔资金出来还钱。但是历史上也出现过几起谜案，就是投资者在转股溢价率很高，转股明显亏损的情况下，进行转股操作，最后发行人同样规避了还本付息的义务。这到底是怎么回事呢？

案例：博汇转债

博汇转债的发行人是山东博汇纸业股份有限公司，发行于 2009 年 9 月，期限 5 年，规模 9.75 亿元。上市初期一度表现强势，但是很快便迎来了 2010—2014 年的大熊市，股价一蹶不振，转债价格也一路下跌，在面值附近徘徊，下图为博汇转债上市交易及退市过程。

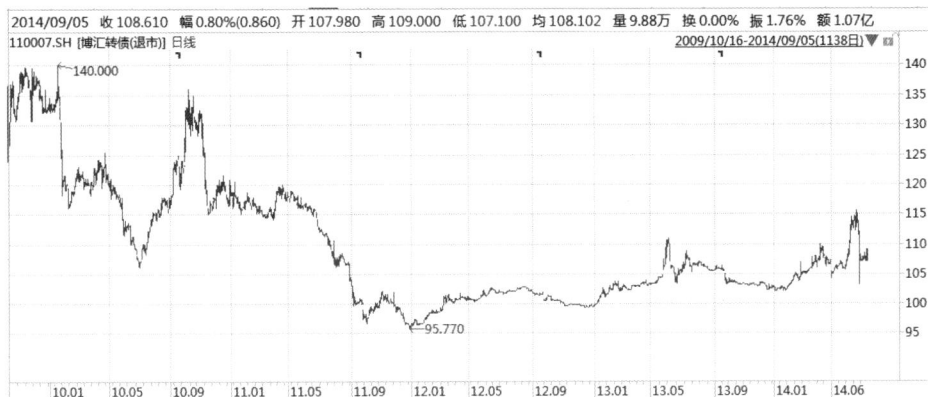

博汇转债上市交易及退市过程

到了 2014 年 3 月底（距离到期还有 6 个月时间），博汇转债转股溢价率很高，持有人几乎没有转股的，如果熊市继续，那么博汇转债很可能会像新钢、唐钢一样最后到期赎回，但是到了 4 月份却发生了令人瞠目结舌的一幕：正股博汇纸业突然持续走强，并在 4 月 8 日盘中一度突破了 6.16 元的转股价。而转债市场上，博汇纸业持续大涨也带动博汇转债一度突破 107 元的到期赎回价。但这并不能促使转债投资人转股，按照当日收盘价计算，此时转债的转股溢价率仍高达 13%，转股是不划算的。但是当天竟然有 8% 的可转债转成了股票，这意味这些投资人宁愿承担 13% 的亏损，也不去选择直接卖出这种更理性的方式。接下来的一段时日，又是每天有投资者宁愿承担 10%～20% 的转股溢价率亏损进行大比例转股操作。等到 9 月份博汇转债即将到期的时候，未转股比例只有 5% 不到了。特别是在转债 9 月 9 日停止交易后，正股又接连大涨使得转债转股溢价率为负，这样一来剩下的最后一点转债也选择了转股，最终发行人真正掏钱赎回的转债比例只有 1.5%。

人们不禁要问：为什么博汇转债的持有人愿意亏钱转股呢？当时市场给出了以下两种猜测：

一种猜测是博汇纸业将有预期利好公布，转股者能够短期忍受浮亏，博取未来的预期。这样的情况曾在阳光转债上发生过，2005 年阳光转债在到期前，发生诡异的亏损转股，并于当年 4 月全部完成转股。此后不久，江苏阳光发布了进军太阳能行业的公告，5 月股价涨幅达到 300%。不过这种说法的确有点非理性。

另一种猜测则是上市公司"自导自演"。有市场人士指出，博汇纸业为了避免还债，希望转债持有人卖出转股，并承诺补偿其亏损。一方面，博汇纸业偿债能力有限，净现金流为负，未来或爆发兑付危机；另一方面，博汇转债无下修转股价格空间。根据可转债相关规定，转股价格不得低于正股的每股净资产，当时博汇纸业每股净资产 6.123 元，高于博汇纸业股价，即使下修转股价格，依然亏损。而触发强制赎回更是不可能。这种猜测其实是说发行人以 1 亿～ 2 亿元的资金（10%～ 20% 的溢价亏损），外加 30% 多的股权稀释为成本，减少了将近 10 亿元的现金支出，防止了违约的发生。

真实情况是什么不得而知，但就在 2014 年 9 月博汇纸业到期以后，A 股迎来了历史上少有的大牛市，如果 2009 年博汇纸业在发行的时候稍微晚那么几个月，"剧情"绝不会这么离奇。

第 7 章

摸透动机：融资目的
与条款设计

7.1 上市公司融资方式大比拼

7.1.1 直接融资和间接融资

根据融资过程中有没有金融中介的参与，可以分为直接融资和间接融资。所谓有无金融中介的参与，是说资金需求方和出让方二者是不是直接发生权利义务关系，如果二者的权利义务关系是直接的，那么就算中间有投行、会计师事务所、评级机构等中介服务机构参与，也是直接融资；如果二者是分别和中介方达成债权、债务关系，并没有直接接触，那么就算是间接融资。

最常见的间接融资方式就是银行贷款。普通老百姓的存款本息有问题会直接找银行，而不会去管银行把吸收来的存款贷给了谁。同样，贷款的人还本付息也是还给银行，而不是还给存款人。银行在中间赚了存贷利差，就要承担给存款人兑付的义务和贷款人"跑路"造成坏账的风险。

而最常见的直接融资方式就是发行股票、债券，除此以外还包括商业票据等方式。发行股票，投资者和上市公司之间是股东关系，而发行债券，投资者和发行人之间是债权、债务关系，无论属于哪一种，这种关系都是在二者之间直接发生的，就好像你和朋友之间借钱立字据是一样的。

下面我们看一张图，时间范围是从 2002 年到 2019 年，展示了几种主要融资方式之间的每年的规模变化情况。

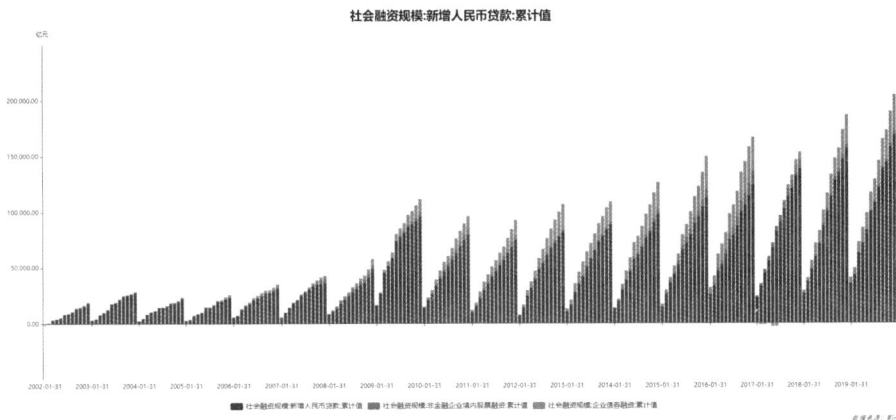

社会融资规模月度数据（2002—2019 年）

社会融资规模由央行定期发布，是全面反映金融与经济关系，以及金融对实体经济资金支持的总量指标。具体来看，这里主要包括人民币贷款、外币贷款、委托贷款、信托贷款、未贴现的银行承兑汇票、企业债券、非金融企业境内股票融资、保险公司赔偿、投资性房地产和其他金融工具融资十项指标。

上图中把最重要的新增人民币贷款、企业债券融资和非金融企业境内股票融资放进来，大家可以发现：

（1）作为间接融资工具的新增人民币贷款是我国经济活动中最主要的融资方式，截至 2019 年底，其累计值是 16.88 万亿元。

（2）作为直接融资工具的企业债券融资，2019 年底累计值是 3.24 万亿元，不足贷款金额的零头。

（3）另一个大家关注的直接融资：非金融企业境内股票融资，其 2019 年底累计值是 0.35 万亿元，刚超过债券融资的零头。

从上图大家就能看出来，我国的间接融资比重是最大的。如果看存量，截至 2019 年度，我国社会融资规模存量为 251.31 万亿元，作为直接融资的组成部分，企业债券和非金融企业境内股票余额分别为 23.47 万亿元、7.36 万亿元，加在一起占同期社会融资规模存量的 12.26%。而在西方发达国家，直接融资的比重在 70% 左右，美国更是达到了 80% 以上。

直接融资和间接融资各有优劣，但是我国间接融资比重过高会造成一些问题。

首先，间接融资为主的债务比例过高，银行等中介机构承担了中间风险，如果对债务杠杆水平不加以控制，最后一旦出现系统性风险，对于社会稳定和整个国民经济的影响都是非常巨大的，后果不堪设想。近年来已经有很多债务违约导致的民间纠纷和群体事件，更有包商银行直接被托管的事件发生，监管者不可不关注。

从下图中可以看出，中国内地的总杠杆率已高达261.2%，尤其是非金融企业部门，债务压力更是非常之大。

世界主要国家及经济体各部门杠杆水平（2018Q1）

国家	非金融企业杠杆率	政府部门杠杆率	家庭部门杠杆率	总杠杆
日本	98.8	200.4	57.4	356.6
法国	134.1	97.6	58.6	290.3
新加坡	117.0	114.5	58.4	289.9
中国	164.1	47.8	49.3	261.2
英国	83.9	85.7	86.1	255.7
美国	73.5	99.0	77.3	249.8
澳大利亚	75.4	37.7	122.2	235.3
德国	54.1	62.5	52.5	169.1
巴西	43.8	84.5	24.6	152.9
印度	46.6	69.2	11.4	127.2
俄罗斯	48.5	15.2	16.5	80.2
发达国家	92.0	102.0	75.2	269.2
新兴市场	107.7	49.7	40.6	198.0
所有样本	98.0	81.8	61.8	241.6

资料和数据来源：BIS，天风证券研究所　　天风证券

另外，我国经济进入转型期，为了支持新兴产业的发展，一定要为其扩展更多、更好的融资渠道。而银行通常风控非常严格，一些中小型科技创新类企业想从银行获得资金依然困难重重。作为政策制定者，加强直接融资是解决这一问题的方法之一。在中央政府的历次会议中，"加大直接融资比重"也是被屡次提起的重要政策导向。这其实也是推出科创板的动因之一。

7.1.2　不同股权融资方式比较

直接融资最主要的是债券和股票，那么作为股债属性兼备的可转债算是哪一种呢？在一般的统计中，可转债是被当作股权融资的，因为大部分的可转债最后都如期转股而并非还本付息，所以从最终结果来看，它属于股权融资。

而股权融资包括：发行新股（IPO）、股票增发、配股、发行优先股、发行

可转债和可交换债。

对于除可转债之外的其他几种股权融资方式，简单介绍如下：

（1）发行新股（IPO）：首次公开募股（Initial Public Offerings，简称 IPO）是指一家非上市公司第一次将它的股份向公众出售，通常是新发行股份并募集一定资金。

股票增发：已上市的公司通过指定投资者（如大股东或机构投资者）或全部投资者额外发行股份募集资金的融资方式，发行价格一般为发行前某一阶段的平均价的某一比例。

配股：指向原股东按其持股比例、以低于市价的某一特定价格配售一定数量新发行股票的融资行为。

优先股：享有优先权的股票。优先股的股东对公司资产、利润分配等享有优先权，其风险较小。但是优先股股东对公司事务无表决权。

可交换债（Exchangeable Bonds，简称为 EB）：与可转债类似，但发行人不是上市公司，而是上市公司的股东，投资者有权根据一定的比例换取发行人手中的股份。这种情况下并不会新发行股份。

除了 IPO 和可交换债，其他几种方式也都被称为再融资，当然发行可转债也是。

其实，新股发行并不是资本市场"抽血"的主要方式，金额最大的融资方式是增发（以定增为主），其次是优先股（以银行优先股为主），而可转债融资金额之前并不大，从 2017 年开始增加，到 2018、2019 年出现了明显扩张，与此同时，增发规模有了明显下降（虽然绝对值仍很大）。

这背后的一个重要原因是，2017 年 2 月，证监会对《上市公司非公开发行股票实施细则》部分条文进行了修订，发布了《发行监管问答—关于引导规范上市公司融资行为的监管要求》，这也被称为"再融资新规"。主要内容为：一是上市公司申请非公开发行股票的，拟发行的股份数量不得超过本次发行前总股本的 20%。二是上市公司申请增发、配股、非公开发行股票的，本次发行董事会决议日距离前次募集资金到位日原则上不得少于 18 个月。前次募集资金包括首发、增发、配股、非公开发行股票。但对于发行可转债、优先股和创业板小额快速融资的，不受此期限限制。三是上市公司申请再融资时，除金融类企业外，原则上最近一期末不得存在持有金额较大、期限较长的交易性金融资产和可供出售的金融资产、借予他人款项、委托理财等财务性投资的情形。

紧接着 2017 年 5 月，证监会又发布《上市公司股东、董监高减持股份的若干规定》，被称为"减持新规"，对于各种股东的套利减持行为进行打击，这其中自然也包括定向增发的股东。

"再融资新规"和"减持新规"两项重磅规定导致上市公司增发额大幅度减少，同时证监会也明确表态支持可转债这一融资工具，这导致可转债的发行数量和募资金额在 2017 年之后都出现了明显的增加。

不过在 2019 年，许多中小企业仍然面临着融资难的局面。证监会于是发布了主板、创业板再融资新规的征求意见稿（2020 年 2 月正式发布）。新的意见稿条款相比之前有诸多放宽，同时减持方面的限制也有了大幅度的松绑，可能对定增和可转债市场带来重大影响。

7.2　发行可转债的优劣势分析

7.2.1　可转债 PK 定增

对大多数上市公司而言，再融资最重要的两种工具是定向增发（非公开发行）和可转债，至于选择哪一种，上市公司既要考虑自身状况，也要考虑监管政策上的导向和这两种工具的异同。具体而言，这两种融资方式区别有以下几个方面。

发行门槛：可转债比定增要高

现行法规中，配股需要上市公司连续三年的加权平均净资产收益率不低于 6%，配股总数不超过总股本的 30%，距离前一次配股间隔不少于 1 个会计年。公开增发对上市公司盈利能力的可持续性、财务状况有较为详细的规定，且同样需要符合 3 个会计年加权平均净资产收益率不低于 6%。相比之下，定增（非公开发行）这方面的门槛较低。比如拟非公开发行的股票数量不得超过本次发行前总股份的 20%，上市公司申请增发、配股、非公开发行股票的，本次发行董事会决议日距离前次募集资金到位日原则上不得少于 6 个月。

值得注意的是，前次募集资金包括首发、增发、配股、非公开发行股票。但对于发行可转债、优先股和创业板小额快速融资的，不受此期限限制。可见，"再融资新规"对可转债有所"偏心"。

不过相比之下，可转债发行要求公司最近 3 个会计年度盈利，且加权平均净资产收益率平均不低于 6%，而且净利润要以扣除非经常损益后和扣非前孰低为准。这一要求还是会把很多发行人拒之门外。

可转债发行条件在放松，定增发行条件在收紧和放松中不断调整。整体来看，可转债的门槛还是要比定增严格。

发行价格：可转债比定增要高

这里所说的可转债发行价格，不是指 100 元的面值，而是指可转债的转股价格。根据相关规定，可转债转股价格应不低于募集说明书公告日前 20 个交易日该公司股票交易均价和前 1 个交易日的均价。而定增的发行价格不得低于定价基准日（上市公司可以在 3 个日期中任选一个作为定价基准日，分别是董事会决议公告日、股东大会决议公告日和发行期的首日）前 20 个交易日公司股票均价的 80%。由此可见，可转债的转股价格要高于定增价格。因此，在同等股本扩张的条件下，发行转债可以募集更多的资金。换句话说，募集同样多的资金，可转债对原股本的稀释较少。

股本稀释：可转债股本稀释平缓

定增完成以后，上市公司的股本立刻被稀释，每股收益也会被摊薄。虽然定增获配股份的上市流通要到 1 年甚至更久以后，不过届时带来的抛售压力对市场还是会有冲击。而可转债可以缓解这个问题：一方面可转债转股的周期比较长，不会立即稀释股本，上市公司净资产收益率和每股收益这两个指标的业绩压力不会那么大；另一方面可转债转股是逐步进行的，对二级市场的冲击不会那么大，即便触发强制转股，也是在牛市当中，对原股东的影响有限。从长期来看，上市公司募集资金后，从投资到项目盈利，周期也比较长，这一点倒是和可转债的生命周期更为匹配。

融资目的：可转债募资用途相对少

在募集资金用途方面，定增要显得更为灵活，包括：项目融资、并购融资、壳资源重组、整体上市、补充流动性资金、偿还债务等（具体每项还有单独规定）。

而可转债在用途方面要少一些，包括：项目融资、补充流动资金、偿还债务、回购股份等，而且如果募资用途有变动，通常要向投资者保证回售的义务。当然，关于募集资金用途，监管层也在根据市场情况进行调整，比如一度多见的发行可转债回购股份，就曾被指导不允许。

发行时点：牛市定增熊市转债

无论是牛市还是熊市，定增都是规模最大的再融资方式。但相对而言，在熊市中，发行可转债的上市公司会比以往更多，这是因为在熊市中，定增意味着抽血，往往是"利空"，比较让投资者"厌恶"。反倒是可转债在熊市中估值较低，投资者认可其债性，又相当于获得了将来牛市的"彩票"，会受到欢迎。而在牛市中，定增意味着扩大再生产，牛上加牛，上市公司也更喜欢通过定增发个"高价"，所以进行定增的上市公司会比以往更多。

通过对比可转债和定增这两种再融资方式，投资者对上市公司发行可转债的优劣势应该有了一个大致的了解，下面我们将进行更全面的梳理。

7.2.2　发行可转债的优势

优势一：股本稀释缓、业绩压力较小

上市公司从"再融资"募集资金，到项目投产产生效益，通常会经历一个时间周期，短则一两年，多则三四年甚至更久。而定增、配股、优先股等融资方式会当期增加股本，从而摊薄净资产收益率和每股收益这两大关键业绩指标。而可转债从发行到可转股有 6 个月的非转股期，从进入转股期到最终实现转股，时间会被拉长 1 ~ 5 年，而且在这个过程中，影响因素既包括市场环境，例如牛市会加速转股；也包括上市公司的主观意愿，例如可以根据募投项目利润情况、公司股本情况主动进行下修、赎回、回售等操作。

优势二：转股较缓、二级市场压力小

除了从本身的业绩压力考虑，上市公司也会关注对二级市场股价的影响。可转债的转股过程比较长，一种可能是转债投资者在几年中一点点的转股并卖掉，这样对二级市场几乎没有影响；另一种可能也更为常见，可转债触发强制赎回条款，投资者在强赎之前的 1 ~ 2 个月内完成转股并抛售，对二级市场产生压力，不过这时候往往是牛市，抛压带来的影响往往会被逐渐消化。比较尴尬的情况是

2015 年的股灾，很多可转债刚刚触发强赎就遇到了股市大跌，那么转股抛压叠加本身股市下跌，会造成双重打击。

相较而言，定增无论是发行期还是集中解禁期，对二级市场的冲击都较大。

优势三：融资规模更大

由于定增价格通常比可转债的转股价要低，相当于再融资的"发行价"，定增低于可转债，那么在同等股本扩张的条件下，发行转债可以募集更多的资金。反过来讲，募集同样多的资金，可转债对原股本的稀释较少。

优势四：发行人操作灵活性强

由于可转债既有债券属性条款，也有股票属性条款，所以当发行人进行要素设置的时候，可以根据自己的需求来进行"定制"。如果想进行低息借款转股意愿不强，那么可以发行偏债性的可转债，适当提高票面利率（即使提高也远比普通公司债低），提高初始转股溢价率（提高转股难度）；如果不想还本付息促转股意愿强，那么可以发行偏股性的可转债，降低票面利率（此时票面利率不太重要），降低初始转股溢价率、降低下修难度等。从现实中来看，大部分的发行人都不太想还本付息，所以条款对投资者都还是比较友好的。

优势五：发行难度较小

由于可转债对投资者提供了一种向下的保护，同时又附加"看涨期权"，所以还是比较受到投资者欢迎的。在牛市发行时，投资者把它当作穿着防弹衣追涨的工具，在熊市发行时，投资者把它当作用时间换空间的"抄底神器"。历史上可转债发行失败的案例还没有，"中止发行"的条件一般是投资者认购数量不足发行额的 70%，这还没发生过。最"悲剧"的时候是在可转债改为信用申购以后，如果正股在申购和缴款这一期间跌幅较大，很多投资者预期上市会破发，就会在中签后选择弃购，这会导致券商包销，一般情况下券商最多包销总规模的 30%。历史上曾有过需要券商包销超过 30% 的情况出现，最后为了发行成功券商也都咬牙全部"吃"下了。而定增失败的案例就比比皆是了。

优势六：发行成本较低

这里的发行成本包括可转债本身的票面利率以及发行承销费用。可转债的票面利率一般越往后越高，但总体平均水平在 1%～2% 之间，按 1.5% 估计。而发行承销费用大多在 2% 以下（核电转债承销费曾低至万三），不过这是一次性费用，假如均摊到 5 年，平均每年 0.4% 以下，这样整体成本每年在 1.5%～2% 之间。

这个融资成本是非常低的，如果发行人想低息借款，甚至真的"不幸"未能转股而还本付息，利息费用还有一定的抵税效应，这也是非常划算的。即便最后转股，成本和定增比起来，也是相对便宜的。

优势七：不受融资频率的限制

2017 年的"再融资新规"规定：上市公司申请增发、配股、非公开发行股票的，本次发行董事会决议日距离前次募集资金到位日原则上不得少于 18 个月。所谓"前次募集资金"包括首发、增发、配股、非公开发行股票。但对于发行可转债、优先股和创业板小额快速融资的，不受此期限限制。也就是说，如果上市公司之前进行过增发，想在 18 个月之内再次融资，可以选择可转债这种方式。

后来该规定放宽为"原则上不得少于 6 个月"，但整体而言，转债的限制一直相对较少。

7.2.3　发行可转债的劣势

劣势一：发行门槛较高

由于发行可转债对公司资质和经营业绩上的要求更高，所以很多资质不够的上市公司是无法使用这种融资工具的。当然，近些年来发行审批有所放松，也出现了一些可转债上市后公司经营恶化的现象，不过从整体来讲，大多数业绩差的公司还是不能发行可转债的。这对可转债投资者来讲反倒是一件好事。

劣势二：稀释老股东权益

虽然可转债对原股东权益的稀释比定增等方式要平缓，但毕竟它大概率将会转股，所以对于原股东而言，早晚得面临权益被稀释的问题。这就是为什么可转债在发行的时候要首先给老股东进行配售，下修投票的时候持有转债的老股东要回避以防止利益冲突，实践中还真有下修提案被老股东投票否决掉的情形（例如民生转债）。后面我们会分析各方参与者在可转债发行中扮演的角色。

劣势三：熊市发行募资少

之前我们讲过在熊市的时候，定增也好、配股也好，融资的难度都非常大，而可转债在这时候会更加受到投资者欢迎。但是反过来讲，由于熊市中股价不给力，可转债的转股价格也不会太高。也就是说，发行人的"增发价"不高，将来牛市来临，其实是把一部分应由原股东分享的权益转移给了可转债投资者。

劣势四：仍存在还本付息风险

虽然可转债的发行人通常都不希望还本付息，而是促成转股，但是一旦股价持续低迷，可转债转股无望，最后发行人还是不得不面对到期偿债的财务压力。这对于本身就经营困难、股价低迷的上市公司而言，还是有一定风险的。历史上，有很多发行人为了避免回售或者促进转股，使尽浑身解数，压力极大。后面我们会重点讲解在特殊时段的条款博弈机会。

7.3 发行可转债对各方参与者的影响

7.3.1 上市公司

对于上市公司而言，发行可转债进行融资肯定是有好处的，如果不转股则相当于低息融资，如果转股则相当于"推迟"增发。无论募资用途是项目融资、补充流动资金、偿还债务、回购股份等，均对上市公司是有利的。

7.3.2 大股东

大股东是上市公司健康发展最直接、最重要的受益者，所以发行可转债对大股东也是有利的。虽然转股以后股权会被稀释，但是大部分情况下，大股东也是支持转股的。这就是为什么在可转债下修投票表决的时候，如果公司股权集中，大股东说了算，通常投票都比较顺利。

这里不得不提的是，为了能够完成投票促成下修，有的大股东甚至会把手中持有的可转债找人代持，这是由于投票的时候持有可转债的股东要回避。

在可转债发行火热、上市涨幅看好的时候，也出现过一种说法：由于可转债要优先向原股东配售，所以大股东可以通过大比例参与配售获得大量的可转债份额待上市暴涨后卖掉。"可转债变成了为大股东利益输送的工具"，不过细思下来，这种说法并不完全正确，毕竟从完成认购到最终上市，正股中间的涨跌并不是大股东所能决定的，而是主要靠市场的力量，如果遇上暴跌，亏钱被套也是比比皆是。但大股东是否参与配售，仍可以说明其对上市公司的信心如何。

7.3.3　中小股东

如果中小股东和大股东一样参与了可转债配售，那么他们所持的立场便和大股东的区别不大。但是如果他们并不持有可转债，那么任何促进转股的事件都会稀释股本，从而影响净资产收益率和每股收益，从而使他们的利益受损。当然，如果从长远来看，上市公司通过融资得到健康发展，业绩整体有所提升，对全体股东来说都是件好事情。

7.3.4　机构投资者

可转债作为一个小众市场，机构投资者占据了极大比例，一般法人、基金、保险等机构投资者是配置主力。一般法人主要是参与配售的原股东（尤其是大股东），前面已经说过了。而基金主要是指公募基金，包括可以投资可转债的纯债基金，可以投资股票的二级债基，还有混合基金（主力配置）和股票型基金。公募基金投资可转债主要有两个动机：一是配置债性可转债代替纯债博取股市彩票，二是配置股性可转债代替正股获得更高性价比。而对于长期低风险偏好的保险公司来说，可转债这种好资产，当然是买买买，尤其是熊市中，配置偏好更强。

下面两图是中信证券做过的一个可转债投资者结构的统计。

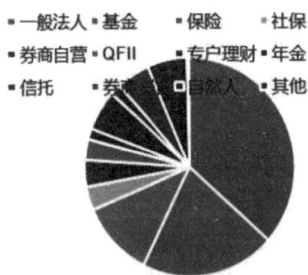
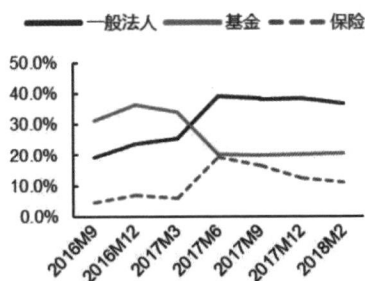

可转债投资者结构

7.3.5　普通投资者

对于普通投资者来说，本质上和机构投资者的目的是相同的——赚钱！但是由于可转债条款非常复杂，这种资产只适合那种有一定学习研究能力的投资者。投资者不仅要懂上市公司，还要对条款和各种指标的计算非常熟悉，否则一不小心就会被机构和专业玩家"割韭菜"。这也是笔者写作这本书的目的。不过就整体而言，可转债的风险是要比股票低的，债底也是对投资者的一种保护，如果能精通转债投资，不失为一片乐土。

如果不想费事，投资转债基金也是一种非常不错的选择，本书第 12 章会有专门介绍。

7.3.6　证券公司

证券公司的业务一般分为四大板块：自营业务、经纪业务、投行业务和近年来兴起的两融或信用业务，其他板块的占比一般不高。这四大板块中，与可转债关系最大的是投行业务，它们是以保荐人和承销商的角色出现的。我们之前说过，2017 年"再融资新规"以后定增发行量下降、可转债发行量暴增，对于投行部门，这是非常好的业务机会，承销费一般在 2% 左右。和传统 IPO、定增以及发债业务相比，可转债发行人的资质通常都不错，后续服务方面相对"活少钱不少"，性价比还是不错的。不过偶尔也需要承担风险，比如我们前面说过的弃购现象，一旦发生证券公司要履行包销义务，这真金白银可是要从自营账户的腰包中掏出来的。

另外值得一提的是，对于经纪业务部门，特别是分支营业部营销人员，可转债打新也越来越成为服务客户的抓手，有的券商甚至开发了一键参与可转债打新的 App 功能，以增强客户黏性。

7.3.7　其他角色

对于监管部门，可转债是指导调控资本市场融资行为的重要工具，通过在政策上调整定增、可转债的发行门槛和审批进度，引导发行人和投行做出相应调整。

对于评级机构，可转债也是一项业务来源，尤其是近年来违约的普通债券越来越多，人们也开始担心什么时候可转债也出现违约事件。

对于金融产品销售机构，以可转债、可交债为投资标的的金融产品也越来越多，除了公募基金，还有基金专户、私募。这些金融产品的投资策略不尽相同，有的专注于打新、有的专注于二级市场投资、有的分散化、有的单票项目式投资，五花八门，如何把握正确的投资时机、识别底层风险越来越重要。2016—2017年市场曾经风靡过私募可交换债的单项目产品，早期参与的人赚了大钱，而后来的参与者基本都颗粒无收，甚至损失惨重。如神雾环保可交换债、金龙机电可交换债、乐视美元可转债等项目，最后都有很多投资者血本无归，走上打官司或者"基闹"的道路。

7.4 发行人的条款设计考量

如果要把可转债发行人的动机研究透，就不得不延伸到每一个条款的设计动机。

7.4.1 条款与期权

首先我们把第 4 章中讲的每一个条款拿过来温习一遍，并把它们对应成为不同的权利。

转股条款：投资者有权在一定时间内按照一定价格把可转债转换成发行人公司的股票。这是转股权，是投资者的权利，实际上是一种看涨期权。

回售条款（有的转债没有）：投资者有权在一定时间内、一定条件下按照一定价格把可转债卖回给发行人，获得现金。这是回售权，是投资者的权利，有点儿像是一种特殊看跌期权：股价下跌时（当然转债价格也下跌）转股无望，可以以相对高价（回售价）卖回可转债给发行人以逃出生天。

赎回条款：发行人在一定条件下按照一定价格向投资者赎回可转债，结束可转债的生命周期。这是赎回权，是发行人的权利，有点儿像是一种特殊的看涨期权：股价上涨时（当然转债价也上涨）强迫以低价赎回可转债，从而避免了高价值的股份被稀释。

下修条款：发行人在一定条件下可以向下调整转股价格。这是下修权，是发行人的权利，但又是投资者希望发行人行使的权利，这个权利更加复杂，定价也极其困难。

可转债本身是一张债券，有面值、有票息，投资者拥有按时、按约获取本息收益的权利，而发行人有履约的义务。

如果用一个公式表示如下：

$$可转债价值 = 纯债价值 + 转股看涨期权价值 + 回售看跌期权价值 - 赎回看涨期权价值 + 向下修正选择期权价值$$

任何一个可转债，基本上都是由五条核心条款组成的。有人希望能够单独对这五种权利、义务进行定价，但实际上，除了债券部分定价方法较为成熟以外，其他任何一种定价都存在难度。转股期权是一个半欧式，半美式的期权，即转股期之前是欧式，进入转股期就变成美式；转股看涨期权价值、回售看跌期权价值、赎回看涨期权价值这三个期权只能行使一个，无法同时行权，所以直接加减是不准确的（只能示意一下增减）。而这五项条款掺和在一起，还夹杂了投资者和发行人之间的各种博弈过程，总之难上加难。

虽然难上加难，但是我们仍然可以通过对条款设计的分析来揣摩发行人的思路，从而帮助我们分析转债的价值。

7.4.2　利率条款设计

利率条款主要针对债券属性部分。通常可转债的期限都是 5 年或者 6 年，这在普通债券中也算是中长期水平了。之所以设计这么长是因为发行人的最终目的是转股，而转股需要的是牛市，根据 A 股市场的规律，五六年时间一般会迎来一波"爆炸牛"，从而完成转股。如果期限太短，还没等到牛市来临就要还本付息，这是发行人所不能承受之痛。

而利率的设计通常都遵循着尽量低的原则，而且呈现前低后高的分布。这是因为可转债的投资人最看重的是转股，而不是那点利息，所以低一些是可以接受的，但是太低的话又显得吃相太难看，对投资者不友好，所以越往后面就越抬升一些利率，算是对投资者的一种补偿。假使真的还本付息，最后一期通常还会加一些特别补偿。这样做可以尽可能地延后公司的利息支出，同时又能增加可转债的吸引力，通常后来可转债都提前转股，实际上的利息支出是很少的。

7.4.3　转股条款设计

转股条款中最核心的是转股价的设计。根据相关规定，可转债转股价格应不低于募集说明书公告日前 20 个交易日该公司股票交易均价和前 1 个交易日的均价。这么说来，几乎没有什么可发挥的余地？其实不然。

从这条规定我们可以发现，决定转股价格的核心变量是发布募集说明书的时间。发行人希望的是：（1）转股价尽可能高以便募集更多资金；（2）转股尽可能早完成，实现增发融资免去支付利息。但是现实中这两个目标是矛盾的，如果发行人希望尽可能多募集资金，那么它就会选择在牛市高位发行可转债，尽可能抬高转股价；如果发行人希望转股尽可能早，那么它就会选择在股价低迷时发行可转债，尽可能压低转股价。一个有趣的例子，2019 年初平安银行可转债发行，由于原则上转股价不能低于最近一期净资产，平安银行的募集说明书恰好比 2018 年年报早一天公布，这样还可以以之前更低的每股净资产作为转股价下限，可见平银转债发行人的主要意愿是尽可能早地转股，真是诚意满满。从结果来看，平银转债也很快完成了转股。

7.4.4　赎回条款设计

赎回条款包括到期赎回和有条件赎回。到期赎回其实就是还本付息，类似利率条款部分。而有条件赎回通常指股价上涨后的强赎和债券余额过低后的强赎。这里我们重点讨论的是股价上涨后这种强赎。

该条款基本大同小异，通常都是"在转股期内，如果发行人股票在任何连续 30 个交易日中至少 20 个交易日（有的时候是 15 个）的收盘价格不低于当期转股价格的 130%（含 130%）"。

唯一有操作空间的是，当强赎条款触发，发行人是否行使权利的问题。正常情况下，一旦触发，发行人都会行使强赎，促进可转债转股。但是有一种特殊风险，就是当发行人行使了该权利，确定了赎回的具体时点（通常从公告赎回到赎回日相隔 1 ~ 2 个月），在这段时间内，股价发生大跌。一旦股价下跌到转股价值比强赎价格还低，那么投资者可能就不转股了，而是真的选择接受赎回。这样一来，发行人非但没能促成转股，还得掏出真金白银来支付赎回款，简直是喝凉水都塞牙缝（如吉视转债）。

这不难理解，假如在发布强赎公告时股价处于高位，可转债转股价值是 130 元，而赎回价是 105 元，这时候投资人都会选择卖掉可转债或者转股，而一旦从公告到赎回日之间股价发生了暴跌，可转债转股价值跌到了 103 元（这时候可转债价格可能在 103 ～ 105 元之间），投资者自然不会转股，而是接受 105 元赎回。在 2015 年牛市中，有几只可转债都碰上了刚公告强赎就遇上股灾的情形，着实把发行人吓出了一身冷汗。为了避免这种情况的出现，发行人可以在强赎条件触发后等上一阵子，待股价继续上涨到一个安全空间比较大的位置后再公告强赎，给自己留一点儿余地。

7.4.5　回售条款设计

回售条款的设计也大同小异，例如"发行人股票在最后 2 个计息年度任何连续 30 个交易日的收盘价格低于当期转股价格的 70% 时，可转债持有人有权将其持有的可转债全部或部分按债券面值的 103%（含当期利息）的价格回售给发行人。"

需要注意的是，并不是所有的发行人都会设置回售条款。一些"店大欺客"的银行、石化类超 AAA 转债，就常常没有回售条款。由于这是投资者的权利，从发行人角度内心其实是抗拒的，特别是银行还有核心一级资本的考量。但是这个条款可以大大加强可转债的吸引力，特别是一些资质略差的转债，需要这一条来彰显诚意。

而彰显诚意涉及的因素有三个：

（1）低于转股价百分之多少触发，这个比例当然是越高越容易达到，投资者越喜欢。

（2）回售期有多久，这个时间段当然是越长越好，"最后三年"自然比"最后两年"要受欢迎。

（3）回售价格如何，这不用说，自然是越高投资者越喜欢。

反过来讲，这些诚意都是发行人的"成本"，刀刀"割肉"，条条"心疼"。

7.4.6　下修条款设计

下修条款也大同小异，比如："在本可转债存续期间，当发行人股票在任意连续 20 个交易日中有 10 个交易日的收盘价低于当期转股价格的 90% 时，发行人董事会有权提出转股价格向下修正方案并提交股东大会表决。上述方案须经出席会议的股东所持表决权的 2/3 以上通过方可实施。股东大会进行表决时，持有本可转债的股东应当回避。"

从条款中我们也能看出来，下修条款比回售条款的触发条件更宽松，主要是正股价格比转股价低的这个比例，要比回售条款中的比例更高。所以当熊市来临，正股价格不断下跌，通常是先跌破转股价的 90%（达到下修条件），再跌破转股价的 70%（触发回售）。然而下修权利是发行人的，达到下修条件时，它也不一定会行使该权利，因为短期内还没有还本付息的压力。但是如果正股价格逼近触发回售时，由于该权利是投资者的，而且一旦达到立即触发生效，发行人会感到有压力，为了避免回售真正发生，通常会行使下修转股价的权利，从而提高可转债的看涨期权价值，把可转债的价格拉上去。只要可转债的价格高于回售价，即便回售真正触发，投资者也不会选择行使该权利。

实践中，发行人为了把可转债价格拉到回售价以上，会使出浑身解数，不光是下调转股价，甚至会拿出真金白银在二级市场上拉抬正股股价。

一般来看，可转债发行人的转股意愿是比较强的，也可以通过分析可转债的发行条款来判断发行人的促转股诚意，正股股价与条款触发价见下图，可转债条款设计与发行人动机见下表。

正股股价与条款触发价

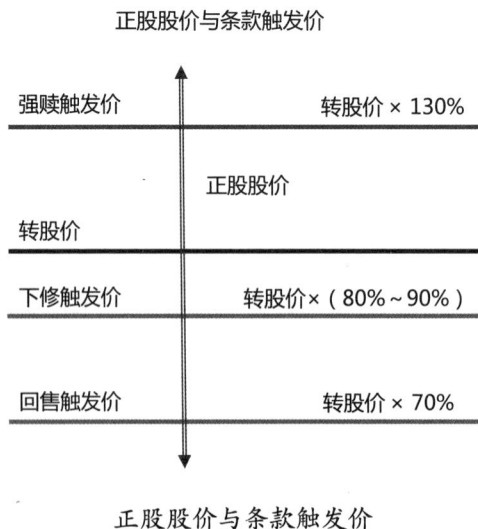

正股股价与条款触发价

可转债条款设计与发行人动机

条款	诚意一般	诚意满满
票面利率	影响不大	影响不大
转股价	溢价率高	溢价率低
强赎回条款	难以达到	容易达到
回售条款	无或难以达到	有或容易达到
下修条件	无或难以达到	有或容易达到
股东性质	国企、非大股东	民企、大股东

第 8 章

形似神非：可交换债
与可转债异同

8.1 发行人异同

可交换债券（Exchangeable Bond），简称 EB 或可交债，而可转债（Convertible Bond），简称 CB。

可交债是指上市公司的股东依法发行、在一定期限内依据约定的条件可以交换成该股东所持有的上市公司股份的债券品种。

从这个定义中可以发现两个重要特点：

（1）可交债的发行人是上市公司的股东，而非上市公司本身（可转债是上市公司本身发行）；

（2）投资者转换股票是从上市公司股东手里拿来的，而不是上市公司新发行的（可转债是新发股份）。

当然，从基本属性上看，可转债和可交债都可以拆分为债券 + 看涨期权。无论是可交债还是可转债，如果投资者没有换股，那么它就是一张债券，发行人无论是上市公司股东还是上市公司本身，都要承担还本付息的义务。只不过由于期权价值的存在，票面利息的设计通常都比较低，从这一点上来看二者是类似的。如果最终完成股票转换，那么可交债的发行人，即上市公司股东，按照约定把自己持有的上市公司股票如数交给可交债投资者即可，并不会造成股本的扩张；但是可转债的发行人，即上市公司本身，就需要新发股票来交付给可转债投资者，会造成股本扩张，稀释原股东的股权。

有必要提示的是，可交债的发行人还必须是符合《公司法》《证券法》所定义的有限责任公司或者股份有限公司，而不能是自然人，也就是说，必须是上市公司的法人股东。

8.2 发行人目的异同

可转债发行人的目的我们之前进行过详细分析，无论募资用途是项目融资、补充流动资金、偿还债务、回购股份等，最终上市公司都希望能够完成转股，达到推迟股权融资的目的。

而可交债的发行人是上市公司的股东，可以是大股东、二股东、三股东等，只要你手里有足够的股票，符合发行条件，均可以成为发行人。这样一来，不同类型的股东，其目的就可能有很大区别，需要具体情况，具体分析。整体来看，可交债发行人通常有以下几个目的：

1. 更便宜的融资

发行可交换债实质上是发行人以自己所持有的股票作为担保进行的一项融资业务。由于期权属性的存在，可交债的票面利率比传统债券低，如果最终还本付息，发行人的财务压力较小。

2. 更多金额的融资

可交债需要发行人质押股票用来保障换股的承诺得以实现，而可交债的质押率通常比传统的股票质押要高。也就是说，上市公司股东拿出同样多的股票份额，发行可交债融资得来的钱要比直接进行股票质押的多。

3. 更顺利的减持

相比于集合竞价、大宗交易、协议转让等传统减持手段，可交债发行人可以首先获得资金，再利用可交换债转股实现有序减持，避免因大量抛售股票引发二级市场股价大幅波动。同时这种减持是通过触发换股条件，发行人按照换股价格把股票"卖"到投资者手中。通常换股价都比可交债发行时的正股价格要高，相当于发行人实现了未来的"溢价减持"。

4. 盘活存量资产

对于发行人手中的限售股，一样可以拿来作为质押发行可交债，只要进入交换期后股票是解禁状态即可，这增强了发行人所持资产流动性。

5. 其他目的

将可交换债与其他资本运作工具（如定增）相结合，可以利用低买高卖套利。以定增为例，上市公司股东可以参与公司的定增，以较低价格获得一部分股份，然后以这部分股份为基础，发行可交换债。由于可交换债的交换价格大概率高于之前的定增价格，所以大股东通过前后一买一卖，实现了价差套利。只不过这种"卖出"是延迟发生的，要等到换股才真正实现，但对大股东而言，发行可交债的钱可是前置收回的。只要可交债最后能够完成换股，该策略就是成功的，需要注意的是，应保证定增股权登记日与可交换债换股期间距 6 个月以上。若发行人前期参与过上市公司的定向增发，且解禁期与该可交换债的换股期较为重合，则其发行目的可能是减持或套利。

除此之外，还可以通过发行可交债为并购重组获得融资，也可以以可交债的形式完成股权激励的目的，但是不能通过发行可交债进行控股权转移。

8.3 条款设置异同

可交债和可转债在条款设计上十分类似，但是在细节之处又有不同之处，正是这些变化使得二者"形似而神不似"。

8.3.1 投资者要求不同

可转债通常为公开发行，所有公众投资者均可以参与投资，而可交债通常有公募和私募之分。对于公募可交换债又进一步区分为大公募可交换债（可以面向公众投资者和合格投资者公开发行）和小公募可交换债（仅可面向合格投资者公开发行）。而私募可交债的发行对象只能是合格投资者。

知识链接：《公司债券发行与交易管理办法》中对合格投资者的规定：------------

（一）经有关金融监管部门批准设立的金融机构，包括证券公司、基金管理公司及其子公司、期货公司、商业银行、保险公司和信托公司等，以及经中国证券投资基金业协会登记的私募基金管理人。

（二）上述金融机构面向投资者发行的理财产品，包括但不限于证券公司资产管理产品、基金及基金子公司产品、期货公司资产管理产品、银行理财产品、保险产品、信托产品以及经基金业协会备案的私募基金。

（三）净资产不低于人民币 1000 万元的企事业单位法人、合伙企业。

（四）合格境外机构投资者（QFII）、人民币合格境外机构投资者（RQFII）。

（五）社会保障基金、企业年金等养老基金，慈善基金等社会公益基金。

（六）名下金融资产不低于人民币 300 万元的个人投资者。

（七）经中国证监会认可的其他合格投资者。

8.3.2 票面利率范围大

可交换债券的票面利率一般低于同期限、同评级的企业债利率，这一点和可转债是一样的。但是可交债的票面利率的范围又比可转债要大，如果发行人设置"低票面利率 + 低换股价（换股难度小）"，说明减持换股意愿比较强，可交债股性较强；如果设置"高票面利率 + 高换股价（换股难度大）"，说明减持换股意愿不强，可能更倾向于低息融资，可交债债性较强。

与票面利率类似的"到期赎回价格"可以理解为最后一期的票面利率，它与之前的票面利率共同决定了可交债的债底如何，越高则说明可交债债性越强。

8.3.3 换股价范围大

换股价不得低于公告募集说明书前 20 个交易日公司股票均价和前 1 个交易日的均价（私募 EB 可以折价）。这一点和可转债是一样的，但是换股价的范围空间比可转债要大，一般来说，所设置的换股价的溢价率越高，也说明发行方不愿以低价减持股份。基本上票面利率与换股价的搭配方式，即可以说明发行人的意愿。

除了换股价，可交换债的换股期也可能不同。可转债的转股期统一规定是 6 个月，但是可交债则大多是 1 年之后。

8.3.4 独特的提前赎回条款

一般可转债的提前赎回条款通常指强制赎回条款，即正股股价上涨一定程度后，发行人以低价强势赎回转债，迫使投资者转股。

而可交债的提前赎回条款除了有类似可转债的强赎条款之外，还有可能比较"霸道"的要求，比如允许发行人可以在换股期前无理由赎回可交换债，无须股价配合，这意味着其减持股份的意愿较弱。例如，14 沪美债的换股期前赎回条款约定，进入换股期前 5 个交易日内，发行人可以无理由按照债券面值的 110%（含应计利息）赎回债券，这直接剥夺了投资者的换股权。提前赎回条款设置严苛与否实际上反映了发行人促使转股的意愿。如果促转股意愿强烈，意在减持股份，那么赎回条款相对设置得就宽松甚至不设置。一旦发行人的真正目的在于低成本融资，促转股意愿不强，那么提前赎回条款的设置就会相对严苛。

8.3.5　类似的回售条款

回售条款的目的是在股价下跌、股票转换无望时，赋予投资者以 100 元以上价格售回债券的权利，旨在保护投资者，也可以增加可转债和可交债的吸引力。但是这个条款的设置并不是必需的，有些可转债是没有回售条款的，而在可交债领域，回售条款的设置更加不普遍。

如果没有回售条款的压力，发行人可能没有动力去下修转股价或者拉抬股价避免回售，可以一直拖到到期还本付息也无所谓。

8.3.6　类似的下修条款

下修条款的目的也是在股价下跌、股票转换难度增大时，通过下调转股价降低转换难度，促进转股，对投资者有利。几乎所有的可转债都会设置下修条款，但是在可交债领域，下修条款则不是必需的，没有下修条款的可交债也是比较常见的。当然，下修条款的设置与否以及严苛程度，也表明了发行人促转股意愿强烈与否。

比较"奇葩"的是，有的可交债竟然还有上修条款：当换股期前正股股价涨幅过大时，发行人可以通过上修换股价减少减持的股份数量。这种条款的目的是有效督促债券持有人在股价上涨至上修价格前便开始转股，否则投资者将蒙受换股价上调带来的损失，这也意味着可交换债股性较强。

8.3.7　独特的质押条款

对于可转债而言，一旦达到条件，上市公司要承担发行股票使投资者完成转股的义务，而对于可交债，一旦达到条件，上市公司股东要承担将手中股票转移给投资者的义务。对于可交债的这种义务，发行人股东需要在发行时质押一部分股票来进行保障。比如发行人拿出手中价值 10 亿元的股票来质押，发行了面值 7 亿元的可交债，我们就可以说股票质押率是 70%。对于可转债的发行人，并不需要提前拿出什么股票来进行保障。不过股票质押数量也可以彰显发行人的转股意愿。比如当发行人下修换股价时，同一面额的可交换债转换股份的数量增加，发行人需要相应增加质押股份数量，若其初始质押股份数充足，其下修转股价的意愿就较高。

需要提示的是，这部分质押的股票通常足够履行换股义务，但并不能完全保证还本付息，如果发行人没钱偿还本息，同时股价又大跌（这二者很有可能同时发生），质押的这些股票可能连本金都不够。本息要不回，只能拿回一堆烂股票也是有可能的。实际上，这种情况已经发生过几次，比如神雾环保私募 EB、金龙机电私募 EB 等，感兴趣的投资者可以自行上网查询。

8.3.8　股东性质的影响

一般而言，如果上市公司股东是国企，而且是具有控制权的国企，基本减持意愿都不强烈，大多数是希望低息融资。但如果是民营企业，或者是不具有控制权的股东，发行可交债或多或少都有减持目的。

一般来看，可以通过分析可交债的发行条款来判断发行人的换股意愿，从而判断可交债是债性的还是股性的，可交债条款与属性见下表。

可交债条款与属性

条款	债性强	股性强
票面利率	高	低
换股价	溢价率高	溢价率低甚至折价
提前赎回条款	严苛	宽松或无
回售条款	无	有

条款	债性强	股性强
下修条件	无	有
上修条款	无	有
质押率	低	高
股东性质	国企、大股东	民企、非大股东

当然，实际投资中投资者还需要根据具体情况、综合多个条款进行分析。

8.4 全面对比总结

除了前面提到的异同点，可交债还有一个最大的特点是公募和私募债券的发行都很活跃。下表为可转债、公募可交债、私募可交债的综合对比，给大家一个更为清晰的展示。

可转债、公募可交债、私募可交债综合对比

对比项	可转债	公募可交债	私募可交债
全称	可转债公司债券	可交换其他公司股票的债券	
英文名称	Convertible Bond，简称 CB	Exchangeable Bond，简称 EB	
发行人	上市公司	上市公司的法人制股东，包括有限公司和股份公司	
发行对象	一般是公开发行募集	公开发行募集	非公开发行募集
股票来源	新发行股票	发行人持有的存量股票，无限售条件	发行人持有的存量股票，可以在限售期内，只要将转股期设计在解除限售或者锁定之后即可
发行门槛	财务要求较高	财务要求中等	财务要求较低
审批	证监会	大公募 EB 由证监会审核、小公募 EB 由交易所预审	交易所预审
质押率	不涉及	不超过质押股票市值的 70%	不少于准备换股的股票数量
发行期限	1 ~ 6 年	1 ~ 6 年	不短于 1 年

续上表

对比项	可转债	公募可交债	私募可交债
转股条款	转股价不低于前 20 个交易日均价和前 1 个交易日收盘价，6 个月后可转股	转股价不低于前 20 个交易日均价和前 1 个交易日收盘价，12 个月后可转股	转股价不低于前 20 个交易日均价的 90% 和前 1 个交易日收盘价的 90%，6 个月后可转股
赎回条款	一般以强赎条款为主	除了强赎条款，可能有提前赎回条款	
下修条款	可有可无，下修需经股东大会批准	可有可无，修正无须股东大会批准，可能有上修条款	
担保	应提供担保，最近一期净资产不低于 15 亿元除外	以股票质押	
交易规则	全价交易，T+0，无涨跌幅	上交所净价、深交所全价交易，T+0，无涨跌幅	转让交易

8.5 可交债案例分析

由于私募 EB 的投资者必须是合格投资者，大部分的投资者无法参与，我们这里用大公募 17 中油 EB 为例来进行分析，见下表。

17 中油 EB 条款

名称	17 中油 EB（132009.SH）
发行规模	100 亿元
存续期	5 年
发行日	2017/7/13
起始转股日	2018/7/18
到期日	2022/7/13
票面利率	票息区间 1%~2%，根据询价确定（最后一年额度补偿 5%）
初始转股价	9 元
下修条款	在本可转债存续期间，当本公司股票在任意连续 30 个交易日中有 15 个交易日的收盘价低于当期转股价格的 80% 时，公司董事会有权提出转股价格向下修正方案并提交本公司股东大会表决，需经 2/3 股东表决通过才能下修

赎回条款	（1）转股期内，如果标的股票任意连续 30 个交易日中有不少于 15 个交易日的收盘价不低于当期转股价格的 130%（含 130%）。 （2）当市场存续的本次发行的可交债未转股余额不足 3000 万元时，本公司有权按照面值加当期应计利息的价格赎回全部或部分未转股的可交债
回售条款	在本可交债最后一个计息年度开始，如果公司股票在任何连续 30 个交易日的收盘价格低于当期转股价格的 70% 时，可交债持有人有权将其持有的可交债全部或部分按面值加上当期应计利息的价格回售给公司
信用评级	AAA
发行人	中国石油天然气集团公司
对应正股	中国石油天然气股份有限公司（中国石油，601857.SH）

发行人

17 中油 EB 的发行人为中国石油集团，截至募集说明书签署日，发行人持有中国石油 A 股股票 157.4 亿股，占中国石油现有股本总额的 86.01%。预备用于交换的中国石油 A 股股票及其孳息是本次发行可交换债的担保及信托财产，中国石油 A 股股票数额为 20.61 亿股。

截至 2017 年 7 月 10 日，用于担保的 20.61 亿股对应的市值大约为 161.58 亿元，对应 100 亿元公募 EB 的面值，初始担保比例大约为 160%，保护空间尚可。

中国石油的总市值为 13 570 亿元，100 亿元的公募 EB 大约占总市值比重的 0.74%。若最终股价配合投资者完全换股，A 股摊薄幅度 0.69%，几乎不会影响大股东的实际控制权。

这是一个典型的超级国企发行人，而且是大股东，所以减持意愿并不会非常强烈。

利率

在募集说明书公告时，票面利率预设区间为 1.0%～2.0%，实际利率要等到发行询价后最终确定。对于在发行时点的投资者，若按照下限 1.0% 预估，预计未来 5 年现金流为 1.0、1.0、1.0、1.0、1.0+105 元，按同期限、同评级信用债收益率贴现，估算债底中枢水平为 87 元，面值对应的到期收益率不到 2%，这都是比较低的水平，利率条件并不吸引人。

转股价

初始转股价格为 9 元 / 股，按 2017 年 7 月 11 日中国石油收盘价 7.84 元，

17 中油 EB 初始溢价率为 14.80%，相对不高。从这个"低利率 + 低溢价率"的条款设计看，17 中油 EB 的股性还可以。

相关条款

赎回条款、回售条款、下修条款的设计同普通转债区别不大。不过仔细分析就会发现，回售的价格仅仅为面值 + 当期利息，对于大部分投资者而言，这个收益还不如持有到期获得本息（最后一天补偿 5%），所以发行人回售的压力并不大。如果回售压力不大，那么即便有下修条款，发行人恐怕也没有动力去主动进行下修促转股。所以从整体来看，回售和下修条款均为聊胜于无。

从条款综合判断，17 中油 EB 还是偏债性的。

除了对条款的分析，剩下的主要就是对正股的研究了，这里不再展开。

第 9 章

门派对决：投资方法论

9.1 三条线派

对于刚入门的转债投资者而言，"三条线法"是最容易上手，也是最有效的投资方法。

这三条线分别是指：到期保本线、回售保本线、面值 100 线。

高低关系是：到期保本线 > 回售保本线 > 面值 100 线。

三条线法的核心思想是：

（1）安全第一，宁可错过，不可买错。

（2）越跌越买、越买越开心。

（3）耐心等待，静待花开。

9.1.1　安全三线

到期保本线：在不考虑时间价值的情况下，将可转债的未支付利息和到期本息加总就是投资者持有到期的保本价，即投资者现在买入持有到期一共可以收回来多少钱。如果目前转债的价格比这个到期保本价低，那么就可以认为该转债是到期保本的（在不违约的情况下）。

回售保本线：一旦正股价格跌破转股价一定比例一段时间，就会触发转债的回售条款，投资者可以按照 10× 元的回售价把债券卖回给发行人。这对于投资者而言是一种保护，如果买入转债的成本低于回售价，也可以认为转债是保本的，而且这种权利不用持有到期那么久，只要触发即可实现。

面值 100 元：理论上面值 100 元并不是某个特定的阈值，但是它的象征意义非常大。很多投资者看转债安不安全就是看有没有跌破 100 元，毕竟回售保本线和到期保本线还需要计算一下。

除了这三条线，我们还可以继续思考：所谓保本就是现价买入，持有到期或者回售的话不会亏钱，收益率为正。那么这个收益率的高低能否算出来进行更深入的比较呢？当然可以，理论上，我们可以利用债券定价公式，根据转债未来的现金流和当前市价计算出一个到期收益率。不仅如此，我们还可以利用债券定价公式，算出可转债在当前的债券价值是多少，即为债底，基本上它就是转债价格的"铁底"，跌破的概率非常小。

这样一来我们就有了 3+1 条线，如下图所示。

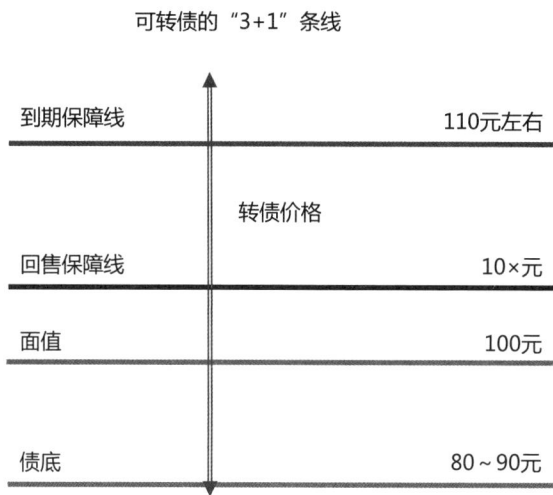

可转债的"3+1"条线

到期保障线 ———————————— 110元左右

转债价格

回售保障线 ———————————— 10×元

面值 ———————————— 100元

债底 ———————————— 80～90元

可转债的"3+1"条线

这"3+1"条线背后的含义，可以用下表进行说明。

可转债"3+1条线"示意

"3+1"条线	相对高低	到期收益率	跌破概率	指导意义
到期保本线	相对高 （例如 110 元）	0%	震荡市、熊市常见	可以建仓
回售保本线	相对中低 （例如 103 元）	类似活期存款 （例如 1%～2%，回售期限不确定，仅为示意）	比较少见（熊市除外）	可以加仓
面值 100 元	相对低 （100 元）	类似定期存款利率 （例如 2%～3%）	熊市比比皆是	可以重仓
债底	最低 80～90 元	同等级同期限的信用债 （例如 4%～5%，资质差可能 7%～8%）	几乎很少发生	拼命重仓

9.1.2　耐心与仓位

日本流传这样一则描述"战国三杰"的故事：杜鹃不鸣，如之奈何？织田信长曰：杀之；丰臣秀吉曰：诱之鸣；德川家康曰：待之鸣。这个故事使三者迥异的个性跃然纸上，而最终德川家康熬死了织田信长和丰臣秀吉，日本开启德川幕府 200 年的基业，这与他的忍耐性格不无关系。

使用这种方法投资的转债投资者，也一定要有这种能忍能等、处乱不惊的忍耐性格，最后才能做到慢即是快，春暖花开。因为当转债价格跌入这三条线之后，并不会立即反弹，准确地说，没人知道它们什么时候会反弹，1 ~ 2 年低位徘徊也是有可能的。

这就要求我们建仓的节奏要把握好，这里给出一个参考方案，投资者可以根据自身的特点来进行调整，见下表。

"3+1"条线与仓位

"3+1"条线	指导意义	仓位-保守投资者	仓位-平衡投资者	仓位-积极投资者
到期保本线	可以建仓	不超过 20%	不超过 30%	不超过 40%
回售保本线	可以加仓	不超过 50%	不超过 60%	不超过 70%
面值 100 元	可以重仓	不超过 80%	不超过 90%	接近满仓
债底	拼命重仓	满仓 100%	满仓 100%	满仓 100%
单券限制		不超过 20%	不超过 30%	不超过 50%

9.1.3　实战效果

如果能够以 100 元面值的价格买入可转债，效果如何呢？请看下表。

部分退市可转债面值买入后收益率统计

转债名称	退市价格（元）	面值买入退市收益率（%）	期间最高（元）	面值买入最高收益率（%）	期间最低（元）	期间最高收益率（%）	存续时间（年）
通鼎转债	354.27	254.27	618.39	518.39	116.86	429.17	0.93
东华转债	340.32	240.32	347.41	247.41	100	247.41	1.85
深机转债	219.94	119.94	227.77	127.77	90.78	150.90	3.9
海运转债	205.91	105.91	235.06	135.06	90.89	158.62	4.35

续上表

转债名称	退市价格（元）	面值买入退市收益率（%）	期间最高（元）	面值买入最高收益率（%）	期间最低（元）	期间最高收益率（%）	存续时间（年）
歌华转债	204.29	104.29	223.05	123.05	86.49	157.89	4.45
齐峰转债	200.18	100.18	207.64	107.64	100	107.64	0.75
国金转债	194.65	94.65	234.83	134.83	107.47	118.51	0.66
铜陵转债	182.57	82.57	214.82	114.82	100	114.82	0.71
冠城转债	176.57	76.57	180.13	80.13	100	80.13	0.78
恒丰转债	172.87	72.87	181.52	81.52	93.45	94.24	3.12
国电转债	168.63	68.63	211.34	111.34	96.73	118.48	3.55
平安转债	167.43	67.43	183.89	83.89	98.72	86.27	1.15
海直转债	166.22	66.22	170.7	70.7	100	70.70	1.8
浙能转债	165.19	65.19	167.03	67.03	107.36	55.58	0.64
齐翔转债	163.29	63.29	176.6	76.6	102.79	71.81	1.16
美丰转债	162.13	62.13	181.99	81.99	100	81.99	2.9
东方转债	159.26	59.26	202.27	102.27	106.33	90.23	0.64
川投转债	158.45	58.45	158.45	58.45	87.43	81.23	3.48
安泰转债	155.27	55.27	164.84	64.84	128.96	27.82	0.77
华天转债	153.78	53.78	153.85	53.85	100	53.85	1.32
隧道转债	152.84	52.84	154.77	54.77	90.02	71.93	1.26
山鹰转债	151.83	51.83	180.58	80.58	100.18	80.26	2.42
南山转债	151.03	51.03	157.25	57.25	88.91	76.86	2.41
燕京转债	149.05	49.05	167.24	67.24	99.68	67.78	4.67
歌尔转债	145.54	45.54	236.76	136.76	116.48	103.26	2.58
长青转债	145.49	45.49	154.84	54.84	105.27	47.09	0.84
中行转债	144.62	44.62	187.67	87.67	89.23	110.32	4.78
深燃转债	142.64	42.64	155.53	55.53	94.26	65.00	1.4
久立转债	142.58	42.58	159.59	59.59	100	59.59	0.86
中鼎转债	141.17	41.17	142.1	42.1	100	42.10	3.5
锡业转债	140.94	40.94	351.17	251.17	101.43	246.22	3.59
厦工转债	139.37	39.37	154.25	54.25	121.5	26.95	1.09
大荒转债	138.48	38.48	196.37	96.37	105.01	87.00	2.23

续上表

转债名称	退市价格（元）	面值买入退市收益率（%）	期间最高（元）	面值买入最高收益率（%）	期间最低（元）	期间最高收益率（%）	存续时间（年）
白云转债	138.27	38.27	138.28	38.28	99.99	38.29	1.3
徐工转债	135.79	35.79	184.77	84.77	85.61	115.83	1.31
塔牌转债	133.36	33.36	167.75	67.75	100	67.75	0.79
泰尔转债	133.34	33.34	147.36	47.36	97.07	51.81	1.87
王府转债	132.12	32.12	147.13	47.13	123.34	19.29	1.05
重工转债	132.05	32.05	144.08	44.08	99.27	45.14	2.5
工行转债	131.74	31.74	157.44	57.44	97.31	61.79	4.49
同仁转债	131.17	31.17	165.01	65.01	100	65.01	2.26
巨轮转2	130.58	30.58	138.99	38.99	92.24	50.68	1.92
洛钼转债	130.25	30.25	222.83	122.83	103.89	114.49	0.62
西洋转债	129.86	29.86	157.38	57.38	122.68	28.28	0.71
龙盛转债	128.41	28.41	159.29	59.29	119.69	33.09	0.66
国投转债	128.09	28.09	142.04	42.04	91.14	55.85	2.46
汽模转债	121.18	21.18	147.62	47.62	99.97	47.66	1.46
民生转债	119.49	19.49	145.93	45.93	87.79	66.23	2.3
石化转债	115.04	15.04	150.6	50.6	86.05	75.01	3.99
中海转债	114.31	14.31	162.34	62.34	88.28	83.89	3.54
唐钢转债	109.73	9.73	162.69	62.69	100.25	62.28	5.01
博汇转债	106.61	6.61	139.31	39.31	95.83	45.37	5.02
澄星转债	104.63	4.63	154.52	54.52	102.32	51.02	5.02
新钢转债	103.76	3.76	169.07	69.07	90.5	86.82	5.02
吉视转债	99.75	−0.25	193.81	93.81	99.75	94.30	0.86
双良转债	92.13	−7.87	133.73	33.73	92.13	45.15	5.01

备注：期间最高收益率 =（期间最高价 / 期间最低价）−1

9.2 量化定价派

对于机构投资者和有金融、数学和计算机背景的个人投资者，常常通过量化分析的方式为可转债定价，希望能够捕捉到转债的市场价格和理论价值之间的差异，如果低估，则可以提早买入，等待市场价格收敛回升；如果高估，则可以卖出以规避风险。然而，即便都是量化分析，方法也有很多种。由于本书的读者定位是普通投资者，本节只是将这些方法简单地介绍给读者作为了解。

下图是某券商演示国投转债市场价格低于理论定价后，价格逐渐上涨收敛的过程。

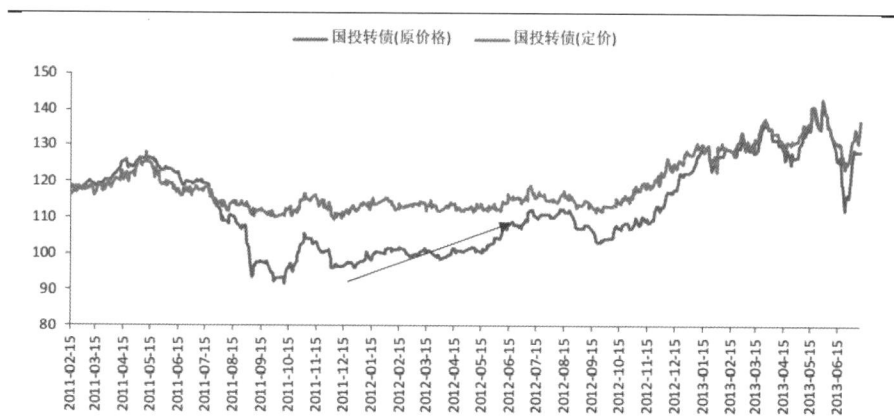

数据来源：Wind、国信证券经济研究所整理

可转债定价演示

9.2.1 拆解定价派

对于转债定价，最容易想到的就是把它拆解成"债券价值 + 期权价值"。

转债中最重要的期权是转股权，所以一种简单的方法是：

可转债价值 = 纯债价值（P）+ 看涨期权价值（C）

纯债价值（P）的计算方法比较成熟，公式如下：

$$P_0 = \sum_{t=1}^{n} \frac{I_t}{(1+Y)^t} + \frac{F}{(1+Y)^n}$$

其中 I_t 表示每一期的票面利率，F 代表面值 100 元，Y 代表同期限同信用债券的市场利率，t 代表每一个计息周期。整体思想就是把可转债当成一个纯债去定价值多少钱。

看涨期权（C）的计算方法比较成熟，公式如下：

$$C = S \cdot N(d_1) - K \cdot e^{-r(T-t)} N(d_2)$$

$$d_1 = \frac{\left[\ln\left(\frac{S}{x}\right) + \left(r + \frac{\sigma^2}{2}\right)(T-t)\right]}{\sigma\sqrt{T-t}}, \quad d_2 = d_1 - \sigma\sqrt{T-t}$$

其中：S 表示正股价格，K 表示转股价格，σ 表示正股年化波动率，r 表示无风险利率，T 表示到期时间。这个公式就是著名的 B–S 公式，它是美国经济学家布莱克（Black）和斯科尔斯（Scholes）在 1973 年提出的对欧式期权定价的数学公式，1997 年斯科尔斯和另一位有后续贡献的学者默顿（Merton）共同获得了诺贝尔经济学奖（布莱克因去世无缘诺奖）。

任何掌握数学和编程能力的人，只要将公式中的参数输入，便可以获得可转债的理论定价，是不是很神奇？

不过，现实和理想仍然是有差距的。可转债除了有看涨期权，还内嵌了强赎条款、下修条款、回售条款。如果非要表示增减性，可以使用下面这个公式：

可转债价值 = 纯债价值 + 转股看涨期权价值 + 回售看跌期权价值 – 赎回看涨期权价值 + 向下修正选择期权价值

这些期权条款的执行都是有"路径依赖"的，即取决于股票价格怎么样，它们都是所谓的"奇异期权"，即使最重要的转股权，也是一个可以提前执行的美式期权（转股期之前是欧式期权），而不是 B–S 公式中到期日固定的欧式期权。这些差异都会使我们上面的定价方法失真。

于是又有很多的学者孜孜不倦地研究了各种拆解方法和计算公式，希望能把可转债的各个条款"大卸八块"拆成债券和不同的奇异期权，然后再各个攻破。效果有好有坏，在这里我们就不进行过多讲述。

9.2.2 蒙特卡洛派

在 B–S 公式的推导过程中用到了"偏微分方程"，而在现实中，这个方程是很难获得解的，于是人们便会使用"数值分析法"来为期权定价，其中包括二叉树法、三叉树法、有限差分法、蒙特卡洛模拟法等。这其中最为分析师所喜爱的是蒙特卡洛模拟法，因为只有它能够用来计算路径依赖的期权价值。蒙特卡洛其实是摩纳哥著名赌场的名字，这种方法的基本思想如下：

由于可转债各项条款的执行与否取决于正股的走势情况，那么我们可以先用计算机模拟出多条（比如 10 000 条）随机的股价路径（在一定合理的假设下），每一条走势就对应了可转债条款的具体触发和执行情况，从而可以分析出该条走势下期末可转债的收益情况，然后将这些收益进行贴现，可以得出这条股价路径下的收益现值，最后对这 10 000 条收益现值取平均数，就是可转债的理论价值。

这种方法是用 1 000 甚至 10 000 条不精准的猜测，在大数定律的作用下模拟出一个精准的答案，甚为巧妙，如下图所示。

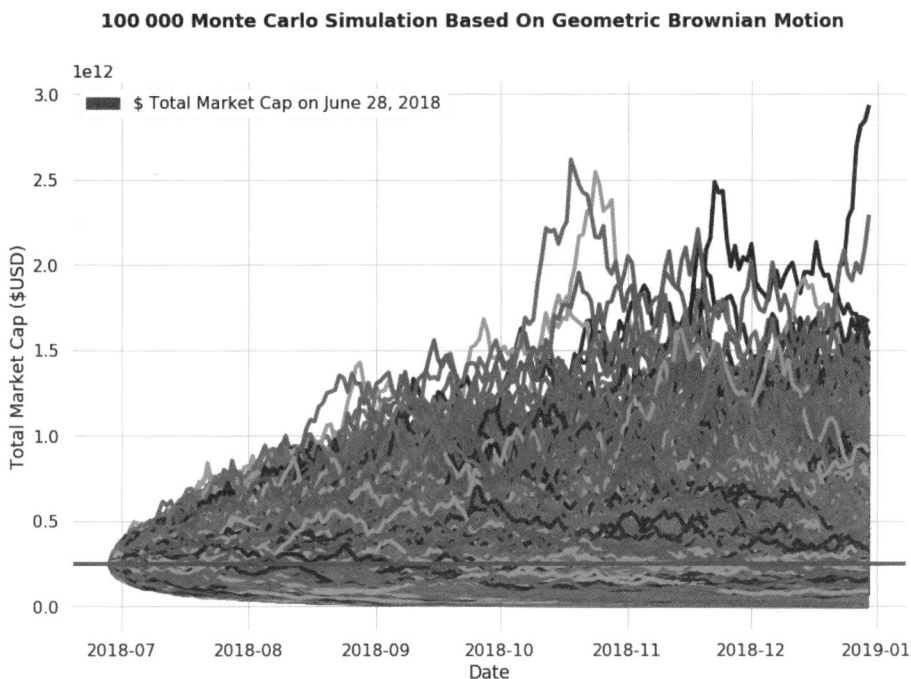

蒙特卡洛模拟 100 000 条股票走势的示意

当有了具体的每一条股票走势的情况以后，便可以根据转债的条款设计来观察，在该条走势下，转债各条款最终的触发情况如何，下图展示了这一过程。

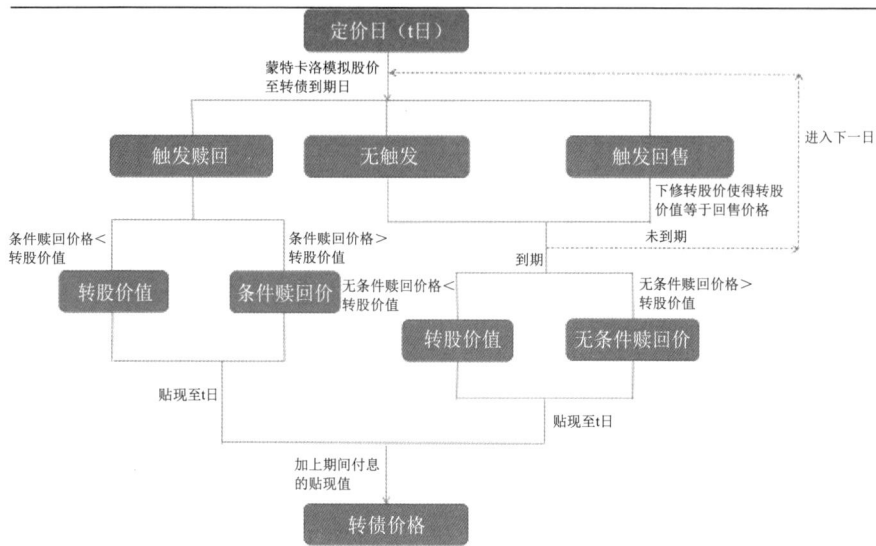

数据来源：国信证券经济研究所整理

可转债条款的路径依赖

9.2.3 效果验证

对于使用量化方法为可转债定价是否有效一直是有争议的。主动投资派觉得中国的可转债市场成交不活跃、条款博弈复杂、没有衍生品对冲方法、股市有效性也不强，所以量化方法过于理想。但是做量化投资的小伙伴也自得其乐，下面举一个例子来展示量化方法的有效性如何。

2018 年某券商曾用蒙特卡洛模拟的方法，对市场中的可转债进行了模拟定价，3 月 3 日当天的定价结果显示误差有正有负，但大部分转债的市场价格都比模拟价格有所低估，整体区间在 [−13%，8.7%]。如果把其中负偏离也就是低估超过 10% 以上的转债单独拿出来观察一段时间可以发现，它们在未来均出现了不同程度的上涨。到了 4 月 4 日，除无锡转债之外，模型理论价格高于市场价格超过 10% 的可转债之后均表现较好。其中特一转债上涨 19.01%、迪龙转债上涨 18.71%、永东转债上涨 13.61%、久其转债上涨 11.81%，可转债的定价效果如下图所示。

单位: 元

代码	名称	正股简称	起息日	模型价格（3.21）	市场价格（3.21）	市场价格（4.4）	转债涨幅（3.21-4.4）
110039.SH	宝信转债	宝信软件	2017/11/17	142.9434	128.01	139.44	8.93%
110043.SH	无锡转债	无锡银行	2018/1/30	111.8902	96.44	94.31	-2.21%
113016.SH	小康转债	小康股份	2017/11/6	112.012	100.2	102.1	1.90%
123001.SZ	蓝标转债	蓝色光标	2015/12/18	113.2654	100.238	100.492	0.25%
123005.SZ	万信转债	万达信息	2017/12/19	139.5513	125	128	2.40%
128014.SZ	永东转债	永东股份	2017/4/17	121.0868	104.2	118.38	13.61%
128015.SZ	久其转债	久其软件	2017/6/8	117.8902	106	118.518	11.81%
128023.SZ	亚太转债	亚太股份	2017/12/4	106.7311	95.145	102.693	7.93%
128025.SZ	特一转债	特一药业	2017/12/6	113.7609	102.104	121.514	19.01%
128033.SZ	迪龙转债	雪迪龙	2017/12/27	111.8661	99.903	118.59	18.71%
128034.SZ	江银转债	江阴银行	2018/1/26	109.5937	95.345	100.032	4.92%

数据来源：东北证券，Wind

可转债的定价效果

当然，要做到更加客观的验证，离不开对市场环境和正股的分析，在此我们不去深究。即便量化定价方法难以为我们的投资提供百分之百准确的工具，如果能够在决策的时候给予我们一定的辅助和验证，又何乐而不为呢？

9.3 搬砖套利派

在转债投资者的世界中，有一类"搬砖党"：他们或者是个人投资发烧友，或者是机构投资者，或者手动操作，或者程序化交易，他们时刻紧盯着一个指标：转股溢价率。一旦转股溢价率为负，那就意味这套利机会的来临，他们便会行动起来。

9.3.1 套利原理

转债套利的原理很简单：转股溢价率为负意味着可转债的市价低于转股价值，这时投资者可以在二级市场买入转债并申请转股，到第二个交易日股票到账卖出即可。

套利策略：T 日买入并转股，T+1 日卖出正股

由于转股需要隔日才能到账，所以投资者需要承担从买入时点到第二天卖出时点之间的价格波动风险。正是因为如此，套利投资者都喜欢在当日收盘前观察指标，决定是否出手。

举个例子，如果今天收盘前，某只可转债的价格是98元，转股价是25元（转换比例大约是4），正股价格是25.5元，那么此时的转股价值就是102元。

转股溢价率 =（可转债价格 − 转股价值）/ 转股价值 =−3.9%

投资者现在买入一张转债成本是98元，转股后卖掉可以得到102元，收益率是（102−98）/98=4.08%。只可惜转股不能瞬间到账，理论上，只要第二天转股价值不下跌到98元，对应股价不下跌到24.5元（跌幅 −2.97%），投资者隔日卖出就是可以获利的。

9.3.2 加强版套利

还有几种情况，投资者可以更加快速的锁定套利收益。

一是投资者本身就持有正股，如果遇到转债负溢价，可以当日立即"买入转债并转股 + 卖出对应数量的股票"，当日结束账户上没有股票，但是第二天同样数量的股票就又回来了。股票数量一股没少，但是账户可用余额却增加了。按照上面的例子，买入一张转债对应的收益是4元钱，它们会安静的躺在你的账户中冲你微笑。从这一点来讲，股票投资者也应该关注对应的转债情况。

二是投资者没有持有正股，但转债对应的正股是融券标的。投资者可以"买入转债并转股 + 卖空对应数量的股票"，等第二天转股的股票到账后再将欠券商的券还上。东吴证券曾经用2006年至2018年的数据做过测算，当转股溢价率小于 −0.5% 时，胜率达到100%，套利整体收益最高，2006年至2018年实现了995.06% 的收益，年化收益率为80.19%。当然，这个收益率只能针对参与套利的这部分资金，而不具备普遍意义。

三是投资者没有持有正股，但转债对应的正股与大盘走势关系密切。投资者可以"买入转债并转股 + 卖空对应股指期货"，等第二天转股的股票到账后卖出股票，同时平仓。现在股指期货已经有上证50（IH）、沪深300（IF）和中证500（IC），分别代表权重大盘股、蓝筹大盘股、中小盘股。比如一些银行的银行转债，就与沪深300走势关系密切。

9.3.3　何时有负溢价

要想抓住套利机会，首先要了解什么情形下会出现负溢价。通常来自以下几个因素：

正股涨得太猛，转债跟不上

由于转债是一个小众市场，投资者数量和交易量都远远比不上正股，所以当正股连续过于强势，就很有可能出现转债价格落后于转股价值而出现负溢价。

转债掉得太快，流动性冲击

同样是流动性的原因，如果遇上熊市或者股灾，转债市场一旦出现挤兑，很有可能把价格打到"坑"里，从而出现负溢价。

债券市场冲击

股票价格只受股市影响，而可转债还要受债市影响，当债市走熊，利率上升，转债的价格也会被往下打，一些配置债券的二级债基金和机构投资者甚至可能抛售，有可能导致转债和正股的走势偏离。

下修带来转股价值跳升

如果发行人下修转股价力度非常大，可能导致可转债的转股价值出现跳升，而此时如果转债价格上涨没跟上，同样会出现负溢价。利欧转债在 2018 年 11 月将转股价格从 2.75 元下修至 1.72 元，幅度非常大，利欧转债跳涨 7.7% 至 100.5 元，同时转股溢价率则下滑至 –5%，"压抑已久的情绪 + 主动下修到位"促使利欧负溢价率的发生。

从 2018 年 11 月 14 日的盘中走势来看，利欧转债的溢价率始终维持在 –5% 左右，最低曾达到 –7.2%，负溢价率也表明了投资者对于"转股套利给正股带来抛压"的悲观预期。从后续几个交易日的情况来看，负溢价率吸引了较多套利投资者的参与，带动大量转股，未转股比例在公告后首个交易日从 99.97% 下滑至 80.37%，在第二个交易日进一步下滑至 73.22%，随着转股套利的不断实施，负溢价率逐步收敛至 –1% 以内。

没有进入转股期

可转债通常要到 6 个月之后才能转股，在这之前，套利纠偏机制是不存在的，所以也会常常出现负溢价。可惜的是这个阶段，"搬砖党"们自然无用武之处，但是看好正股同时愿意赌溢价率收敛的投资者可以在这个时间点介入，用时间换空间。

以万信转债为例，见下图。2018 年 2 月 27 日开始出现持续折价，转股溢价率持续最高达到 −16% 的水平。而 2018 年 6 月 25 日，万信转债进入转股期后，转股溢价率很快收敛至 0 附近。而在进入转股期短短两周内，80% 的转债就已经完成转股。

万信转债折溢价示意

9.3.4 参与策略

对于投资者而言，到底套利机会应该如何选择，可以参考下图辅助决策。

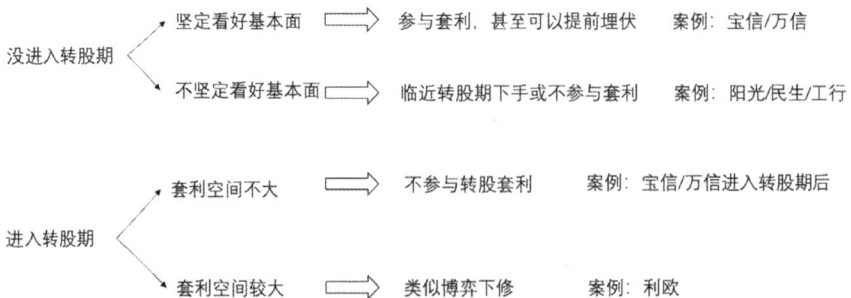

转债套利策略的历史案例情况及推演（来源：中泰证券）

9.4 堕落天使派

在信用债券市场，有一类债券被评级公司降级、被投资者抛售从而导致债券收益率非常高，说好听点儿叫"高收益债"，说难听点儿就是"垃圾债"，说洋气点儿就是"堕落天使（Fallen Angels）"。所罗门资管的 David Solomon（大卫·所罗门）在 1984 年美国银行家新闻中首次使用这一词语，他当时也是新兴市场垃圾债券投资的先驱者。这些债券背后的公司通常都陷入一定的困境，债券还本付息的前景十分不明朗，投资它们要冒着很大的风险。

可转债也是信用债，自然也可以套用这一套说法，但是由于可转债自身的特性，投资者也可以从中挖掘出有价值的投资机会。

9.4.1 发行人的求生法宝

在近年来去杠杆和供给侧改革的背景下，一些运营过于激进的上市公司出现了不同程度的财务压力，债券违约事件时有发生。但是在可转债市场，违约率目前还是 0（截至 2019 年底），一方面是由于发行人本身资质尚可，另一方面是可转债的各种条款为发行人在绝望中提供了"逃出生天"的法宝。

如果一家上市公司陷入财务风险，那么股价下跌自然是板上钉钉的，与此同时，可转债的价格也可能会一落千丈。这时候发行人将会面临一个窘境：公司账上一分钱没有，任何稍有规模的财务支出想都不要想，但是由于股价下跌，可转债转股难度变大，回售的压力像一把刀在头上悬着，随时可能会掉下来，还本付息的定时炸弹也已经安装好等待起爆。

发行人为了求生，只有一种选择：下修转股价。

修到什么程度呢？一个目标是下修到可转债的转股价值到回售价格以上，此时可转债的市场价大概率会高于转股价值也高于回售价，这样即使股价不"给力"触发了回售，但是投资者也不会真的进行回售，因为在二级市场上交易比较划算，这样上市公司就不用还钱了。

历史数据显示，凡是公告下修转股价董事会预案的可转债，在当天大多会出现比较明显的涨幅，未来的走势也会相对不错。例如江银转债（见下图）在 2018 年 4 月和 8 月两次下修，预案公告后可转债价格均出现跳空大涨。那么，寻找发行人求生欲强的可转债是否可以成为一种策略呢？

江银转债走势图

9.4.2　寻找"堕落天使"

堕落天使，顾名思义，虽然堕落了但假以时日，有一些还是可以恢复元气的。如何甄别呢？我们有几个因素需要考虑。

发行人下修意愿是否强烈：

（1）大股东如果持债比例较高，那么他们希望通过转债转股从而减持的动力就大。

（2）上市公司财务压力大、现金流紧张，不足以覆盖回售甚至利息支出的转债下修动力大。

（3）正股价格持续下跌导致回售压力大的发行人下修动力大。

（4）转股溢价率高的转债，转股难度过大，发行人也只能通过下修来降低难度。

发行人是否有能力下修：转股价与每股净资产相比是否还有下修的空间，如果已经逼近每股净资产且条款中有限制，那么便无法继续下修。上市公司的股权结构如果过于分散也有可能导致下修预案在股东大会上被"投死"。

目前转债价格性价比如何：这就是要看可转债的纯债溢价率和到期收益率情

况。一般而言，纯债溢价率越低越好，这意味着转债的价格已经接近债底，跌无可跌；而到期收益率则越高越好，这意味着持有转债到期获得的保证收益越高（不违约的话）。

在 2018 年四季度，我们可以用这个办法选出一批堕落天使，可以看出在 2018 年底股市的下跌过程中，这批转债已经拒绝下跌甚至开始反弹，如下图所示。

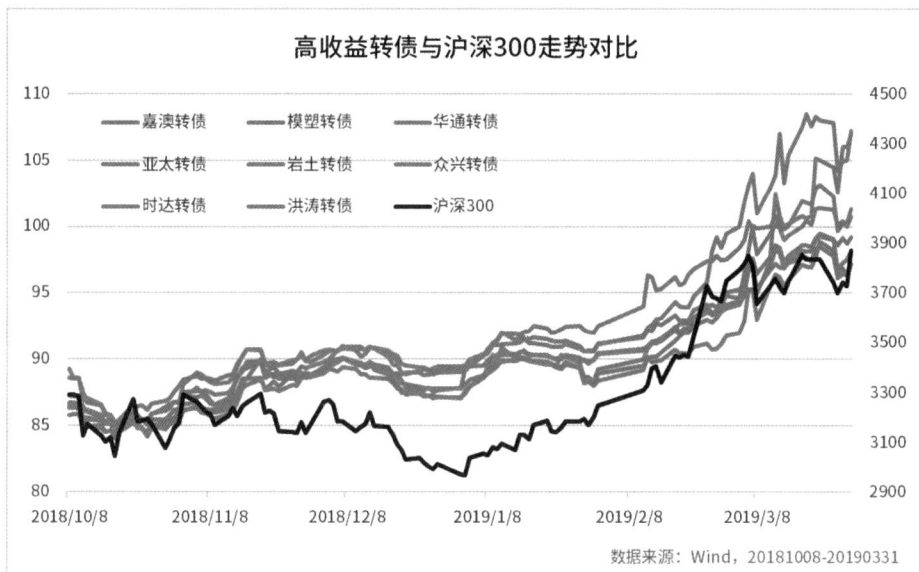

数据来源: Wind, 20181008-20190331

"堕落天使"

对于投资者关心的可转债到底会不会违约的问题，我们在后面的章节中会有更加详细的解读。

<h2>9.5 云端漫步派</h2>

当牛市来临，转债价格很快会脱离百元附近的安全区间，动辄 130 元、150 元甚至超过 200 元，而且波动会加剧。对于这些价格已经高耸入云的转债，投资者应该如何看待，又是否有投资价值呢？

9.5.1 高价推动力

转债价格上涨的原因我们可以用一个简单的公式来表达：

转债价格 >max（纯债价值，转股价值）

在熊市的时候股票价格不"给力"，转股价值很低，但是纯债价值仍然可以在 80 ~ 90 元附近硬撑，转债价格应高于纯债价值，毕竟转债比纯债还多了看涨期权。

在牛市的时候股价一飞冲天，纯债价值仍然在八九十元附近，但是转股价值会随之上升，转债价格也应该保持在转股价值以上飞行，毕竟如果转债价格低于转股价值的话，投资者可以通过买入转债转股套利来吃掉这部分差价（偶有发生）。

所以，我们之前所用到的图可以再次拿来演示。

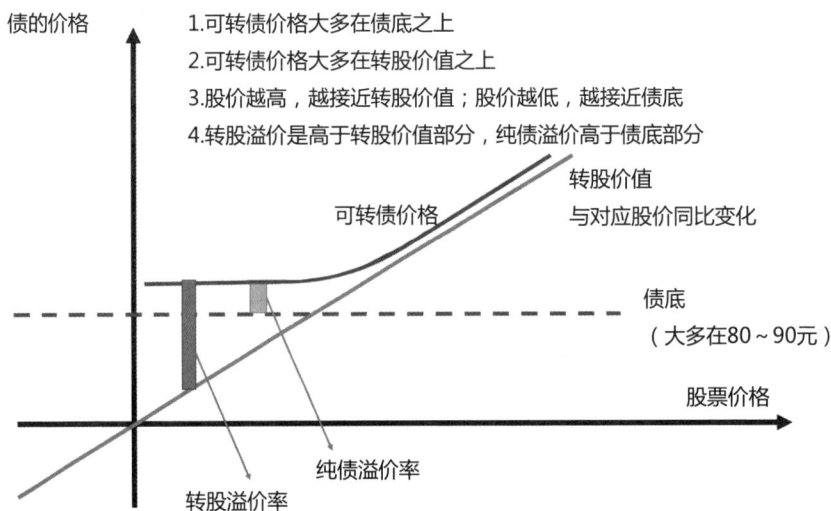

可转债价格运行规律示意

而我们在现实中所说的高价转债当然不是八九十元，而是大多数是在 110 ~ 200 元之间，到期收益率为负的转债。他们的高价必定是由于转股价值的抬升而推动的，而转股价值的大幅度上升有两个途径：一是转股价格较低，包括通过不断下修而降低；二是正股表现优异。

下图是华泰证券对全市场的转债价格、转股价值（平价）、纯债价值（债底）中位数三者之间的对比效果，更加真实的说明"转债价格 >max（纯债价值，转股价值）"这一运行规律。

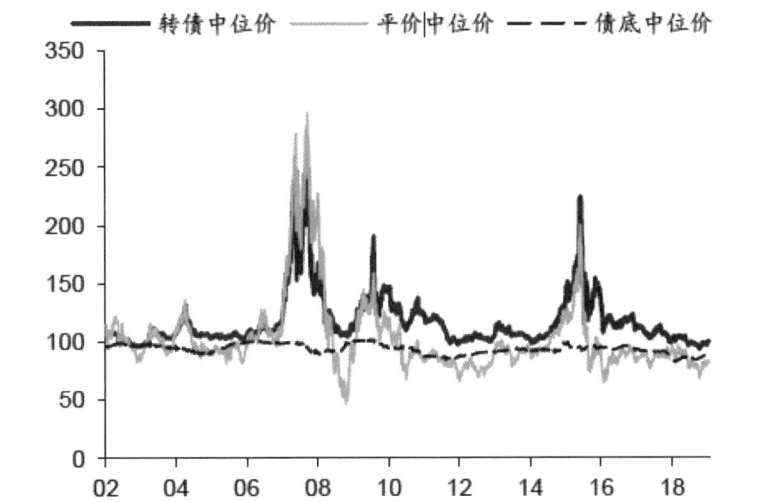

转债价格在平价与债底形成的区间内波动

可转债价格与转股价值、债底比较（图片来源：华泰证券）

9.5.2 对高价转债的担心

投资者对于高价转债的担心不无道理，主要有以下几个方面。

（1）由于强赎条款的存在，高价转债继续上涨空间有限。

（2）高价转债股性较强，下跌的保护不强，跌幅也可能很大。尤其强赎一旦实施，转债的抛压和转股后对正股的抛压会很大，很可能会来一波"鬼探头"。

（3）转债市场扩容，标的所属行业和概念越来越多，投资者研究判断的难度加大。

（4）另外就是转债投资者大多数是低风险投资者，面对高价转债有一种天生的避险情绪。

这些担心都是真实存在的，从历史上来看，高价转债风险的确不小，应该说不亚于股票，最令笔者印象深刻的是 2015 年股灾前后，可转债的涨幅和跌幅都非常夸张，彼时追高价转债的投资者被拦腰"斩杀"，一些转债基金由于需要被动配置，同样损失惨重，2015 年前后中证转债指数的走势如下图所示。

2019/06/14 收 309.02 幅 -0.53%(-1.64) 开 310.82 高 311.36 低 308.80 振 0.82% 额 49.89亿

000832.CSI [中证转债] 日线 MA5:310.24 MA10:309.53 MA20:312.70 MA60:322.46 MA120:310.64 2010/07/22-2019/06/14(2162日)▼ ▣

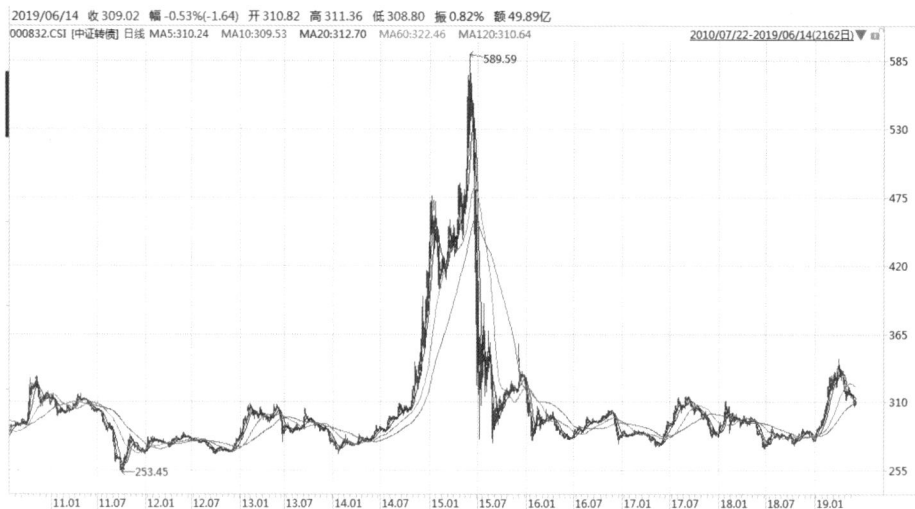

589.59

253.45

2015 年前后中证转债指数的走势

9.5.3　漫步大法赏析

高价转债也并非一无是处，在可承担适当风险的前提下，瞄准一些优质的高价转债，获取超额收益的机会也不小，下面我们总结以下几种策略。

正股替身策略

对于股票投资者而言，假如你看好一家上市公司，而它同时又发行了股票和可转债，这时候你就可以在二者之间做一个性价比比较，找到最优的持有标的。最重要的指标是转股溢价率，如果该指标比较低（10% 以内）甚至为负，那么转债就可以成为正股的完美替身。这种转债在正股上涨的时候基本能跟上涨幅（如果跟不上转股溢价率就会压缩直至为负，是极其罕见的），而下跌的时候一开始也会跟跌，但是毕竟有债底，慢慢跌幅就会得到控制，转股溢价率也会随之变大。

高抛低吸策略

对于正股质地优良、基本面扎实的可转债，尽管看起来价格很高，但一样是有参与价值的。一是由于这些转债正股优秀，转债在一级市场发行的时候中签率低，投资者按照 100 元的发行价拿不到想要的份额，只能通过二级市场来拿，付出一定的溢价也是合情合理的。二是这些转债的价格受多方面因素的影响，一旦出现"黄金坑"便是大胆介入的好机会，比如大转债上市供给带来的压力、债市低迷对债底带来的压力、股市低迷对正股带来的压力、转债基金赎回造成的流动性冲击等。在这些机会面前，投资者如果不敢参与正股，可以果断选择转债，穿着防弹衣抄底（毕竟有债性保护），高抛低吸。

等待虹吸策略

大家都知道可转债的强赎条款一般规定"正股价格超过转股价 30% 以上"一定时间便会触发，换算到转债价格上，基本是"转债价格超过 130 元"一定时间便会触发。从发行人的角度来讲，这是他们希望看到的事情，尤其是如果大股东也配售了较多的转债，促使强赎转股的意愿会更强。那么会不会形成一个逻辑：一旦转债价格超过某个阈值，发行人便认为距离转股目标不远了，这时候是否应该顺水推舟刺激一把股价，从而把转债价格虹吸到 130 元以上？

对于这个假设，国信证券曾经在报告中做过一个统计检验：选取 2000 年到 2019 年 2 月份之间的样本，以转债首次突破 120 元之后的三个月、六个月、一年为持有期，选取同时期的国信转债指数作为比较基准，计算持有期内超过指数涨跌幅的超额收益。若转债在持有期内完成转股退市，则假设在最后一个交易日以市场价格完成交易，如下图所示。

高价转债超额收益统计（%）

	平均	最高	最低	T-test（原假设：高价转债超额收益为正）
三个月涨跌幅	11.84	91.65	-22.25	P=0.0061
三个月超额收益	3.74	46.64	-26.47	显著
六个月涨跌幅	13.79	116.64	-30.29	P=0.0009
六个月超额收益	6.26	99.09	-31.45	显著
一年涨跌幅	17.02	189.80	-35.69	P=0.0013
一年超额收益	8.37	154.93	-80.12	显著

资料来源：Wind、国信证券经济研究所整理

高价转债超额收益统计

结果显示，这些转债在首次突破 120 元后，三个月、六个月和一年涨跌幅都为正，且超额收益的统计学意义是显著的。

不仅如此，高价转债在价格突破 120 元之后的转股进度也会明显加快。其中 55 只转债在上市后首次突破 120 元之后的一年内完成 90% 转股，占比 57.3%，45 只在一年内完成 99% 转股，占比 54.2%，如下图所示。

已退市转债在价格突破120元之后的转股进度

完成90%转股的时间

时长	转债个数	占比
1年以内	55	57.3%
1~2年	16	16.7%
2~3年	16	16.7%
3~4年	6	6.3%
4年以上	3	3.1%
合计	96	100.0%

完成99%转股的时间

时长	转债个数	占比
1年以内	45	54.2%
1~2年	15	18.1%
2~3年	16	19.3%
3~4年	3	3.6%
4年以上	4	4.8%
合计	83	100.0%

资料来源：Wind、国信证券经济研究所整理

已退市转债在价格突破120元之后的转股进度

题材参与策略

转债中有很多具备热点题材潜质的标的，如果投资者想蹭热点，不妨用转债来作为标的，见下表。

部分可转债主题概念（2019年底）

概念主题	转债名称	正股名称	概念主题	转债名称	正股名称
券商概念	国君转债	国泰君安	医药概念	参林转债	大参林
	长证转债	长江证券		济川转债	济川药业
	东财转债	东方财富		华通转债	华通医药
	敖东转债	吉林敖东（广发证券影子股）		现代转债	现代制药
	浙商转债	浙商证券		富祥转债	富祥药业
	审批中	财通证券		特一转债	特一药业
	审批中	华安证券		一心转债	一心堂
银行概念	光大转债	光大银行		九州转债	九州通
	宁行转债	宁波银行		审批中	长春高新
	常熟转债	常熟银行		审批中	乐普医疗
	江银转债	江阴银行		和而转债	和而泰

概念主题	转债名称	正股名称	概念主题	转债名称	正股名称
银行概念	无锡转债	无锡银行	5G 概念	永鼎转债	永鼎股份
	张行转债	张家港行		亨通转债	亨通光电
	平银转债	平安银行		中天转债	中天科技
	审批中	浦发银行		特发转债	特发信息
	审批中	交通银行		盛路转债	盛路通信
	审批中	紫金银行		审批中	烽火通信
农业概念	众兴转债	众兴菌业	消费概念	顾家转债	顾家家居
	中宠转债	中宠股份		海尔转债	青岛海尔
	天康转债	天康生物		创维转债	创维数字
	天马转债	天马科技		绝味转债	绝味食品
	金农转债	新金农		伊力转债	伊力特

更加详细的转债行业和主题分布情况，参见附件部分，这里不再赘述。

9.6 指标象限派

我们在第 5 章曾经用一个七步法为读者演示了如何利用转股溢价率和纯债收益率这两个指标进行入门级别的筛选。这里我们把"用指标选债"方法进一步进行深入探讨，让读者从入门级迈向进阶级。

9.6.1 关注哪些指标

纯债溢价率

可转债价格高于债底的比率，而底价就是把可转债当成纯债看待，用债券定价公式计算出纯债价值。纯债溢价率 = 可转债价格 / 底价 −1，它一般是正值，反映了可转债债券属性以外的权益价值。

一个转债的纯债溢价率越低，说明它的债券属性越强，抗跌性也就越强，这是我们判断转债安全性时最重要的指标。

（1）全市场可转债的纯债溢价率最下限基本是 0% 附近，即转债价格贴在纯债价值附近运行，而上限也可能高达200%甚至更高，此时该指标指导意义不大；

（2）牛市的时候如2006-2007年、2015年上半年，纯债溢价率飙升，转债失去安全性；但是熊市的时候如2008年、2012—2013年、2015年之后，纯债溢价率大幅度缩小，转债安全性大大增加。

可转债纯债溢价率运行区间如下图所示。

可转债纯债溢价率运行区间（%）

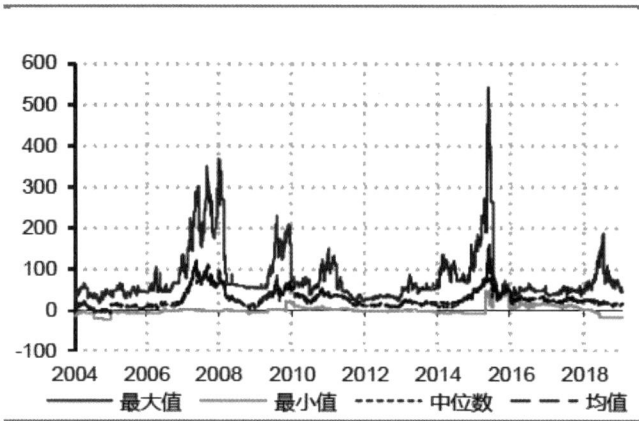

数据来源：Wind，西南证券整理

可转债纯债溢价率运行区间

到期收益率

到期收益率是根据债券定价公式计算出来的，以当前价格买入转债并持有至到期的年化收益情况来看，该指标越大，表示转债的安全性越高，持有到期收益越高，反之亦然。这个指标和纯债收益率一起是转债最重要的安全性指标。但不一样的是，它是牛市变低直到为负，熊市变高。

转股溢价率

转股溢价率是可转债价格高于转股价值的比率，转股溢价率 = 可转债价格 / 转股价值 −1，它一般也是正值，反映了可转债的股票属性如何。

一个转债的转股溢价率越低，说明它的股票属性越强，弹性也就越大，反之亦然，这是我们判断转债弹性时最重要的指标。

（1）全市场可转债的转股溢价率最下限基本上是0%附近，即转债价格贴在转股价值附近运行，而上限也可能高达200%甚至更高（熊市多见），此时该指标指导意义不大。

（2）牛市的时候如 2006—2007 年、2015 年上半年，转股溢价率下降，转债股性强，弹性大；但是熊市的时候如 2008 年、2012—2013 年、2015 年之后，转股溢价率大幅度增加，转债失去股性和弹性。

信用评级

随着转债市场扩容，一些资质差的发行人偶尔也容易混进来，投资者开始担心转债的信用风险。这时候就有必要关注一下转债的评级情况。一般信用债的可投资下限为 AA+，而转债则可以下沉到 AA，对于 AA- 评级的则一定要小心再小心。

债券规模

可转债的规模影响着转债的市场容量和流动性，也决定了转债转股后对原股东权益的稀释情况。

剩余期限

剩余期限长短会影响我们对到期收益率有效性的判断。如果到期收益率很高，同时剩余期限不长（比如 1 ～ 2 年），那么性价比就不错，但是如果时间很长，未来的不确定性可能会极大。

正股情况

正股的行业分类、估值情况（如市盈率、市净率）。

其他指标

除了上述指标，转债的赎回、回售、下修条款也非常重要，需要我们关注，但这些指标更加需要定性分析。

9.6.2 用图表来展示

这么多转债、指标，到底如何筛选呢？这时就要用到数据可视化。下面我们争取用一张图来把这些信息展示给读者。

第一步：关键信息提取

将市面上正在交易的转债的关键信息提取出来，如下表所示（仅列示部分）：

可转债指标信息（数据来源：Wind，2019.6.14）

名称	纯债到期收益率（%）	纯债溢价率（%）	转股溢价率（%）	评级	GICS一级行业	发行额（亿元）	最新余额（亿元）	成交金额（万元）	剩余期限（年）
中信转债	2.64	8.72	30.69	AAA	金融	400.00	400.00	10793.80	5.73
平银转债	0.40	22.35	8.79	AAA	金融	260.00	260.00	4800.11	5.61
宁行转债	-3.20	37.58	-0.14	AAA	金融	100.00	55.90	5902.62	4.48
国君转债	0.39	15.28	31.42	AAA	金融	70.00	70.00	2098.72	4.07
电气转债	-1.52	8.51	7.92	AAA	工业	60.00	44.68	496.24	1.64
长证转债	-0.07	20.85	15.32	AAA	金融	50.00	49.99	2293.05	4.75
通威转债	-0.74	34.65	4.12	AA+	日常消费	50.00	50.00	3282.12	5.76
蓝思转债	3.42	4.20	46.97	AA+	信息技术	48.00	47.98	1190.24	4.49
广汽转债	1.62	5.38	44.76	AAA	可选消费	41.06	25.52	1365.03	2.61
桐昆转债	0.68	22.22	5.06	AA+	材料	38.00	38.00	2989.53	5.44
圆通转债	0.43	23.78	0.23	AA+	工业	36.50	36.29	2229.23	5.44
浙商转债	1.40	16.61	41.90	AAA	金融	35.00	35.00	1542.70	5.75
海尔转债	-0.91	31.05	2.99	AAA	可选消费	30.07	30.07	2321.98	5.52
林洋转债	3.73	4.89	78.44	AA	工业	30.00	30.00	1308.25	4.37
海澜转债	2.60	9.42	35.51	AA+	可选消费	30.00	29.99	890.18	5.08
核建转债	1.50	16.28	28.12	AAA	工业	29.96	29.96	1294.08	5.82
福能转债	0.96	20.74	15.92	AA+	公用事业	28.30	28.30	265.07	5.49
隆基转债	-2.53	34.33	3.08	AA+	信息技术	28.00	27.94	1242.92	4.39

超过100家，后略。

第二步：用散点图展示整体情况

主要的展示指标是纯债溢价率（代表债性）和转股溢价率（代表股性）。同时要求纯债溢价率不高于 20%（债性强）、转股溢价率不超过 20%（股性强）和到期纯债收益率为正（持有到期安全）的转债作为目标标注出来，如下图所示。

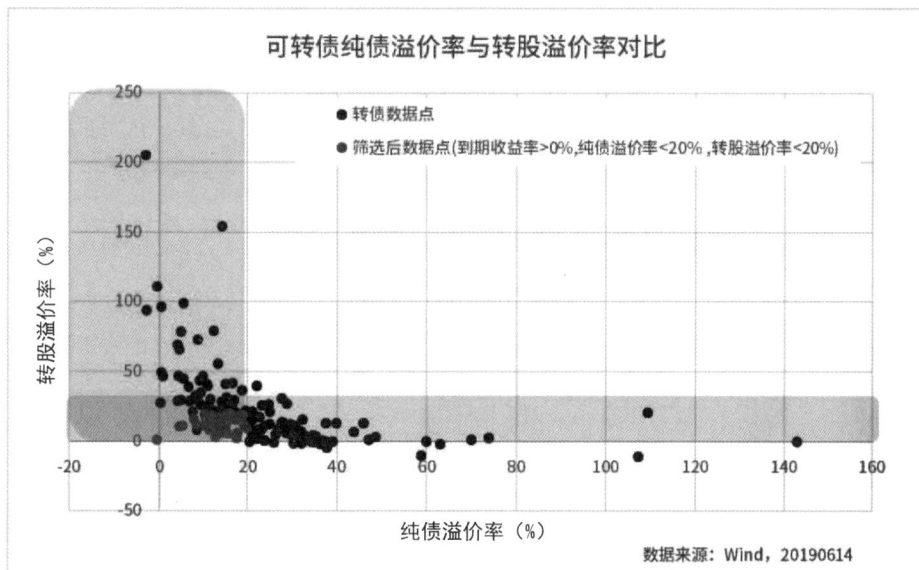

可转债指标散点图

第三步：找到期望的象限

第一象限：左下角，债性强，股性也不错，攻守兼备。在同样的股性情况下（转股溢价率低），债性更强（纯债溢价率低），在同样债性情况下，股性更强。

第二象限，左上角，债性强，股性一般，防守型品种。这些品种绝对价格常常在面值附近或者更低，是下修、回售等条款博弈的高发区域。

第三象限：右上角，债性差、股性也差，这种转债比较少，只有在极端情况下才会出现。

第四象限：右下角，债性一般，股性强，进攻型品种，常常也可以作为正股替代。

第四步：利用气泡图展示

我们可以用气泡图将可转债的信息展示出来。比如颜色深浅可以代表信用评级，气泡大小代表转债余额、标签则代表转债的剩余期限，如下图所示。

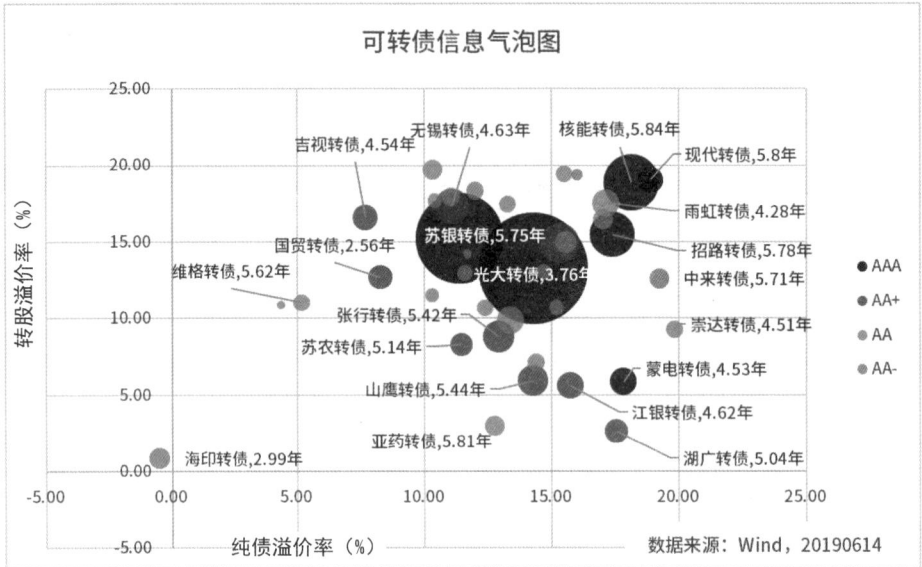

可转债信息气泡图

第 10 章

条款博弈论

10.1 强赎博弈

10.1.1 强赎前后会怎样

可转债强赎条款的目的很简单，就是要促进投资者完成转股，从而结束转债的生命周期。强赎是发行人的权利，触发条款以后发行人可以根据自身情况决定是否执行该条款，基本上所有的发行人在条件满足后都会毫不犹豫地发布公告。早转股一天，省下一天的利息，尤其是银行转债，转股可以补充核心一级资本，有利于业务的扩张发展。

我们可以想象一下强赎发生前后会发生什么？当牛市到来，股价涨势如虹，股票价格超过转股价 30% 以上已经持续一段时间，甚至有可能已经达到40% ~ 50% 以上，与此同时，可转债的价格也应该在 130 元以上，涨得猛的话窜到 150 元甚至 200 元也很常见。这时候投资者和发行人就开始数日子，一旦累积到触发强赎条款，发行人将会很快启动实施。一旦实施，发行人将被允许以极低的价格（通常 10× 元）赎回可转债，投资人为了避免损失将不得不进行转股或者卖掉转债。

这时候会发生什么事情呢？一个是转债的转股溢价率会大幅度收敛，本来随着股价上涨，转债的转股溢价率应该逐渐收敛，但是由于炒作的关系，溢价率居高不下的情形也很常见，而强赎将会打破这种炒作，强迫转债的溢价率下降至0 附近，这就意味着如果股价保持不动，转债价格将会下跌，之前转股溢价率越高的，下跌就会越惨烈。实际上，从投资者开始数日子时，这一过程就在发生了，下图为三一转债强赎前后的转股溢价率。

三一转债在强赎前后的转股溢价率

除了可转债的转股溢价率收敛，这一过程还有另外一个影响：由于投资者预期大批量转股行为将发生，新发的股份将会稀释原股东权益，也增加了二级市场的供给抛压，这会对正股价格造成一定的负面影响。股权稀释比例越大，影响就越大。

总之，强赎一旦发生，对转债和正股的价格都有一定的抛压作用。

10.1.2　强赎流程

转债强赎条款有两种，一是正股价格上涨超过转股价 30% 持续一段时间，二是转债余额不足 3000 万元。现实中因第二种情况而实施的强赎不多见，实际上大多数转债余额不足 3000 万的情形都是因为第一种情况触发了强赎，投资者纷纷转股造成的。

一个典型的强赎条款的可转债如下所示。

在本可转债转股期内，当下述两种情形的任意一种出现时，发行人有权决定按照债券面值的 103%（含当期利息）的价格赎回全部或部分未转股的可转债。

（1）在转股期内，如果发行人股票在任何连续 30 个交易日中至少 20 个交易日的收盘价格不低于当期转股价格的 130%（含 130%）。

（2）当本次发行的可转债未转股余额不足 3000 万元时，若在前述 30 个交易日内发生过转股价格调整的情形，则在调整前的交易日按调整前的转股价格和收盘价计算，调整后的交易日按调整后的转股价格和收盘价计算。

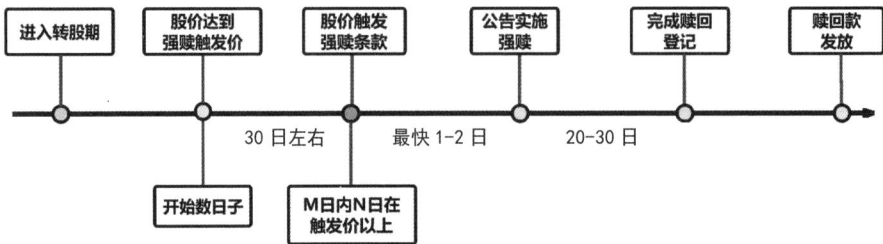

强赎流程

结合强赎的流程（上图）和我们上面所说的两个逻辑：转股溢价率收敛和股权稀释冲击，投资者可以在策略上做如下应对。

如果是原转债持有人，当进入强赎天数累积期，持仓收益应该已经不错，假如未来对股价看中性或看弱，那么最好早点儿把转债卖掉。假如未来对股价仍然看好，那么也应该卖出转债买入正股（而不是转股），避免因溢价率下降而造成损失。尤其是溢价率较高的转债，未来一段时间有可能压力会很大。而当强赎真正实施时，转债持有人将别无选择，只要转债价格比强赎价高，就只能卖掉转债或者进行转股操作。

如果是股票投资者，从转债预期进入强赎累积期到真正实施这个阶段，可以观察转债的溢价率变化如何，如果溢价率已经收敛至 0 附近甚至为负，那么用转债替代对应股票将是一个不错的策略。虽然这时的转债股性十足，但总体而言，向上的弹性与股票一致，但是向下弹性仍然弱于股票，如果股市下跌，转债的溢价率再次提升，可以在一定程度上减小损失。

10.1.3　谁会强赎

历史上，触发强赎、完成转股是大多数可转债的归宿，它们通常有以下几个特点。

（1）首先最重要的就是牛市，即便没有牛市，也要有结构性的行情。从下

图中可以看出，在 2007 年和 2015 年是可转债发生强赎的高峰期，而熊市年份如
2012 年、2016 年，数量就非常少。

牛市是转债触发强赎的频发时段

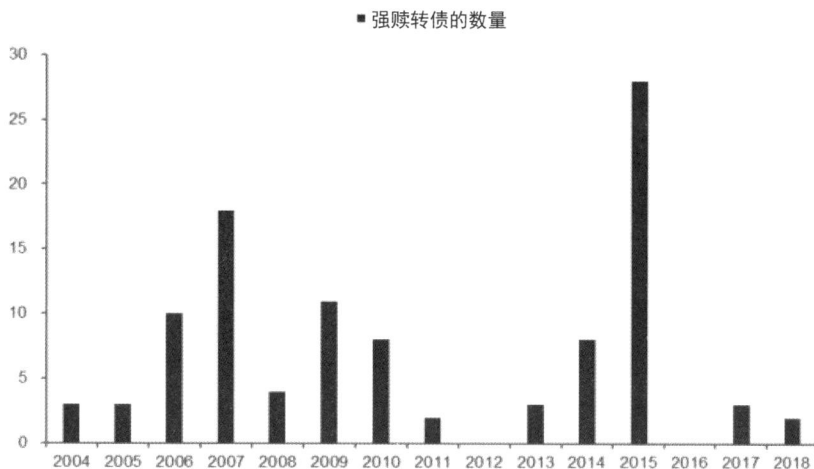

数据来源：Wind，中泰证券研究所

历年可转债触发强赎频率

（2）发行人转股意愿强烈。一般而言，大部分的发行人促转股的意愿是比
较强的，投资者从转债条款的设计上可以进行判断。对于那些不愿转股的案例，
后面我们也会进行分析。

（3）转债规模小。如果转债规模过大，强赎促转股后对原股东的稀释会比
较大，可能会有阻力。另外，强赎规模过大，如果万一实施后遇到如 2015 年股
灾的极端情况，转债价格有可能跌回到强赎价以下，那么持有人可能真的会选择
参加赎回，那"真金白银"掏出来，发行人的压力是不小的。而如果转债规模小
则不用担心这些问题，大胆地发布强赎公告即可。

10.1.4　为何不强赎

接下来分析为什么会有转债在已经触发强赎的情况下，却没有有效实施的案
例，这可以帮助读者理解发行人的动机，提高博弈的胜率。

大部分已转股

实施强赎的目的是促进转股，但是如果在触发强赎之前，可转债已经大部分完成转股，那么发行人就没有必要实施了。投资人为什么会转股呢？主要是因为转债价格没有跟上正股价格，造成转股溢价率为负，套利投资者会持续进行买入转债、转股、卖出股票这一套操作，如此往复，会使得场内的转债越来越少。以东华转债为例，在转股期首日转股比例就高达29%，10个交易日后甚至超过50%。对于这种情况，发行人是乐于见到的。通过负溢价让套利投资者一点一点搬砖，帮助自己完成转股，而不用发布强赎公告，简直太轻松。

担心股权稀释

发行可转债是一种"延后"的股权稀释，而具体"延后"到什么时候，发行人也会有自己的考量，比如股票价格、上市公司业绩、股东分红等。如果股权稀释比例大，发行人又不希望过早完成转股，从而影响上市公司每股收益和原股东的每股分红金额，那么它就会往后拖。

比如金鹰转债（见下图），在2007年5月20日进入赎回期并很快满足强赎条件，但是发行人一直没有实施，公司董秘曾公开表态担心股权过早稀释影响股价和股东分红。但这种做法也是有风险的，金鹰转债在2007年大牛市中不进行强赎，结果很快便遇到股市2008年下跌，转债价格从最高223元一路下跌到106元，而正股价格连回售价格都跌破了，公司这时只好灰溜溜地下调转股价，等到2009年股市反弹，触发强赎条件便赶紧实施。

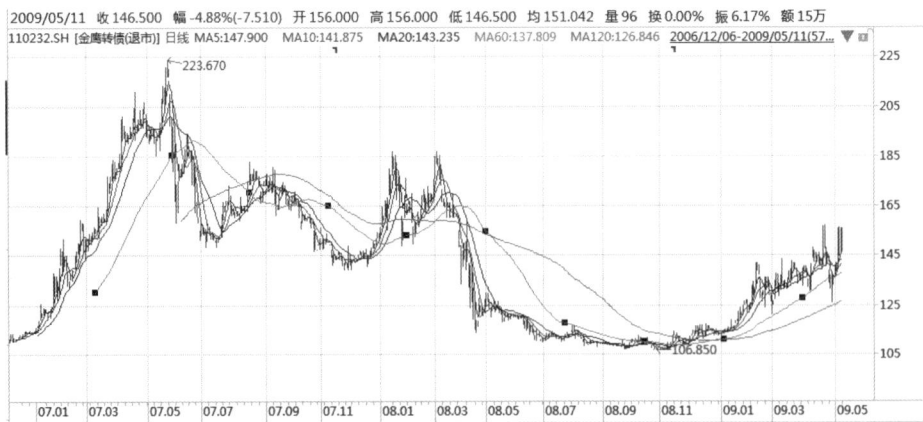

金鹰转债价格走势图

现金流紧张

虽然强赎的目的是促转股，但也会有一些极端情况发生导致发行人真的要掏钱进行赎回操作，如果发行人现金流比较紧张，可能在是否实施强赎的问题上更加保守，愿意等到股价涨一些再实施。这些极端情况包括如下两种情况：

（1）股价突然大幅下跌，导致可转债价格跌至强赎价以下，如果发行人提前发布了赎回公告，这时候就要硬着头皮接受投资者的赎回申请，2015年股市下跌前后的吉视转债就是如此，发行人公告强赎后突然股市大幅下跌，持有债券的投资者显然接受赎回更有利，而上市公司就只能自认倒霉。

（2）在强赎实施后，经常会有投资人忘记转股，连专业的公募基金都曾经出现过这样的问题，那么这部分钱发行人也得掏出来。

10.1.5 看懂强赎公告

细心的投资者会发现，当发行人决定不进行强赎的时候，有的会默不作声，有的会高调的发布公告进行声明。比如2019年的广电转债就曾经发布如下公告：

公司股票自2019年2月15日至2019年3月28日连续30个交易日中有15个交易日的收盘价格不低于当期转股价格（6.91元/股）的130%（8.983元/股），已触发公司《公开发行可转换公司债券募集说明书》约定的广电转债赎回条款。

2019年3月28日，公司召开第八届董事会第二十四次会议，审议通过《关于不提前赎回"广电转债"的议案》。鉴于当前市场情况和公司实际，董事会决定本次不行使广电转债的提前赎回权利，不提前赎回广电转债。

公司特别提示"广电转债"投资人："公司本次不行使广电转债的提前赎回权利，不提前赎回广电转债。"

特此公告。

之所以不同，原因在于沪深交易所要求不一样。

上交所：

《上海证券交易所股票上市规则》明确规定："上市公司应当在满足可转换公司债券赎回条件的下一交易日发布公告，明确披露是否行使赎回权。如决定行使赎回权的，公司还应当在赎回期结束前至少发布三次赎回提示性公告，公告应当载明赎回程序、赎回价格、付款方法、付款时间等内容"。

深交所：

根据《深圳证券交易所可转换公司债券业务实施细则》，其中规定："发行人决定行使赎回权的，应当在满足赎回条件后的五个交易日内至少发布三次赎回公告。赎回公告应当载明赎回的条件、程序、价格、付款方法、起止时间等内容"。

对比之后我们发现，上交所的规则明显要更为严格，只要触发强赎条件，无论如何发行人都要出来表态是否实施。所以上交所的三一转债、广电转债等在触发强赎后的当日或次日都发布公告是否实施赎回，而深交所的东财转债、盛路转债在首次触发后都默不作声，如果这种沉默维持好几天，那大概率发行人就没有强赎的意思了。

10.2 回售博弈

10.2.1 回售后会怎样

可转债的回售条款是为了保护投资者而存在的，当正股股价不振、转股无望或者发行人改变资金用途时，投资人可以通过回售进行变现结束投资。回售是投资人的权利，一经触发立即生效，发行人之所以设置如此"良心"的条款是为了提升转债的吸引力。而一些实力强的超级国企发布转债，就常常没有回售条款。

历史上，回售发生的案例并不是很多，但从数据来看，从转债进入回售条款触发区间开始累积日子，到最后真正触发，这个过程中还是有一定正收益的。中泰证券曾经做过统计："截至 2018 年 6 月，历史上总共有 8 只转债曾触发过有条件回售条款，在回售金额大于 100 万元的有条件回售案例中，实现回售收益为正的案例居多。假如我们以回售条款触发日的前五个交易日的平均价格作为买入转债的价格，然后和当期回售价格进行对比，发现大多数情况下可以实现回售收益为正。"

从这个角度来讲，回售条款类似于一个看跌期权，一个靠"比烂"赚钱的条款。只不过这个赚钱效应不是那么明显罢了。

10.2.2　回售流程

转债回售条款有两种：一是有条件回售条款，正股股价不振时投资者可以卖回给发行人；二是附加条件回售条款，发行人针对转债募集资金用途发生变更时要给投资者回售的机会，这种情况较少发生。这里主要讨论有条件回售。

一个典型的有条件回售条款如下所示。

"发行人股票在最后两个计息年度任何连续 30 个交易日的收盘价格低于当期转股价格的 70% 时，可转债持有人有权将其持有的可转债全部或部分按债券面值的 103%（含当期利息）的价格回售给发行人。"

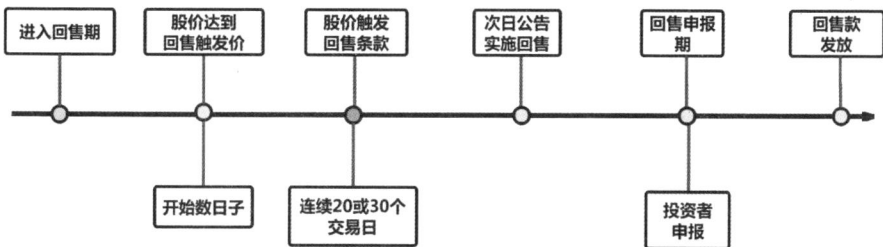

回售流程

以回售流程（见上图）来解读，从正股价格跌到转股价 70%（即回售触发价）后，投资者就会开始数日子（连续 30 个交易日），这段时间也是回售博弈的主要窗口期。

发行人如果资金紧张就会想方设法避免回售的有效发生。第一个方法是在数日子这段时间，亲自找资金去拉抬正股，只要有 1 天把正股价格拉到回售触发价以上，便又可以"续命"30 天，压力大的时候高送转、业绩预增、并购重组等各种刺激方法都会使用；如果这些都没用，回售还是触发了，这时还可以用第二个方法，下修转股价。通过下修把转债的转股价值提上去，从而把转债价格拉抬到回售价 103 元以上，投资者就不会去参加回售，因为直接在二级市场卖掉收益更高。如果还是不行，那就只能用第三个方法，直接出资金进场拉抬可转债价格至回售价以上，这其实是用小部分资金来稳住投资者的预期。

10.2.3 谁会回售

历史上发生回售的案例并不多，截至 2018 年底，仅有 9 只转债曾触发过有条件回售条款，其中一部分同时伴有附加条件回售。由于附加回售都是发行人主动发起的，一般压力都不大，而有条件回售一般都是被动的，所以发行人和投资者之间的博弈更多。有条件回售的可转债通常有以下几个特点。

（1）首先最重要的就是发行人是否有足够的偿债能力去接受回售。如果发行人债务压力不大，那么接受回售也没有关系，但是假如财务压力极大，那么便会想方设法去避免回售的有效发生。通过查阅发行人的财务报表，对偿债能力、现金流、货币资金等进行研究，可以帮助投资者判断发行人是否有极大的动力去避免回售，从而采取行动。

（2）与偿债能力息息相关的是发行人的融资能力，也正因如此，真正有效发生回售的案例大多为国企，因大多数国企财力雄厚，即便财务压力大，但是融资能力强。而民营企业在困难时期的融资能力差，回售条款即便触发也会想方设法去避免有效发生。在触发过有条件回售的 9 只转债中，6 只发行人均为国有企业，其中桂冠转债为中央国有企业，新钢转债、创业转债、唐钢转债、燕京转债、赤化转债等为地方国有企业。

触发回售转债的情况

代码	名称	回售触发日	类型	回售金额（元）	回售价格（元）	回售比例（%）
100236.SH	桂冠转债	2005/11/21	有条件回售	30 141 280	104	3.60
110003.SH	新钢转债	2013/8/1	有条件回售	2 511 600	104	0.10
110009.SH		2011/9/5	有条件回售	668 234 130	103	90.10
110009.SH		2011/11/21	附加回售	46 386 050	103	63.30
110009.SH	双良转债	2012/6/14	有条件回售	21 199 460	103	79.50
110009.SH		2012/12/30	附加回售	1 100 040	103	20.20
110009.SH		2013/7/8	有条件回售	953 780	103	22.00
110874.SH	创业转债	2005/7/28	有条件回售	840 380 040	102	68.70
110078.SH	澄星转债	2008/10/13	有条件回售	101 315 550	105	30.50

续上表

代码	名称	回售触发日	类型	回售金额（元）	回售价格（元）	回售比例（%）
125709.SZ		2008/7/25	有条件回售	1 224	102	0.00
125709.SZ		2009/2/19	有条件回售	1 020	102	0.00
125709.SZ	唐钢转债	2010/3/10	有条件回售	0	102	0.00
125709.SZ		2011/1/25	有条件回售	204	102	0.00
125709.SZ	唐钢转债	2012/2/2	有条件回售	102	102	0.00
110227.SH	赤化转债	2008/9/24	有条件回售	0	103	0.00
125729.SZ		2004/11/11	附加回售	0	102	0.00
126729.SZ	燕京转债	2012/1/13	有条件回售	267 513 462	102	23.20
128004.SZ	久立转债	2014/6/16	附加回售	0	103	0.00
128009.SZ	歌尔转债	2015/6/3	附加回售	2 005	100.25	0.00

从上表中我们可以发现在触发有条件回售的案例中，唐钢转债、赤化转债和新钢转债的有效回售金额非常少甚至为零，这是什么原因呢？

10.2.4　无效回售

回售价低于市场价：以唐钢转债为例，历史上一共触发过 5 次有条件回售，但由于转债价格持续高于当时的回售价格，投资者参与回售是吃亏的。例如唐钢转债在 2012 年 2 月触发过一次回售，但当时的转债价格稳定在 105 元以上，明显高于 102 元的回售价格，要变现显然直接抛售更为合适。

回售期接近付息日：赤化转债是在 2008 年 9 月 24 日触发回售，而下一个付息日是 2008 年 10 月 10 日，相距只有十多个交易日。由于可转债一个计息年度投资者只能有一次回售的机会，本次不参与，十多个交易日以后仍然参与，那还不如多持有几天可以获得本次付息 1.50 元，何乐而不为。当然，赤化转债的转债价格也是长期高于 103 元的回售价格，这也是持有者没有选择回售给发行人的最主要原因。

回售不如到期赎回：新钢转债虽然有超过 250 多万元的回售金额，但回售占比仅为 0.1%，这主要是由于新钢转债的回售触发是在 2013 年 8 月 1 日，而转债到期日是 2013 年 8 月 20 日，到期赎回价格为 107 元（回售价是 104 元），投资者只要多持有几天，就可以多获得 3 元的收益，因此持有转债到期为更优选择。

10.2.5　附加回售

2018 年，星源转债、生益转债、金禾转债等均出现了募集资金用途的变更，触发了附加回售条款的情形，和之前相比有了明显的增加。那么法规是如何界定募集资金用途变更的呢？

根据《上市公司规范运作指引》《交易所股票上市规则》等法规要求，下列情况视为募集资金用途变更。

（一）取消原募集资金项目，实施新项目。

（二）变更募集资金投资项目实施主体（实施主体由上市公司变为全资子公司或者全资子公司变为上市公司的除外）。

（三）变更募集资金投资项目实施方式。

（四）本所认定为募集资金用途变更的其他情形。

实际上，对于资金用途变更的认定有一定的灵活空间，是否触发附加回售，这具有一定的主观性。比如，天马转债的募集资金变更了两方面的内容：变更部分项目的实施主体从上市公司变为全资子公司；变更部分项目的实施地点。因此并没有触发转债的回售。

另外，由于大部分转债价格高于回售价格，因此附加回售即使触发也基本不会引发有效回售。尤其是近年来，可转债的回售价格很多都变成了债券面值加当期利息，更是低于以往的 103 ~ 105 元。

10.3　下修博弈

10.3.1　下修的"糖果"

从历史数据来看，只要下修的董事会一般会预先公告，可转债在次日均会迎来比较明显的涨幅。股价越差，下修越可能实现，转债价格就会反弹，从这个角度来讲，下修条款类似于一个看跌期权，一个靠"比烂"赚钱的条款。

下图统计了 2018 年 3 月到 2019 年 4 月一年中董事会预案公告后，对应可转债的涨跌情况。可以发现，在纳入统计的 34 个转债中，只有 2 个出现了下跌，大部分在当日有了较为明显的涨幅，平均涨幅为 3%，最高上涨 6.9%。

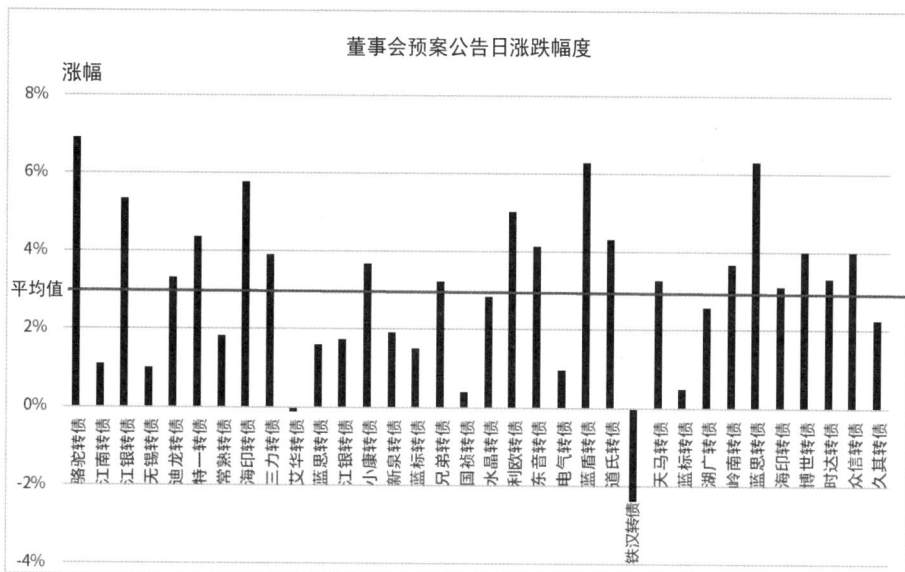

可转债下修效应

10.3.2 下修流程

一个典型的下修流程如下图所示。

在本可转债存续期间，当发行人股票在任意连续 20 个交易日中有 10 个交易日的收盘价低于当期转股价格的 90% 时，发行人董事会有权提出转股价格向下修正方案并提交股东大会表决。上述方案须经出席会议的股东所持表决权的 2/3 以上通过方可实施。股东大会进行表决时，持有本可转债的股东应当回避。

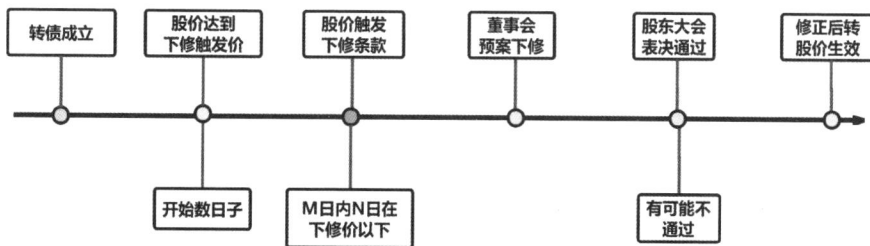

下修流程

实际上，从正股价格达到触发下修条款的条件后，投资者就会开始猜测发行人何时会进行下修，但是决定是否下修的权利在发行人，不在投资者，干着急是没有用的。拖着不下修的情况也比比皆是。这也是为什么一旦发行人董事会预案提出下修，市场会报之以上涨，因为这是超预期的利好。而从董事会预案到股东大会表决的过程，就会相对比较顺利，只有十分少有的情况会被否决，国金证券统计了 53 只转债的发行人提出的 63 次下修议案，其中 58 次下修成功，5 次下修失败（样本区间为 2006 年至 2019 年 5 月）。

从下图可以看出，董事会预案日的涨幅和前后一段时间相比非常明显，但是股东大会当日的涨幅与前后对比并不明显，因为预期已经基本打满。

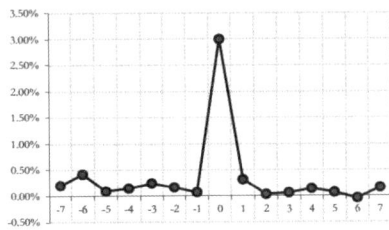

董事会议案前后转债价格涨跌幅均值指数

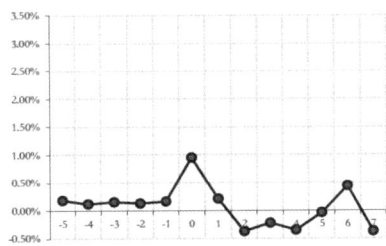

股东大会议案前后转债价格涨跌幅均值指数

资料来源：Wind，华创证券　　　　　　资料来源：Wind，华创证券

可转债董事会预案和股东大会前后的下修效应对比

而所谓的下修条款博弈，其实主要是触发下修后，投资者猜测董事会是否会提出预案这一阶段。当然，对于股权较为分散，老股东可能反对的下修预案，股东大会能否通过也是一种博弈。

根据国金证券的统计（见下表），转债不仅下修当日有惊喜，甚至从董事会预案至股东大会公告日期间能够实现 3.34% 的上涨，远高于正股同期 −0.61% 的涨幅。转债在这一期间实现正收益的概率高达 83.33%，也远高于正股 42.86% 的水平（样本区间为 2006 年至 2019 年 5 月）。

可转债下修前后的涨跌幅度

代码	名称	董事会预案公告日	股东大会公告日	董事会预案前一日收盘价（元）	董事会预案公告日收盘价（元）	当日涨跌幅（%）
113012.SH	骆驼转债	2018/3/10	2018/3/21	98.73	105.56	6.92
113010.SH	江南转债	2018/4/4	2018/4/20	104.15	105.3	1.10

续上表

代码	名称	董事会预案公告日	股东大会公告日	董事会预案前一日收盘价（元）	董事会预案公告日收盘价（元）	当日涨跌幅（%）
128034.SZ	江银转债	2018/4/17	2018/5/3	92.92	97.88	5.34
110043.SH	无锡转债	2018/4/28	2018/5/19	95.39	96.36	1.02
128033.SZ	迪龙转债	2018/6/9	2018/6/27	93.65	96.77	3.33
128025.SZ	特一转债	2018/7/12	2018/7/28	93.79	97.9	4.38
113018.SH	常熟转债	2018/7/17	2018/8/24	98.02	99.81	1.83
127003.SZ	海印转债	2018/7/25	2018/8/10	86.97	92	5.78
128039.SZ	三力转债	2018/7/25	2018/8/11	92.21	95.82	3.91
113504.SH	艾华转债	2018/7/26	2018/8/11	107.36	107.22	−0.13
123003.SZ	蓝思转债	2018/7/27	2018/8/14	94.19	95.7	1.60
128034.SZ	江银转债	2018/8/11	2018/8/28	96.65	98.33	1.74
113016.SH	小康转债	2018/8/21	2018/9/6	91.34	94.7	3.68
113509.SH	新泉转债	2018/8/21	2018/9/8	94.54	96.36	1.93
123001.SZ	蓝标转债	2018/8/22	2018/9/8	89.15	90.5	1.52
128021.SZ	兄弟转债	2018/9/4	2018/9/21	91.84	94.8	3.23
123002.SZ	国祯转债	2018/9/7	2018/9/25	100.5	100.89	0.39
128020.SZ	水晶转债	2018/10/17	2018/11/3	89.01	91.55	2.85
128038.SZ	利欧转债	2018/10/29	2018/11/14	82.83	87	5.03
128043.SZ	东音转债	2018/11/5	2018/11/21	91.66	95.46	4.14
113008.SH	电气转债	2018/11/19	2018/12/10	103.61	104.61	0.97
123015.SZ	蓝盾转债	2018/11/23	2018/12/11	89.66	95.31	6.30
123007.SZ	道氏转债	2018/12/6	2018/12/22	93.95	98.02	4.33
123004.SZ	铁汉转债	2018/12/21	2019/1/19	91.39	89.2	−2.40
113507.SH	天马转债	2019/1/16	2019/2/1	94.87	97.98	3.28
123001.SZ	蓝标转债	2019/1/18	2019/1/31	99.5	99.98	0.49
127007.SZ	湖广转债	2019/2/2	2019/2/22	98.8	101.36	2.59
128044.SZ	岭南转债	2019/3/6	2019/3/22	106.86	110.79	3.68
123003.SZ	蓝思转债	2019/3/9	2019/3/30	98.1	104.3	6.32
127003.SZ	海印转债	2019/3/14	2019/3/30	103.84	107.09	3.13
123010.SZ	博世转债	2019/3/21	2019/4/9	105	109.2	4.00

代码	名称	董事会预案公告日	股东大会公告日	董事会预案前一日收盘价（元）	董事会预案公告日收盘价（元）	当日涨跌幅（%）
128018.SZ	时达转债	2019/3/27	2019/4/12	102.59	106	3.32
128022.SZ	众信转债	2019/3/29	2019/4/17	106.9	111.2	4.02
128015.SZ	久其转债	2019/4/9	2019/4/25	106.5	108.91	2.26

数据来源：国金证券

那么，什么样的转债，下修更有可能从预期变为现实呢？

10.3.3　谁会下修

转债下修意愿强烈的发行人通常有以下几个特点。

（1）大股东套现意愿强：有的转债，大股东大比例参与了转债的配售，他们也想从可转债中赚到钱，那么通过下修提升转债价格、降低转股难度，都是他们十分愿意看到的。

（2）回售压力大：由于触发回售的条款比触发下修要更为严格，所以当正股价格不断下跌时，都是先触发下修，这时候发行人可能还不一定有意愿推动下修。但是假如转债已经处在最后几年的回售期，一旦正股价格继续下跌到要触发回售，这时候发行人就有压力了，因为回售是投资者的权利，一旦触发立即实施，发行人就要拿出"真金白银"。为了避免回售发生，发行人有两个办法：一是在二级市场直接拉抬正股价格，使其脱离回售触发区间；二是下修转股价，提高可转债的期权价值，使转债价格拉升到回售价格以上，这样即便回售实施了，投资人也不会真正参与，因为直接把转债卖掉要比回售更划算。

一个著名的例子是新钢转债，发行人是新钢股份（新余钢铁），该转债在2008年8月发行，规模27.6亿元，5年期（2013年8月到期），2011年8月即进入最后两年回售期。但是当转债进入回售期时，新钢股份的日子并不好过，账上的资金根本不足以覆盖27.6亿元，所以投资者都预期发行人会下调转股价来促转股。实际情况也正是如此，新钢转债从2011年11月份开始连续三次下调转股价，从初始的8.22元下调到2013年5月的5.41元（此时每股净资产5.40元）。但是由于宏观经济下行、A股步入熊市，新钢股份的股价仍旧持续下行，这使得回售压力也如宝剑一样时刻悬在头上。从2012年开始，每次股价跌破回售触发价，发行人就非常紧张，屡次在危机时刻出手，将正股价格拉到回售触发价以上，然后又可以续命一段时间。在 2012 年 11 月 29 日，在回售触发数到倒数第六个交易日的时候，收盘 15 分钟内股价迅速飙升，从 3.92 元涨至 4.14 元，成功打破"倒数日"。不过无论发行人如何努力，终究抵不过大熊市，由于转股价已经逼近净资产无法下修，2013 年 8 月，下坠的股价终于触发了回售，不过由于回售价是 104 元，而到期兑付价是 107 元，两者相差只有 3 元，绝大部分投资者最终还是选择了到期赎回。新余钢铁最终也没能逃过"出血"的命运，见下图。

| 2013/07/02 收 106.180 幅 0.00%(0.000) 开 106.110 高 106.220 低 106.090 均 106.164 量 4.83万 换 0.00% 振 0.12% 额 5131万 |
| 110003.SH [新钢转债(退市)] 日线 |

新钢转债价格走势

（3）财务压力大：可转债在未转股时要承担利息费用，到期还要还本付息，如果发行人的财务压力大，特别是现金流紧张，那么便会有很强的求生欲来避免这种支出，最简单的办法就是下调转股价。另外还不要忘了我们之前讲过的利息摊销对公司业绩的压力，也会使得发行人有尽早转股的冲动。

（4）转股难度大：较高的转股溢价率意味着转股的难度非常大，发行人如果想促进转股只能通过下修转股价这种方式来降低难度。这一因素从触发下修条款之前就值得关注。

有了以上几个特点，投资者便可以据此判断发行人是否有比较强的下修意愿，从而参与博弈。从统计上来看，2018 年可转债下修数量大幅度增加，一方面是由于可转债扩容造成整体数量增加，另一个方面是由于 2018 年全年股市下跌，尤其是去杠杆和供给侧改革导致部分上市公司现金流紧张，股价下跌，债务压力大，主动下修成为不得不使用的策略，2009 年至 2018 年可转债成功下修数量如下图所示。

可转债成功下修数量（2009—2018 年）

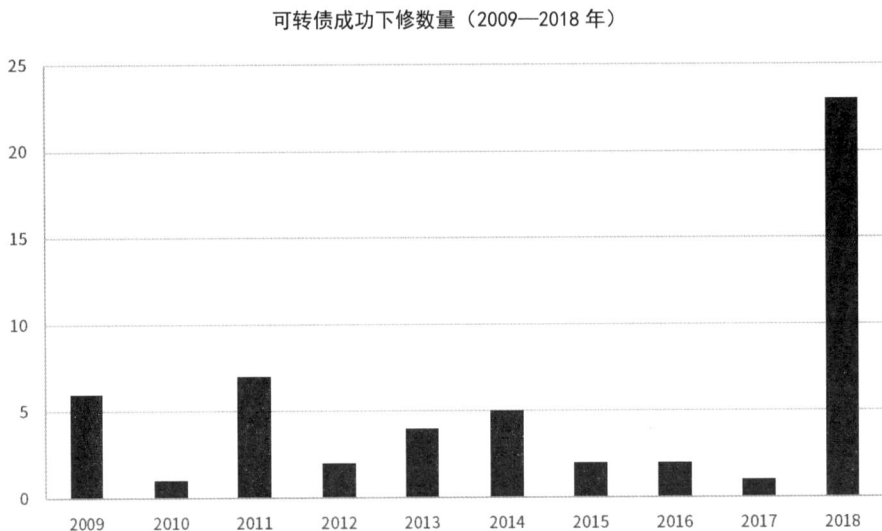

可转债成功下修数量（2009—2018 年）

10.3.4　下修风险

下修博弈也不是没有风险，至少有以下几点需要投资者注意。

（1）下修失败：因为转债下修会稀释原股东股权，如果稀释比例变动过大，而且发行人的股权较为分散，那么在股东大会上很可能被未持债股东投反对票，从而导致下修失败。2018 年 8 月 2 日，众兴转债的下修议案未获得股东大会通过，次日众兴转债大幅低开，下跌 4%；历史上更为著名的就是民生转债的下修预案在 2014 年 2 月 27 日的股东大会上未获通过，事后民生转债价格直接跳空暴跌 10% 跌至 87 元。

（2）下修不及预期：如果下修幅度不及预期，未能有效降低转股溢价率，降低可转债的转股难度，那么即便下修成功，市场也可能不买账。不及预期可能是因为净资产的限制，也可能是因为大股东担心股权稀释比例过大。

（3）下修后市场不"给力"：下修并不是"万能神药"，可转债的价值主要还是看正股价格。由于下修转股价不得低于股东大会召开日前 20 个交易日发行人股票交易均价和前 1 个交易日均价之间的较高者，如果在单边熊市中，正股市价可能已经远远低于上面的最低限价，即便下修对转股价值恢复带来的贡献也不会太大。

10.3.5　计算股权稀释比例

前面多次提到股权稀释比例的重要性，这个指标到底如何计算呢？

无论是可转债、定增、配股等任何方式新增的股份，都会对原股东的股权比例造成稀释，其计算方法也是一样的。即：

股权稀释比例 = 新增股本数 /（新增股本数 + 原总股本）

以中信转债为例，其可转债的发行总面值是 400 亿元，截至 2019 年 6 月 13 日转股价是 7.45 元，那么假使可转债全部转股，中信银行必须新发行 400 亿 / 7.45 元 ≈ 53.69 亿股。

而中信银行的总股本是 489 亿股，那么按照目前转股价来看，可转债对股权的稀释比例就是 53.68 亿股 /（53.68 亿股 +489 亿股） ≈ 9.89%。

当分析一个转债下修转股价是否会对原股东造成较大的股权稀释时，就可以套用这个公式进行计算，只不过代入公式的不是现在的转股价，而是预期下调后的转股价，通常用最近 1 个交易日的收盘价或过去 20 个交易日的均价来替代。如下表所示。

股权稀释比例计算示例（数据日期：2019 年 6 月 13 日）

代码	转债名称	下修条款	下修起始日	目前转股价（元）	正股最新收盘价（元）	按转股价稀释比例（%）	按收盘价稀释比例（%）
113021.SH	中信转债	15/30,80%	2019/3/4	7.45	5.92	9.89	12.14

从整体来看，这个股权稀释比例处在中高水平，无论是转股还是下修，来自未持债股东的阻力还是会有的。

10.4 信用博弈

10.4.1 可转债的信用风险

理论上，可转债也是债券，是债券就会有信用风险。而可转债除了面临无法履行还本付息义务的风险，还面临无法完成回售义务的风险。

目前为止，可转债历史上尚无违约的情形发生。但这并不代表可转债没有信用风险，历史上由于投资者担心违约而导致转债价格暴跌的案例也曾多次发生。例如 2013 年新钢转债，钢铁行业产能严重过剩、股价持续下跌转股无望，公司一度面临违约风险，最后只得到期赎回，惊险完成还本付息；2018 年由于可转债扩容，很多资质一般的公司发行了可转债，不幸遇到全年股市大跌，包括辉丰转债、海印转债等很多可转债的价格也一度跌到 7% ~ 8% 以上的到期收益率，这就基本上被当作垃圾债看待了。

10.4.2 为什么可转债违约概率不大

首先，可转债的发行门槛、财务要求还是相对比较高的，发行人通常资质优良，除非遇到宏观、微观环境发生重大变化，否则还不起债的概率不大。

其次，可转债的下修条款使得发行人可以在有回售或还本付息压力时，通过下调转股价促进完成转股，从而免去自己掏出"真金白银"的痛苦。

最后，可转债的期限都长达 5 ~ 6 年，根据中国股市的特征，大概率会遇到一波牛市，从而完成转股。

实际上，海外的可转债违约还是很常见的，一方面是因为很多发行人资质比较差，另一方面则是由于没有下修条款。

10.4.3　什么极端情况下会违约

转股难度太大

当公司希望下修转股价完成转股时，由于转股价不能低于净资产（部分国企转债），或者下修提案在股东大会无法通过，导致转股价无法下调。在这种情况下，发行人将直面回售或者还本付息的压力，一旦公司融资不畅、现金流陷入困境，便会面临违约风险。很多可转债的收益率上升到 7% ~ 8% 的垃圾债水平，多是这种情况。

无股可转

一旦公司经营恶化，正股被退市或暂停上市，即便发行人再怎么下调转股价也没有意义了，股票不说变成一张废纸也差不多了。这时还想让发行人履行回售或还本付息的义务，也几乎是不可能了，它要是账上还有流动资金也不至于退市。目前退市比较多的上市公司主要是由于虚假披露、连续亏损或者连续净资产为负等。

连锁反应

如果企业欠了很多债，一旦现金流断了，只要有其中一个或几个出现违约（即使不是可转债），陷入诉讼，公司就有破产清算的可能。这个时候，可转债的转股权也会变成一张废纸，大概率只能跟着其他债权人一起去打官司了。

从整体来看，可转债市场出现这种极端情况的可能性仍然不大。

10.4.4　如何避雷

首先从财务角度上，完全可以从上市公司的盈利能力、负债结构、偿债能力以及现金流情况来进行分析。比较流行的对上市公司财务状况进行打分的方法非常多，发烧友投资者可以尝试建立自己的模型。比如著名的沃尔评分法：1928 年，亚历山大·沃尔出版的《信用晴雨表研究》和《财务报表比率分析》中提出了信用能力指数的概念，他选择了七个财务比率即流动比率、产权比率、固定资产比率、存货周转率、应收账款周转率、固定资产周转率和自有资金周转率，分别给定各指标的比重，然后确定标准比率（以行业平均数为基础），将实际比率与标准比率相比，得出相对比率，将此相对比率与各指标比重相乘，得出总评分。

其实也要关注可转债所在的行业。例如，银行转债的违约风险通常不大，尽管 2019 年出现过包商事件导致风险陡增，但是仍在可控范围之内；食品饮料、生物医药这种具备消费和防御属性的行业，通常财务情况也比较稳定，风险也相对不大；而有色、煤炭、钢铁等行业的周期性较强，一旦遇到经济低迷，信用风险便会加剧。

机构投资者在对可转债进行筛选的时候，通常会设计一套入池标准。这个标准通常会参考以下两个方面：

（1）公司信用债的入池标准，但转债可以放得更为宽松一些。如果信用债的评级要求是 AA+，那么转债 AA 也可以入池。

（2）公司股票的入池标准要看这个转债对应的正股能否进入核心池、卫星池或者基础池。

第 11 章

实操演示：交易操作指南

11.1 如何交易

普通投资者买卖可转债的方式和平时买卖股票是一样的，但又有许多特殊之处。

11.1.1 交易门槛

上交所以 1000 元面值为 1 交易单位，简称 1 手，实行整手倍数交易。深交所以 100 元面值为一张，而最小交易单位是 10 张，也相当于面值 1000 元。

通过竞价交易买入可转换公司债券以 10 张（深市）或 1 手（沪市）或其整数倍进行申报。卖出可转换公司债券时，余额不足 10 张部分，不能拆分卖出。由于可转债的价格大多在 100 ～ 200 元之间运行，所以最小交易单位大多在 1000 ～ 2000 元之间。

而股票"1 手"是 100 股，对应的面值是 100 元，但实际金额区间跨度很大，贵的如贵州茅台，市场价格甚至超过 1000 元每股，"1 手"可能高达十几万元。

11.1.2 交易场所

可转债的交易场所与股票相同，都是在沪深交易所，只要有股票账户均可以参与投资。而普通债券有的在沪深交易所（公司债，个人投资门槛很高，需合格投资者），有的在银行间市场（企业债，主要机构参与）等。

11.1.3 不设涨跌幅

与股票 10% 的涨跌幅限制不同，可转债不设涨跌幅限制，这是债券交易的特点。

11.1.4　熔断、竞价与换手率

沪深股票曾经有过熔断机制，但是在 2016 年初连续触发熔断之后被停止了。而关于转债的临时停牌机制主要记录在《上海证券交易所证券异常交易实时监控细则》中，简要概括如下：

（1）涨跌超过 20%，将停牌 30 分钟。

（2）涨跌超过 30%，将停牌至 14:55。

（3）无论何时，14:55 之后不熔断。

（4）开盘涨跌幅超过 20%，直接熔断 30 分钟（从 9:30 计算），超过 30%，直接停牌至 14:55。

竞价范围要求

开盘集合竞价阶段的交易申报价格最高不得高于前日收盘价格的 150%，并且不低于前日收盘价格的 70%。

连续竞价阶段的交易申报价格不高于即时揭示的最低卖出价格的 110% 且不低于即时揭示的最高买入价格的 90%；同时不高于上述最高申报价与最低申报价平均数的 130% 且不低于该平均数的 70%；即时揭示中无买入申报价格的，即时揭示的最低卖出价格、最新成交价格中较低者视为前项最高买入价格；即时揭示中无卖出申报价格的，即时揭示的最高买入价格、最新成交价格中较高者视为前项最低卖出价格。

换手率方要求

投资者持有上市公司已发行的可转换公司债券达到可转换公司债券发行总量的 20% 时，应当在该事实发生之日起 3 日内，以书面形式向本所报告，通知上市公司并予以公告；在上述规定的期限内，不得再行买卖该公司可转换公司债券和股票。

投资者持有上市公司已发行的可转换公司债券达到可转换公司债券发行总量的 20% 后，每增加或者减少 10% 时，应当依照前款规定履行报告和公告义务。在报告期内和公告后两日内，不得再行买卖该公司的可转换公司债券和股票。

目前深交所上市的可转债暂无临时停牌的特殊规定。但竞价范围有要求：上市首日开盘集合竞价，有效竞价范围为 100 的上下 30%，即 70 ~ 130 元。除此之外，其他所有情况的有效竞价范围均为最近成交价的上下 10%。

换手率要求

投资者持有上市公司已发行的可转换债券达到总量的 20% 时，应当在事实发生之日起两个交易日内向本所报告，并通知上市公司予以公告。持有上市公司已发行的可转换债券的 20% 及以上的投资者，其所持上市公司已发行的可转换公司债券比例每增加或者减少 10% 时，应当在事实发生之日起两个交易日内依照前款规定履行报告和公布义务。

11.1.5 T+0 回转交易

我国沪深股票是 T+1 交易，当日买入不能卖出，当日卖出可用不可取；而可转债是 T+0 交易，当日买入可以卖出，当日卖出同样可用不可取。这一点与普通债券类似。

11.1.6 交易费用低廉

可转债的交易费用非常低廉，目前股票交易的佣金费率已经降低到万分之几，而可转债的佣金费率是十万分之几，是否免起点佣金 5 元需要自己和券商谈。不仅如此，可转债还不收印花税，而卖出股票需要交印花税。

可转债与股票交易规则对比见下表。

可转债与股票交易规则对比

	可转债	股票
交易时间	交易日上市 9:30 至 11:30，下午 13:00 至 15:00	
交易原则	价格优先，时间优先	
交割制度	T+0（当日买入可卖，当日卖出可用不可取）	T+1（当日买入不可卖，当日卖出可用不可取）
涨跌幅限制	无限制	涨跌 10%
熔断机制	上交所有、深交所无	无
申报数量	1 手或其整数倍，1 手为 10 张，对应 1000 元人民币金额	1 手或其整数倍，1 手为 100 股
证券代码	沪市：11×××× ；深市：12××××	沪市主板：60×××× ；沪市科创板：688××× ；深市主板：00×××× ；深市创业板：30××××

11.2 如何打新

11.2.1 申购单位

（1）沪市：可转债、可交换债网上申购的最小申购单位为 1 手（10 张，1000 元），申购数量应为 1 手或 1 手的整数倍，网上申购数量不得超过发行方案中确定的申购上限，如超过则该笔申购无效。

（2）深市：可转债、可交换债网上申购的最小申购单位为 10 张或 10 张的整数倍，网上申购数量不得超过发行方案中确定的申购上限，如超过则该笔申购无效。

如果同一日中签新股和可转债或可交换债，但是账户中认购资金不足时，扣款顺序一般为先股后债，先深市债后沪市债。

11.2.2 申购流程

T 日，投资者进行可转债、可交换债申购，无须缴纳申购资金。

T+1 日，主承销商公布中签率，组织摇号抽签，形成中签结果。

T+2 日，主承销商公布发行价格及中签结果，投资者根据中签结果履行资金交收义务。

11.2.3 如何操作

以参与智能转债的打新为例，进行说明。

（1）打开证券公司软件或 App，找到最新可转债的发行信息，如下图所示。注意，新发可转债的名义一般叫"××发债"，代码和转债本身的交易代码不同，这里"智能发债"的代码是 072877。

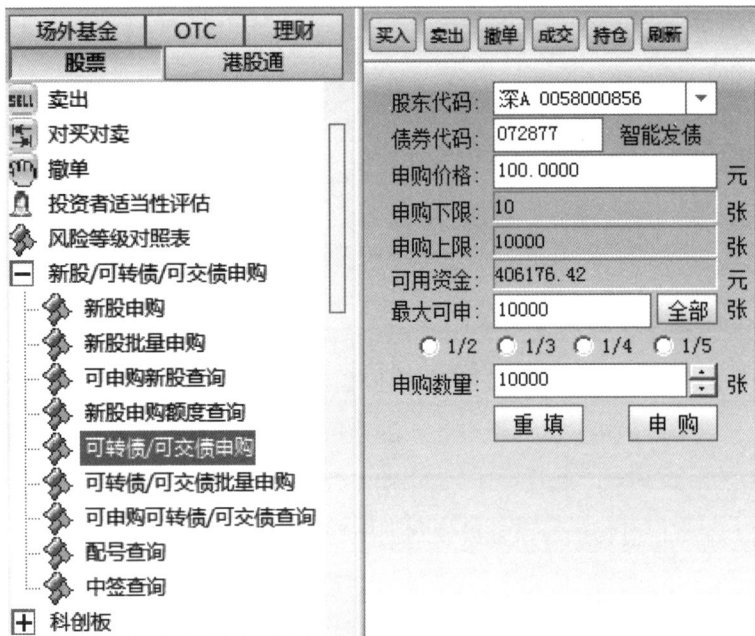

交易系统转债申购页面

（2）在菜单栏找到"可转债申购"项目，输入申购数量，请注意，智能发债申购下限是 10 张（1000 元）上限为 10 000 张（100 万元），在 App 上输入 10 000，代表申购 10 000 张，如超过申购上限，则该笔申购无效；最小输入单位为 10 张，输入数量必须是 10 的整数倍；申购时不需预缴资金，不过建议你还是先阅读一下转债的说明书，了解一下企业背景。

这里投资者要注意，申购单位是张还是手，如果是 App 上是手，则需要按照 1 手 10 张进行换算。

（3）单击"申购"按钮；申购完毕，请查询确认委托状态。

（4）申购完毕后在"交易—新股申购—查询申购记录"，查询是否中签。如果中签，请一定记得留足缴款金额。

11.2.4　可以多账户申购吗

上交所可转债，一个身份证号对应的第一笔申购有效；深交所可转债，曾经一度允许一个身份证号下面有多个账户重复申购，但 2018 年底做了修订，同样只有第一笔申购有效。

11.2.5　两融账户可以申购可转债吗

普通证券账户、封闭基金账户、融资融券信用账户都可以申报，但只有第一笔有效，其余申购均为无效申购。

11.2.6　什么是可转债配债

可转债发行时有相当比例的份额会配售给原股东，原股东可以选择是否参与。所以就会有人提前买入股票获得配售资格，因为配售是百分之百中签。买入的时点只要在可转债发行的股权登记日之前即可，不过提前买入股票需要承担波动风险。

11.2.7　中签后不缴款会怎样

投资者连续 12 个自然月内在同一市场累计发生三次新股、可转债、可交换债放弃认购的，自最近一次放弃认购日的次日起 180 个自然日（含次日）内不许在该市场进行网上新股、可转债及可交换债的申购。新股、可转债及可交换债申购中签违约次数合并计算。

投资者在单一市场持有多个证券账户的，名下任意一个账户发生弃购情形的，均计入该投资者该市场放弃认购次数。

11.2.8　可转债打新稳赚不赔吗

股票打新基本上稳赚不赔，因为在目前的打新机制下，股票的发行市盈率是有所控制的，所以上市必涨成为惯例（科创板询价发行，有可能打破这一神话，此处不表）。然而可转债打新并不是稳赚不赔，至少有两种情形可能赔钱。

（1）上市当天就跌破 100 元，破发！

这种概率比较小，但是依然有。比如早年间深燃转债、徐工转债都曾经出现过上市首日就破发的情形，2018 年熊市中就更多了，如下图所示。

2019 年 2 月以来，所有新上市的转债均未破发（亿元）

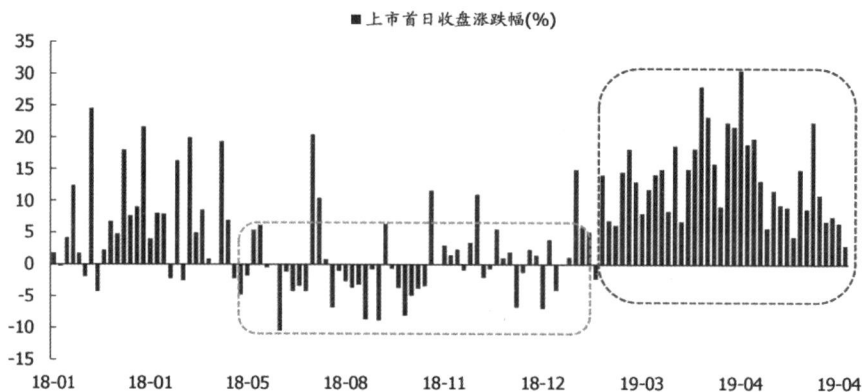

资源来源：Wind，国盛证券研究所

可转债上市首日涨跌幅情况

为什么会破发呢？主要有两个原因。

一是可转债从发行到上市之间至少有两三周时间，由于转股价短时间内是固定的，而股价是天天变动的，如果这期间股价不"给力"一直下跌，就会给转股价对应的期权价值造成损失，自然转债的价值也会出现损失。

二是转债的条款设计不"给力"，也就是说，对投资者没有吸引力。如徐工转债，它的条款中对发行人的回售保护期是 4 年（4 年之内投资人不能将债卖回给发行人），对投资人不利；它的转股价（可转债可以以这个价格换成对应的股票）已经低于净资产，无法下调了（否则可能造成国有资产流失），对投资人不利；当时的行业不景气，对投资人极为不利。

这些都导致转债的吸引力不足。所以中签率很高，上市也就破发了。

当媒体大面积向散户宣传可转债打新的时候，似乎没有人去关注过转股价的各种条款，一味强调稳赚不赔，这是不理性的。

（2）上市没有破发，但是你没卖，后来跌破 100 元了。

这种就太多了，可转债运行期间，价格低于 100 元的比比皆是，2011 年 9 月 30 日城投债危机时，就连石化转债、中行转债这种巨无霸，都曾经跌到过 90 元以下，现在看来真是往地上撒金子啊。还以徐工转债为例如下面两个图所示，你知道它 2014 年一年价格涨了多少吗？一年时间从 85 元涨到 190 元多。

徐工转债上市后的走势

徐工转债长期走势

11.2.9　可转债打新中签率如何估算

中签率是指投资者一旦中签，实际得到的额度与申报额度的比率。比如你申购 100 万，运气好中签了，获配 10 张可转债，金额 1000 元，那么中签率就是 0.1%。中签率受到什么因素影响呢？我们来看公式：

中签率 = 所有申购者可得到的金额 / 所有投资者申购的金额 = 发行金额 ×（1−原股东优先配售比例）/（网下申购金额 + 网上申购金额）

公式中的分母指的是所有申购者可得到的金额。由于可转债都要优先配售给原股东，有时候原始配售比例还非常高（比如 99.99%），所以如果行情看好，股票质地也不错，很有可能大部分的发行额度都被原股东配售瓜分（当然也肯定会有懒得参与的），剩下留给投资者申购的金额可能很小。正因为如此，有的人为了参与可转债申购会提前买入股票，俗称"抢权"（即配售权）。

公式中的分母是指所有投资者申购了多少钱。有些可转债会把原股东配售剩下的额度分配给各网上和网下的投资者，一般情况下，会把大部分额度分给网下的投资者（比如90%），但是由于"回拨机制"的存在，当网上网下投资者申购踊跃的时候（大部分情况下如此），又会将网上网下按照网上发行中签率和网下配售比例趋于一致的原则确定最终的网上和网下发行数量。也就是说，网上网下投资者的中签率最终的是差不多的。但是，网上网下投资者的申购上限可大不一样，比如网上投资者申购上限是100万元（10 000张，无须市值或保证金），那么网下投资者的申购上限则可能是10亿元（1000万张，需交50万保证金），所以同样的中签率，二者所获得的金额就会相差1000倍。

不仅如此，网下投资者只要申购一定会中签，而网上投资者则还要碰运气。不过话说回来，由于网下投资者都是机构投资者，如企业自营账户、公募基金、私募基金等，这些账户本身的规模就很大，所以即使收益多，稀释了以后也就不那么明显了。

当然，也有一些可转债会选择全部进行网上发行，那这些机构投资者也得到网上和散户在一个起跑线上碰碰运气了，申购上限一样，中签率一样，这时候由于散户账户规模小，增厚收益率就会非常明显了。

假如一只可转债募集10亿元，原股东配售参与了30%，剩下全部网上发行，70万投资者平均每人申购100万，那么中签率就等于：

[10亿 ×（1–30%）]/ (70万 ×100万) =7亿 /7000亿 =0.1%

11.2.10　可转债打新收益如何

先看公式：

申购可转债打新收益率 = 申购金额 × 中签率 × 上市涨跌幅

对于散户而言，不管你账户上有多少钱，申购金额一般都会按照上限申购（比如100万），所以申购金额这个变量的意义不大。我们将网上投资者中签率和上市涨跌幅的数据拿出来给读者看一下，如下图所示。

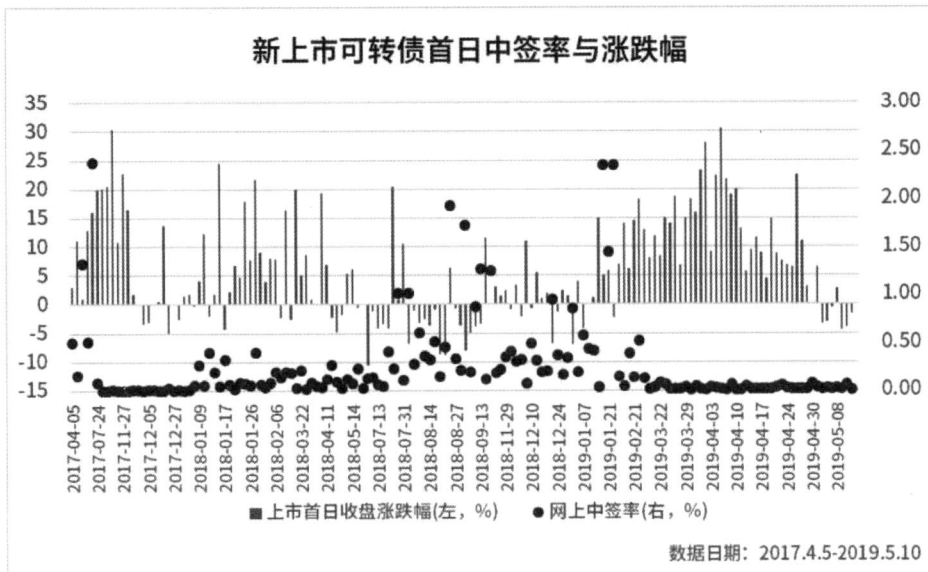

新上市可转债中签率与首日涨跌幅

我统计了从 2017 年 4 月份光大转债上市到 2019 年 5 月份将近 2 年的数据后发现，可转债打新有以下几个特点。

（1）共计 153 只可转债，其中 103 只上涨，平均涨幅 10.31%，其中 50 只下跌，跌幅 -3.21%。整体而言，平均涨幅 5.89%，最高涨幅 30.57%（伊力转债，2019.4.4），最大跌幅 -10.5%（三力转债，2018.6.29）。

（2）整体而言，平均网上中签率 0.256%，最高 2.3814%（久其转债，2017.6.27），最低 0.0013%（雨虹转债，2017.10.20）。

（3）可转债上市涨跌幅和市场环境息息相关。2017 和 2019 年牛市时上市涨幅大；2018 年熊市时上市跌幅大。

（4）上市涨幅和中签率呈相反态势。涨幅越大的可转债越抢手，反之亦然。整体而言，收益水平有一种市场平衡机制。

如果按照 100 万元申购上限，0.256% 的平均网上中签率和 5.89% 的平均涨幅来计算，中 1 签的收益大概是：100 万元 ×0.256%×5.89% ≈ 150.78 元。虽然不多，但是什么成本都不用付，动动手指就可以买入，更何况很多券商都发明了自动打新的工具，何乐而不为呢？

知识链接 11.1：什么是网下打新和网上打新----------------------------------

无论是申购新股还是新可转债，都分为网上打新和网下打新。

网上打新：满足市值要求的散户和机构投资者都可以参与，市值门槛较低（目前可转债无市值要求），因而以散户为主。网上打新不参与询价，投资者按照公布的价格申购，是否能够中签并不确定。

网下打新：满足市值要求的散户和机构投资者都可以参与，市值门槛较高（目前可转债无市值要求），因而以机构为主。网上打新参与询价，如果价格报的合适，则百分之百获得配售。社保、券商自营、公募基金等投资者主要参与网下打新。

11.3 如何转股

可转债可以转股是投资者最重要的权利，正是因为有了这项权利，可转债才具备了期权价值。实施这项权利的时候，投资者要注意以下事项。

11.3.1 如何操作

沪深两市的可转债转股程序有很大的差别，具体如下。

上交所可转债

在证券交易页面，委托卖出，输入转股代码（注意不要输成转债代码，否则就成买卖交易了），再输入要转股的数量即可（不用填转股价，系统自动处理）。有的券商界面中，委托买入亦可。这是因为只要你在下面输入的是转股代码，则系统就默认为你要行使转股的权利。

深交所可转债

在证券交易页面，选择其他业务（各个券商界面可能会有所区别）中的转股回售，操作方式选择"可转债转股"，下面输入可转债代码（深市转债没有转股代码），再输入要转股的数量即可。注意，这里输入的是张数，不是金额，有一些券商允许输入的数量超过持有的转债数量，会默认按照实际拥有金额操作。另外，委托后转债并没有被冻结，当天仍然可以随时卖出转债，如下图所示。

场外基金	OTC	理财
股票		港股通

- ☐ 全国股转交易
- ☐ 质押回购委托
- ☐ 银证业务
- ☐ 多银行存管
- ☐ 约定购回融资
- ☐ 其它业务
  - ◈ 权证行权
  - ◈ 转股回售
  - ◈ 指定交易
  - ◈ 要约申报
  - ◈ 要约解除
- ☐ 场内开放式基金
- ☐ 盘后基金业务
- ☐ ETF业务
- ☐ 自定义组合通
- ☐ 其他委托

买入	卖出	撤单	成交	持仓	刷新

选择操作：可转债转股 ▼
股东代码：沪A A756113639 ▼
转股代码：113011
转股名称：光大转债
委托价格：108.88 元
最大可转：550 [全部] 张
转股数量：10 张
[确 定]

卖五	109.37	181
卖四	109.35	101
卖三	109.34	1
卖二	109.33	13
卖一	109.32	3
买一	109.31	1458
买二	109.30	334
买三	109.27	307
买四	109.26	1318
买五	109.25	311

净价 109.32 全价 109.32
昨收 108.88 利息

交易系统转股页面

11.3.2 可以转多少股

可转债转股的核心是转股价，所以必须了解当期转股价是多少。注意，是当期转股价，不是募集说明书中的初始转股价，因为随着分红、送配股甚至下修，可转债的转股价都会发生变化。当期转股价一般在软件中会显示，最笨的方法就是按 F10 键查最新公告，假如当期转股价是 5 元，那么一张可转债不管市场价多少钱，它都是只能换成 100/5=20 股股票。

转股数量是以你持有的转债数量为准，最小单位是 10 张 =1 手。

11.3.3 股票什么时候到账

可转债转股的交收制度是 T+1，虽然当天买入的可转债可以立即申请转股，但是这部分股票要到第二个交易日才能到投资者账上，到账当天可以立即卖出。当可转债的市价低于转股价值，也就是出现转股溢价率为负的时候，投资者可以去进行套利操作（买入转债后申请转股卖出），而正是因为有一天的时间差，所以这种操作要承担一天的股票波动风险，所以并不是无风险套利。

11.3.4　什么时候转股

可转债的转股期通常是发行 6 个月以后，即在可转债成立后的前 6 个月内不能进行转股操作，6 个月之后随时可以进行转股操作。所以在可转债上市的前半年，套利机制是失效的，可能长期出现转股溢价率为负的情形。另外，投资者进行转股操作没有任何费用，还可于当日交易时间内撤销转股申请。

另外需要注意的是，除了偶尔进行套利操作之外，大部分转股会发生在强赎触发和启动以后。强赎通常发生在正股股价大幅上涨以后，可转债交易价格也会涨到 130 元以上，这时投资者要么直接把可转债卖掉，要么进行转股，否则就会被发行人以很低的价格（通常 10× 元）赎回，从而造成大量损失。虽然这件事很重要，但是投资人忘记转股这种事还是经常发生的，甚至一些机构投资者也会出现这种错误。

知识链接 11.2：可转债被强制赎回乌龙事件------------------------------------

记者在基金二季报中发现了一起乌龙事件——由于可转债未及时卖出或转股，相关品种遭遇强制赎回，基金公司需全额弥补持有人。

这只"摊上事儿"的基金为 ×××× 债券基金，其二季报称，"基金持有 ×× 转债因工作失误未在赎回日前进行转债卖出或转股，造成该转债被强制赎回。对此，公司以持有人利益最大化为原则全额弥补，未对基金净值造成影响。"

×× 转债于 2017 年 5 月 19 日触发有条件赎回，6 月 30 日为停止交易和转股日。而在 ×× 转债披露债券前十大持有人名单（截至 6 月 30 日）中，不仅 ×××× 基金，还有另外两只产品也牵涉其中。

《每日经济新闻》2017 年 7 月

- -

11.4　如何赎回

赎回是指可转债发行人按照约定的价格将投资人持有的可转债买回，投资者拿到钱，发行人完成债务履约。它是发行人的权利，所以投资者并不用操作，但仍有许多关键点需要注意。

可转债的赎回分为到期赎回和有条件赎回。到期赎回说白了就是还本付息，投资者等着收钱就可以了。但是这钱投资者并不想收，发行人也不想给，因为这意味着可转债没有完成转股，价格没有涨上去，投资者和发行人双输，就像之前提到的唐钢转债一样。

还有一种赎回叫作有条件赎回，分为两种情况：一是指当正股价格持续一段时间高于转股价格 30% 后，发行人强制以约定价格（通常较低）赎回可转债；二是当大部分可转债投资人都转股了，剩下的人不多，发行人也可以用低价强制把剩下的这些人手里的可转债买回来。其实有条件赎回的作用就是强迫投资人转股，真正实施的金额并不会太大。

另外，发行人决定行使赎回权的，应当在满足赎回条件后的五个交易日内至少发布三次赎回公告。

对于参与赎回的投资者而言，并不需要做什么，等着收钱就行了。

11.5　如何回售

回售是指可转债持有人按事先约定的条件和价格将所持债券卖回给发行人，持有人也可以不行使回售权。回售申报当日可以撤单。在回售期结束后的五个交易日内，发行人将资金划入投资者开设的保证金账户。实施这项权利的时候，投资者需要注意以下事项。

11.5.1　如何操作

发行人应当在募集说明书约定的回售条件满足后的五个交易日内至少发布三次回售公告。回售公告应当载明回售的条件、价格、程序、付款方法、起止时间等内容，操作页面如下图所示。

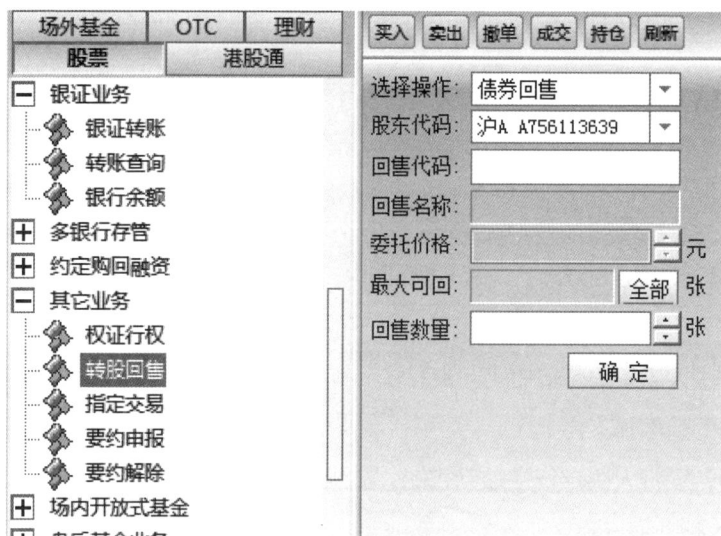

交易系统回售操作页面

11.5.2 什么情况下回售

回售价是在熊市中对投资人的保护，通常是正股价格低于转股价格一定幅度并持续一段时间以后，投资人有权以 10× 元的回售价卖给发行人。回售一旦触发，投资者可以立即行使权利，发行人必须掏钱履行义务。

正是有了这一保护，使得可转债的交易价格大概率在回售价以上浮动，所以在实际操作中，回售发生的概率并不大，因为投资者能以更高的价格卖掉可转债。

除此以外，如果发行人改变资金的募集用途，那么投资者自动获得一次回售权利。

第12章

投基大法：转债基金
巡礼

12.1 可转债基金概述

12.1.1 为什么投资可转债基金

可转债虽然是个好东西，但毕竟各种条款过于复杂，平时需要盯的指标也比较多，对于小白投资者或者没有时间盯盘的投资者而言，不如交给可转债基金经理来帮自己打理。

至少在以下几个方面，基金经理可以发挥他们的专业优势。

（1）可转债的潜在收益主要来自正股，所以对于股票的研究非常重要。现在可转债的数量已经上百只，每个都需要深入研究，而基金公司本身就有股票研究部门，它们的研究成果在支持股票型基金经理的同时还可以支持转债基金经理。

（2）可转债作为一种信用债，近年来的违约压力也越来越大，这时基金公司的债券信评部门就可以给予转债基金经理支持。

（3）转债投资需要盯盘，套利机会需要瞬间抓住，网下打新需要持续申报，正股变化需要保持关注，各种指标需要实时跟踪，条款博弈需要天天揣摩，这些工作都是占用时间和精力的。而基金公司的基金经理、交易员以及各种投资系统，可以高效、专业地解决这些问题。

对于个人投资者而言，如果你足够专业，那么有一点是相对有优势的。在一些成交量很小的转债上，一旦交易机会出现，小规模资金可以很快抓住，但是基金等大资金就比较难以参与。除此以外，我还是会建议新手投资者选择转债基金，或者至少配置一部分转债基金并跟踪它们的持仓变化和定期报告解读，跟着基金经理们一起学习。

下图是国内第一只转债基金的历史收益情况。

兴全可转债基金与上证综指对比

数据来源：Wind，20040511-20191231

兴全可转债基金与上证综指对比

兴全可转债成立于 2004 年 5 月，截至 2019 年底，取得了超过 800% 的回报，年化收益高达 15%，远远超过上证指数。

12.1.2 转债基金发展情况

国内的可转债基金发展并不快，截至 2019 年底，一共只有 37 只。自从 2004 年兴全可转债成立以后，有长达 5 年的时间没有新的转债基金成立，2010 年以后市场陆陆续续成立了一些转债基金，但一直不温不火，直到 2018 年迎来了一波小高潮，一年成立了 8 只。

作为基金的投资标的，可转债有其特殊之处。随着时间的推移，股市当中股票的数量和规模基本是在逐渐扩大的，而可转债的数量和规模却随着一轮牛市的到来而急剧减少，因为大都触发强赎并转股了。这样一来，可转债基金就会面临无债可投的情况，所以我们看到 2015 年虽然是牛市，但是由于上半年牛市过后，大部分转债都转股了，市场只剩下个位数的可转债，自然也就不会有更多的转债基金在这个时候成立了。

2017 年之后，监管部门开始鼓励发行可转债，转债市场迅速扩容，数量和规模都出现了跳升，市场又活跃起来，所以 2018 年各家基金公司也抓住机会成立了很多转债基金，下图所示为 2004—2019 年可转债基金成立数量（2004—2019 年）。

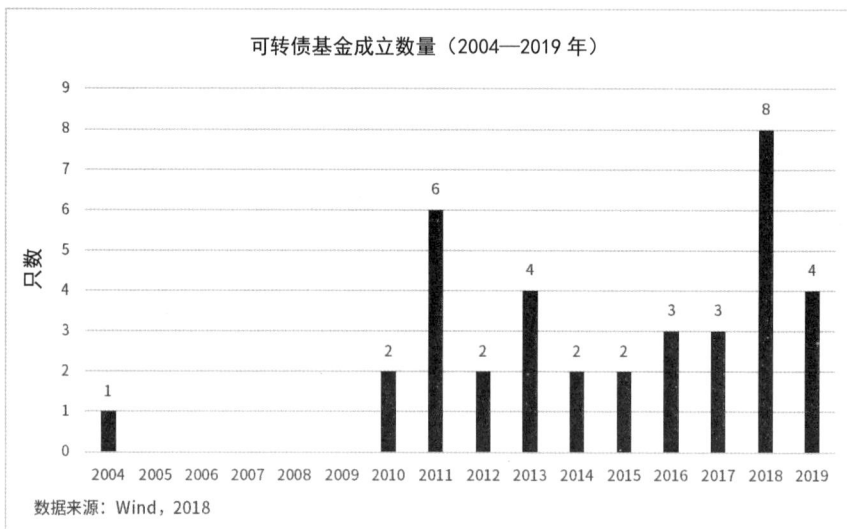

可转债基金成立数量（2004—2019 年）

12.1.3 不同类型特点

投资者需要注意的是，同样是转债主题基金，它们的类型很可能是不一样的。我们统计了截至 2019 年底转债基金类型分布，如下图所示：

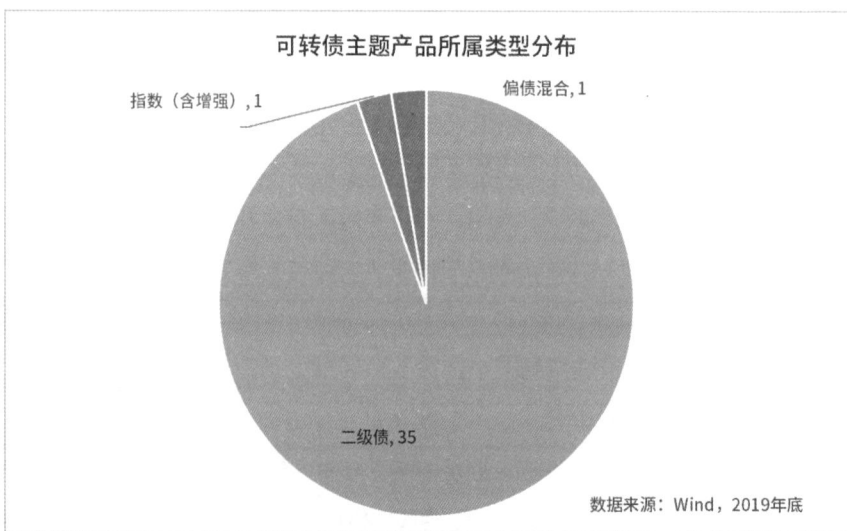

可转债基金类型分布

从上图中可以看出，大部分的转债基金都是二级债基，即股票仓位不超过 20% 的债券型基金。这不难理解，因为可转债会涉及转股，有些基金经理也希望通过少量股票和转债进行搭配投资，所以设置 20% 的股票空间是需要的。不过投资者需要注意，虽然它们是二级债，但是由于可转债的波动性要远远大于纯债，再加上 20% 的股票仓位，这类基金的风险是明显大于普通的二级债基金的。但是由于分类方法的缘故，很多排行榜都是把纯债基金、二级债基金（含可转债）混在一起排序的，这就导致转债基金常常排在最前面或者最后面，一些不明就里的投资者在不清楚风险的情况下单看排行榜买基金是非常容易出错的：本来想买个低风险的债券基金，结果买到了风险更高的可转债基金，可转债基金的类型和特点见下表。

可转债基金的类型和特点

类型	数量	特点
二级债	35	股票仓位不超过 20%
指数（含增强）	1	不从二级市场买入股票，转股所获得股票需 10 个交易日内卖出
偏债混合	1	股票仓位不超过 30%

从风险收益上排序：转债基金 > 普通二级债基 > 纯债基金

下图展示了 2019 年底债券型基金收益排行榜，可以发现在牛市中，排在债券型基金前列的都是转债基金。

证券简称	投资类型(一级分类)	单年度回报 [交易日期] 2019-12-31 [单位] %
南方希元可转债	债券型基金	38.9540
华宝可转债A	债券型基金	34.8150
汇添富可转债A	债券型基金	33.3338
长盛可转债C	债券型基金	33.2674
长盛可转债A	债券型基金	32.8728
汇添富可转债C	债券型基金	32.7327
中欧可转债A	债券型基金	32.4714
博时转债增强A	债券型基金	32.2723
中欧可转债C	债券型基金	32.1417
博时转债增强C	债券型基金	31.8018
华富可转债	债券型基金	31.5145
鹏华可转债	债券型基金	31.4578
华夏可转债增强A	债券型基金	31.3450
工银瑞信可转债	债券型基金	30.1454
中银转债增强A	债券型基金	29.5455
广发聚鑫A	债券型基金	29.5213
广发聚鑫C	债券型基金	29.3825
中银转债增强B	债券型基金	29.1542
中海可转换债券C	债券型基金	29.0679
中海可转换债券A	债券型基金	28.9100

2019 年债券基金收益排行榜

12.2 转债基金详表

截至 2019 年底，市场上现存的可转债基金如下表所示。

截至 2019 年底可转债基金一览

基金代码	基金简称	基金成立日	基金规模总计 / 亿元 （2019 年底）	成立以来收益率 /% （2019 年底）
340001.OF	兴全可转债	2004/5/11	50.28	800.14
519977.OF	长信可转债 A	2012/3/30	38.45	176.82
470058.OF	汇添富可转债 A	2011/6/17	29.94	83.48
004993.OF	中欧可转债 A	2017/11/10	33.78	23.98
050019.OF	博时转债增强 A	2010/11/24	10.19	50.07
100051.OF	富国可转债	2010/12/8	15.41	65.8
007032.OF	平安可转债 A	2019/8/7	3.78	4.17
006147.OF	宝盈融源可转债 A	2019/9/4	3.56	6.1
007316.OF	交银可转债 A	2019/7/11	2.26	6.13
000080.OF	天治可转债增强 A	2013/6/4	2.50	36.5
000067.OF	民生加银转债优选 A	2013/4/18	1.50	4.84
040022.OF	华安可转债 A	2011/6/22	2.49	29.8
005273.OF	华商可转债 A	2017/12/22	1.10	7.82
003401.OF	工银瑞信可转债	2016/12/14	4.46	20.84
163816.OF	中银转债增强 A	2011/6/29	2.13	122.3
005461.OF	南方希元可转债	2018/3/14	2.80	19.82
530020.OF	建信转债增强 A	2012/5/29	1.16	149
006030.OF	南方昌元可转债 A	2018/12/25	1.07	1.73
519059.OF	海富通可转债优选	2018/6/5	0.70	−1.2
005771.OF	银华可转债	2018/8/31	1.08	21.83
000297.OF	鹏华可转债	2015/2/3	0.84	2.8
240018.OF	华宝可转债 A	2011/4/27	1.34	14.04
161624.OF	融通可转债 A	2013/3/26	0.83	−1.91

续上表

基金代码	基金简称	基金成立日	基金规模总计 / 亿元（2019 年底）	成立以来收益率 /%（2019 年底）
310518.OF	申万菱信可转债	2011/12/9	0.88	62.49
001045.OF	华夏可转债增强 A	2016/9/27	0.96	12.3
005793.OF	华富可转债	2018/5/21	0.60	19.31
161719.OF	招商可转债	2014/7/31	0.53	36.13
161826.OF	银华中证转债指数增强	2013/8/15	0.58	0.76
000536.OF	前海开源可转债	2014/3/25	0.53	23.21
005945.OF	工银瑞信可转债优选 A	2018/7/2	0.59	17.85
003510.OF	长盛可转债 A	2016/12/7	0.63	22.97
005246.OF	国泰可转债	2017/12/28	0.61	13.9
006618.OF	长江可转债 A	2018/12/25	0.54	11.84
090017.OF	大成可转债增强	2011/11/30	0.24	15.58
007106.OF	农银汇理可转债	2019/6/3	0.20	8.58
006482.OF	广发可转债 A	2018/11/2	0.26	12.68
002101.OF	创金合信转债精选 A	2015/11/19	0.03	22.83

12.3 转债基金巡礼

12.3.1 兴全可转债

兴全可转债基金是全市场成立时间最久、业绩最为优秀的可转债基金，没有之一。

该基金成立以来历经牛熊，也走马换将过多位基金经理，始终保持着较高的运作水平。

从下图可以看出，该基金在牛市中可以取得接近翻倍的涨幅（例如 2006—2007 年牛市），在熊市中也表现的相当扛跌（例如 2015 年股市大幅下跌），经过几轮牛熊转换，创造了一个业内传奇。

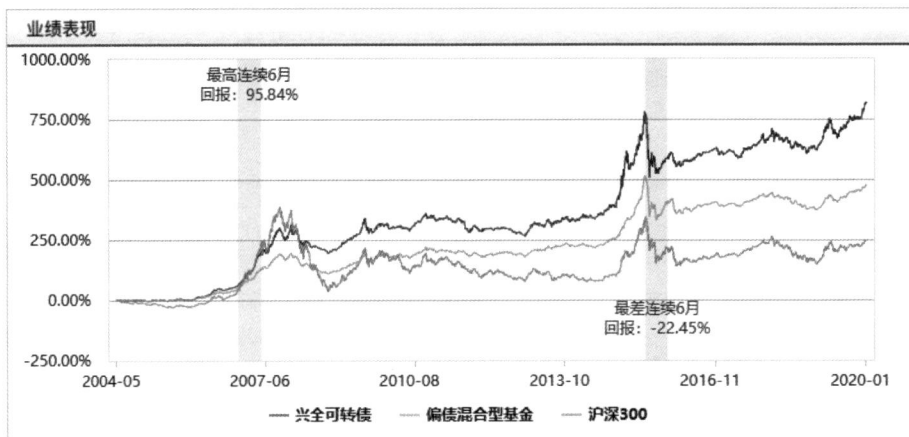

兴全可转债基金净值走势

该基金自 2004 年成立至 2019 年底，总回报为 800.14%，年化回报高达 15.08%，接近同期沪深 300 指数的两倍，见下表。

兴全可转债基金与沪深 300 收益率对比（数据来源：Wind，20191231）

基金名称	总回报（%）	年化回报（%）
兴全可转债	800.14	15.08
沪深 300	237.84	8.09

从历任基金经理的情况来看，该基金的历任基金经理均保持了不错的投资水平。基金经理杜昌勇是兴全的早期核心投研人员、公司副总，亲手打造了这只基金，也是兴全基金的第一只产品。继任者王晓明也是兴全的投资总监，其管理的兴全趋势等多只产品也是业内佳作，更为传奇的是杨云，他管理兴全可转债 8 年时间，历经多次牛熊，终于将该产品打造成业内标杆，让所有人意识到可转债是如此优秀。可惜的是这三位均在 2014—2015 年离开兴全创立私募。继任者张亚辉和陈宇是两名女将，在 2015—2018 年的大熊市中保持了较高的水平，远远超越基准，张亚辉在 2019 年初离职加盟广发基金，陈宇则转为管理兴全精选。现在的基金经理虞淼是从研究员、专户投资经理、基金经理助理一步一步走上来的新人，其投资业绩也值得期待，见下表。

兴全可转债基金历任基金经理情况（数据来源：Wind，20200115）

基金经理	任职日期	离职日期	任职总回报（%）	任职年化回报（%）	同类排名	超越基准回报（%）
杜昌勇	2004/5/11	2007/3/2	108.23	29.82	2/6	25.02
王晓明	2004/9/29	2005/12/7	−1.06	−0.89	5/7	0.37
杨云	2007/2/6	2015/8/25	227.21	14.86	1/10	242.73
张亚辉	2015/7/13	2019/2/21	17.46	4.55	20/48	27.23
陈宇	2015/8/25	2017/11/9	22.06	9.42	8/48	13.35
虞淼	2019/1/16	—	23.46	23.46	21/304	1.02

不过，兴全基金的可转债投资能够在不同市场环境下、不同基金经理的管理下均取得优异成绩，显然不是仅仅依靠个人，而是依靠了整个公司的投研实力。兴全基金的股票投资能力是业内当之无愧的翘楚，而可转债的投资能力更是翘楚中的翘楚。由于公司对可转债的研究时间长、管理的资产规模大（不仅仅是公募基金，可转债、可交债专户规模也很大），投资体系完备。所以，市场上所有对转债有研究的卖方研究员、所有专注转债投资的中小机构，都很喜欢和兴全基金交流。

最后我们再来看看该基金的持仓情况。从下图表可以看出，兴全可转债的股票仓位长期保持在 15% ～ 20% 的较高水平，而债券投资部分也主要是可转债。在较高仓位的情况下，产品的波动性自然会比较大，能够保持长期中上游水平，实属不易。

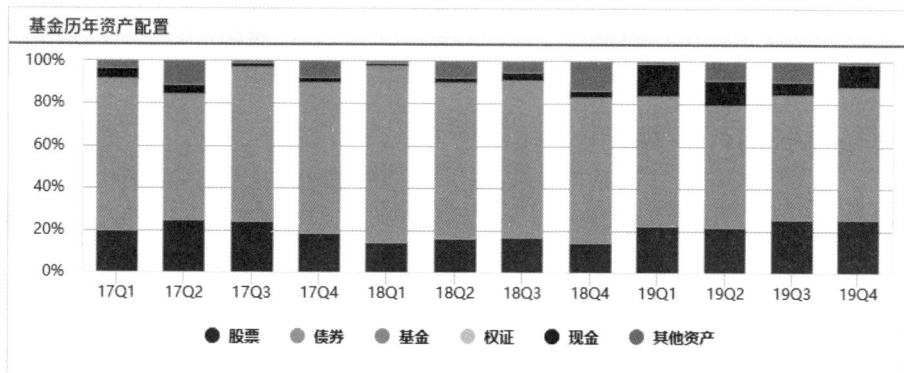

兴全可转债资产配置变化情况

兴全可转债基金要素表

基金简称	兴全可转债	基金全称	兴全可转债混合型证券投资基金
基金代码	340001	成立日期	2004/5/11
基金管理人	兴全基金管理有限公司	基金托管人	中国工商银行股份有限公司
比较基准	中证可转换债券指数 ×80%+ 沪深300 指数 ×15%+ 同业存款利率 ×5%	最新规模	50.28 亿元（2019 年 4 季度）
运作方式	契约型开放式	投资类型	偏债混合型基金
投资目标	在锁定投资组合下方风险的基础上，以有限的期权成本获取基金资产的长期稳定增值		
投资范围	本基金投资范围是具有良好流动性的金融工具，包括国内依法公开发行上市的可转换公司债券、股票、国债，以及法律法规允许基金投资的其他金融工具。资产配置比例为：可转债30% ～ 95%(其中可转债在除国债之外已投资资产中比例不低于50%)，股票不高于 30%，现金和到期日在一年以内的政府债券不低于基金资产净值的5%		
投资原则	利用可转债的债券特性规避系统性风险和个股风险、追求投资组合的安全和稳定收益，并利用可转债的内含股票期权，在股市上涨中进一步提高本基金的收益水平。本基金还将投资一定比例的价值被相对低估的股票，一方面把握股市结构性调整的机会，另一方面便于其中基础股票与可转债之间的低风险套利，进一步提高本基金的收益水平		
管理费	1.30%	托管费	0.25%

申购费	金额 <1000 万元	1.00%	赎回费	期限 <7 日	1.50%
				7 日≤期限 <365 日	0.50%
	金额 > 1000 万元	1000 元 / 笔		1 年≤期限 <2 年	0.25%
				2 年≤期限	0.00%

12.3.2 长信可转债

　　长信可转债基金虽然成立的不算早，但在业内的名气仅次于兴全。

　　名气都是拿实力换来的，从下图中我们可以看出，该基金成立于 2012 年大熊市中，经历了 2012—2014 三年熊市的洗礼，没有亏钱还略有斩获。而当 2014—2015 年大牛市来临，该基金收益迅速翻倍，可与股票型基金媲美。而股灾后该基金虽有回撤，但跌幅也远低于股市，充分演绎了可转债能涨扛跌的特性。

長信可转债基金净值走势

该基金自 2012 年成立至 2019 年底，总回报为 176.82%，年化回报高达 14.02%，是同期沪深 300 指数的两倍多，两者对比见下表。

長信可转债基金与沪深 300 收益率对比（数据来源：Wind，20191231）

基金名称	总回报（%）	年化回报（%）
长信可转债	176.82	14.02
沪深 300	66.87	6.82

该基金一共经历过两轮、四任基金经理。早期的基金经理是李小羽和刘波，李小羽是长信基金的创业元老，固收总监，经验丰富、实力斐然，而刘波则主要是辅助李小羽进行投资，长信可转债的辉煌战绩正是在他们的配合下取得的。刘波在 2016 年底离开，后又加盟中欧基金，李小羽则在 2019 年初退隐江湖。继任者李家春是原东方资管的基金经理，也可以说是师出名门，该基金在他的管理下依旧保持了不错的水平。另两位基金经理吴晖、倪伟管理经验较短，实力还有待时间检验。

長信可转债基金历任基金经理情况（数据来源：Wind，20200115）

基金经理	任职日期	离职日期	任职总回报（%）	任职年化回报（%）	同类排名	超越基准回报（%）
李小羽	2012/3/30	2019/1/31	135.41	13.32	6/112	106.82
刘波	2012/3/30	2016/12/21	131.13	19.36	3/112	104.85
李家春	2018/12/7	—	21.08	18.81	48/482	1.15

基金经理	任职日期	离职日期	任职总回报（%）	任职年化回报（%）	同类排名	超越基准回报（%）
吴晖	2019/6/25	—	12.26	22.86	64/524	2.95
倪伟	2019/9/17	—	7.14	23.13	38/533	2.29

从管理规模和业内名气上讲，长信基金并不是一家大基金公司，但是其在债券投资方面在业内却颇有名气，多次获得金牛基金奖。

最后我们来看一下该基金的持仓情况。从下图表中可以看出，长信可转债的股票仓位也长期保持在 15%～20% 的较高水平，而债券投资部分也主要是可转债。其风险资产的整体仓位甚至高于兴全可转债，所以该基金的弹性也会更大。

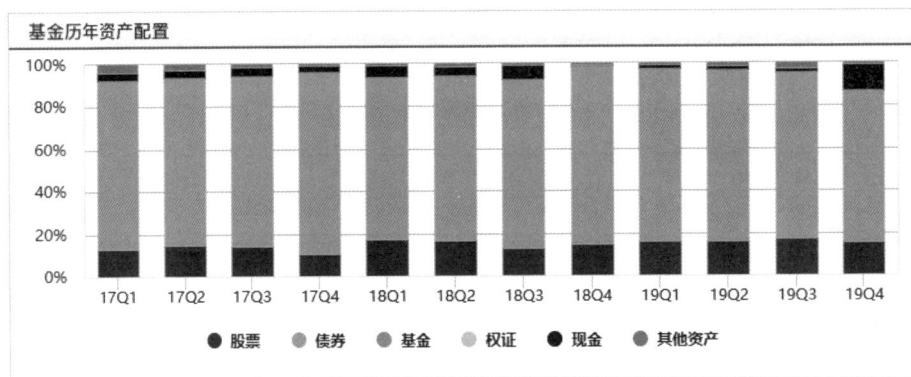

长信可转债资产配置变化情况

长信可转债基金要素表

基金简称	长信可转债 A	基金全称	长信可转债债券型证券投资基金
基金代码	519977	成立日期	2012/3/30
基金管理人	长信基金管理有限责任公司	基金托管人	平安银行股份有限公司
比较基准	中信标普可转债指数收益率 ×70%+ 中证综合债指数收益率 ×20%+ 沪深 300 指数收益率 ×10%	最新规模	38.45 亿元（2019 年 4 季度）
运作方式	契约型开放式	投资类型	混合债券型二级基金
投资目标	本基金重点投资于可转换债券（含可分离交易可转债），主要运用可转债品种兼具债券和股票的特性，通过积极主动的可转债投资管理，力争在锁定投资组合下方风险的基础上实现基金资产的长期稳定增值		

投资范围	本基金投资于具有良好流动性的金融工具，包括国内依法发行上市的股票（含中小板、创业板及其他经中国证监会核准上市的股票）、债券、货币市场工具、权证、资产支持证券以及法律、法规或中国证监会允许基金投资的其他金融工具（但须符合中国证监会的相关规定）。 本基金主要投资于固定收益类金融工具，包括国内依法发行上市的国债、央行票据、金融债、公司债、企业债、可转换债券（含可分离交易可转债）、债券回购、次级债、短期融资券、资产支持证券、中期票据、银行存款等固定收益类金融工具。本基金可参与一级市场新股申购或增发新股，也可在二级市场上投资股票、权证等权益类证券，并可持有由可转债转股获得的股票、因所持股票派发以及因投资可分离债券而产生的权证。如出现法律法规或监管机构以后允许基金投资的其他品种，基金管理人在履行适当程序后，可以将其纳入投资范围。 本基金的投资组合比例为：投资于固定收益类资产的比例不低于基金资产的 80%，其中对可转债（含可分离交易可转债）的投资比例不低于基金固定收益类资产的 80%；对权益类资产的投资比例不高于基金资产的 20%，现金或者到期日在一年以内的政府债券不低于基金资产净值的 5%。 如法律法规或中国证监会变更投资品种的投资比例限制，基金管理人在履行适当程序后，可以调整上述投资品种的投资比例
投资原则	本基金坚持价值投资理念，以宏观经济分析和深入基本面研究为基础，利用可转债"进可攻、退可守"的特性，在有效控制流动性和风险的前提下，构建固定收益类资产的投资组合，以其债性锁定本金安全，以其股性分享股市成长带来的收益

管理费	0.70%		托管费	0.20%	
申购费	金额 <100 万元	0.80%	赎回费	期限 <7 日	1.50%
	100 万元≤金额 <300 万元	0.50%		7 日 ≤ 期 限 <730 日	0.50%
	300 万元≤金额 <500 万元	0.02%			
	金额 > 500 万元	1000 元 / 笔		2 年≤期限	0.00%

12.3.3　博时转债增强

博时转债增强基金是一只弹性较大的转债基金，牛市涨势凌厉，熊市回撤也大，非常适合作为波段操作的工具。

从下图可以看出，该基金成立于 2010 年，在最后的几年熊市中基本控制住了跌幅，当 2014 年底大牛市到来，该基金一路飙升，涨幅丝毫不逊于股市。而股灾之后，也出现了断崖式的下跌。不出意外，在 2019 年上半年的反弹中，博时转债增强又一马当先冲到了第一。

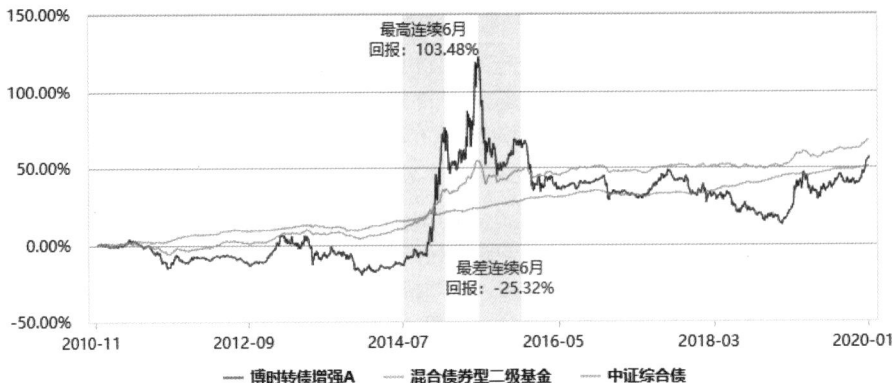

博时转债增强基金净值走势

该基金自 2010 年 11 月成立至 2019 年底，总回报超过 50.07%，年化回报高 4.56%，而同期沪深 300 指数收益为 28.94%，年化收益为 2.83%，两者对比见下表。

博时转债增强基金与沪深 300 收益率对比（数据来源：Wind，20191231）

基金名称	总回报（%）	年化回报（%）
博时转债增强	50.07	4.56
沪深 300	28.94	2.83

该基金成立以来只有两位基金经理，过钧和邓欣雨。过钧是整个基金行业最有名的二级债基金经理之一，而这只基金大部分时间也是由他来管理。他所管理的博时信用债券、博时稳定价值曾经多次获得金牛基金奖，尤其是博时信用债券，在过去十年间取得了接近 200% 的收益，年化回报超过 10%（20200115），这对于一个二级债基而言，简直是难以逾越的高峰。

博时转债增强基金历任基金经理情况（数据来源：Wind，20200115）

基金经理	任职日期	离职日期	任职总回报（%）	任职年化回报（%）	同类排名	超越基准回报（%）
过钧	2010/11/24	2013/9/25	−5.00	−1.79	68/71	−16.34
邓欣雨	2013/9/25	2019/1/28	25.39	4.32	131/167	−4.49
过钧	2019/1/28	—	29.72	30.88	4/494	25.58
邓欣雨	2019/4/25	—	10.75	15.04	48/514	6.50

过钧的投资风格鲜明，看准时机敢于大胆出手，无论是二级债投资中的股票

还是转债投资中的标的均是如此。他最为人称道的还有其在管理基金定期报告中的观点论述，通常观点鲜明，通俗易懂，深受基民喜爱。以下内容是摘自过钧在几只基金产品 2019 年一季度报告中的论述：

"我们上季度评论了美国的减税政策对美国债务水平的负面影响，现在我们再看特朗普当年的另外几个相关措施：减税促使海外利润回归美国，提高美国基建开支以及制造业回流，可以说都没有达到预期目标。一个超级大国的家庭财富几乎全部集中在连续上涨了 10 年的股票市场，不能不说是一只巨大的灰犀牛。各国央行的政策转向也减缓了我国的汇率和货币政策的压力，人民币资产成为今年表现最好的品种之一。"

"今年以来，信用债违约事件依旧多次发生，即使在纾困资金注入和混改相关公司也经常负面新闻一日数惊，短期市场要立起沉疴既需要时间，也需要在相关法律上提供市场化解决途径，而非更多借助于当地政府的行政命令和地方保护主义。以前我们所说外资评级机构加速入华可能很快成为现实，是否会降低国内评级泡沫，从而影响部分债券估值，市场不确定性短期可能增加。信用债市场上，高等级信用债收益率偏低，中低等级信用债流动性不佳，风险溢价偏高，我们宁可采用基本面复苏后的右侧投资来参与相关机会。本季度我们无信用债持仓。"

"正如我们在四季报所说，供不应求成为今年一季度转债市场的主题词。随着股市的走暖，转债市场也走出了火爆的行情，一季度转债指数上涨约 20%，一级市场发行量已经超越去年全年，转债市场的大幅扩容依旧满足不了投资者的需求。中国存在大量厌恶本金亏损和较大回撤风险，但同时又要高于纯债市场的回报的投资者，转债市场正提供了这样的投资机会。2018 年底转债市场的 YTM（到期收益率）位于 3%～4% 区间，与高等级信用债收益率相仿，与 2014 年类似，市场又一次给予了转股期权免费赠送的定价。去年权益市场的巨大回撤以及债市收益率的大幅下降，使得短期风险偏好无法提升的资金自然盯上了转债市场，这也是我们上季报所说供不应求的关键。伴随着一季度转债的大涨，部分品种估值已经偏贵，未来市场可能会分化。我们本季度对部分持仓品种进行了调整，并增加了整体转债的投资比例。"

注意：论述中今年为 2019 年。四季报为 2018 年四季报。

而邓欣雨也是一位管理规模逾百亿的资深基金经理，在固收投资领域经验超过 12 年。

最后我们来看看该基金的持仓情况。从下图表中可以看出，博时转债增强的股票仓位变动范围比较大，而风险资产也主要是债券部分的可转债头寸。整体而言，本基金风险资产通常保持较高比例，产品弹性也比较大。

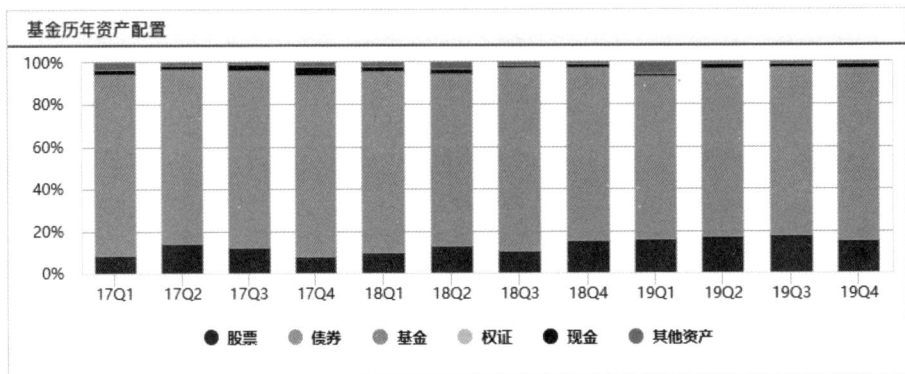

博时转债增强资产配置变化情况

博时转债增强基金要素表

基金简称	博时转债增强 A	基金全称	博时转债增强债券型证券投资基金
基金代码	050019	成立日期	2010/11/24
基金管理人	博时基金管理有限公司	基金托管人	中国光大银行股份有限公司
比较基准	中证综合债指数收益率	最新规模	10.19 亿元（2019 年 4 季度）
运作方式	契约型开放式	投资类型	混合债券型二级基金
投资目标	通过自上而下的分析对固定收益类资产和权益类资产进行配置，并充分利用可转换债券兼具权益类证券与固定收益类证券的特性，实施对大类资产的配置，在控制风险并保持良好流动性的基础上，追求超越业绩比较基准的超额收益		
投资范围	本基金的投资范围为具有良好流动性的金融工具，包括国内依法发行的股票、债券、货币市场工具、权证、资产支持证券及法律、法规或中国证监会允许基金投资的其他金融工具。如法律、法规或监管机构以后允许基金投资其他品种，基金管理人在履行适当程序后，可以将其纳入投资范围。 本基金重点投资于固定收益类证券，包括国债、央行票据、公司债、企业债、资产支持证券、短期融资券、政府机构债、政策性金融机构金融债、可转换公司债券、可分离交易可转债、正回购和逆回购以及法律、法规或中国证监会允许基金投资的其他金融工具。本基金投资于固定收益类证券的比例不低于基金资产的 80%；其中对可转换公司债券（包含可分离交易可转债）的投资比例不低于基金固定收益类证券资产的 80%；现金或到期日在 1 年以内的政府债券投资比例不低于基金资产净值的 5%；投资于股票和权证等权益类证券的比例不高于基金资产的 20%		

投资范围	如法律、法规或中国证监会变更投资品种的投资比例限制，基金管理人在履行适当程序后，可以调整上述投资品种的投资比例				
投资原则	通过自上而下的宏观分析实现对固定收益类资产和权益类资产的战略及战术配置，可在追求稳定收益的同时提高组合的收益水平，而充分利用可转债的特性，可在不同市场周期下辅助完成大类资产配置的目标。通过自下而上的分析充分挖掘可转债、其他固定收益类资产和权益类资产的投资价值，增强本债券型基金的收益稳定性及超额收益能力				
管理费	0.75%		托管费	0.20%	
申购费	金额 <100 万元	0.80%	赎回费	期限 <7 日	1.50%
	100 万元≤金额 <300 万元	0.50%		7 日≤期限 <365 日	0.10%
	300 万元≤金额 <500 万元	0.30%		1 年≤期限 <2 年	0.05%
	金额 > 500 万元	1000 元 / 笔		2 年≤期限	0.00%

12.3.4　中欧可转债

中欧可转债基金是转债基金圈子中的后起之秀，它成立于 2017 年 11 月，正是股市的高点，然后又经历了 2018 年的一轮大熊市和 2019 年上半年的反弹和震荡。

从下图可以看出，该基金在 2018 年熊市中表现非常顽强，虽然有所回撤但基本没有伤到元气，在所有的可转债基金中也是下跌幅度最小的几只之一。而在 2019 年初的反弹行情中，该基金涨势凌厉，丝毫不逊色于股票。

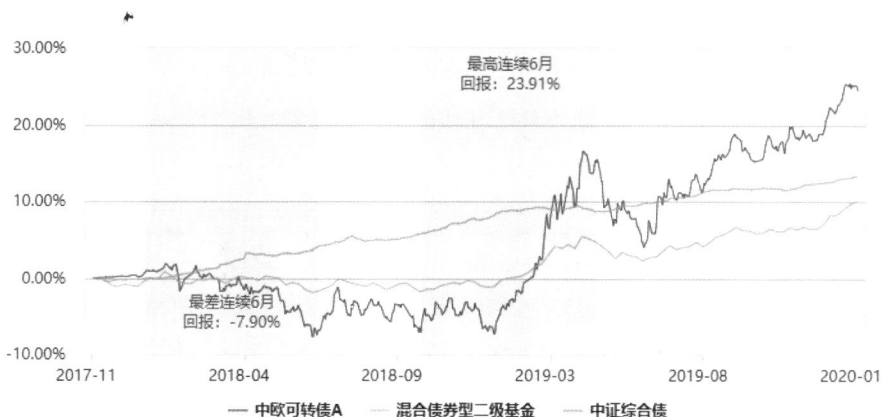

中欧可转债基金净值走势

该基金自 2017 年 11 月成立至 2019 年底，总回报 23.98%，年化回报高达10.57%，而同期沪深 300 指数还在亏损中。

中欧可转债基金与沪深 300 收益率对比（数据来源：Wind，20191231）

基金名称	总回报（%）	年化回报（%）
中欧可转债	23.98	10.57
沪深 300	−0.37	−0.17

而该基金一共经历过两轮、三任基金经理，见下表。早期的基金经理蒋雯文和黄华管理刚刚半年，就增聘了刘波为基金经理。没错，就是之前在长信基金跟随李小羽一同管理长信可转债的刘波，他来到中欧基金管理该公司的可转债产品可以说是水到渠成。从业绩表现也可以看出，刘波接手之后有了突飞猛进的好转，在新生代的转债基金经理中，他是非常值得期待的一位基金经理。

中欧可转债基金历任基金经理情况（数据来源：Wind，20200115）

基金经理	任职日期	离职日期	任职总回报（%）	任职年化回报	同类排名	超越基准回报（%）
黄华	2017/11/10	2019/1/9	−4.08	−3.51	335/425	0.70
蒋雯文	2018/1/30	2019/2/19	1.00	0.94	257/439	1.64
刘波	2018/6/14	—	29.48	17.62	2/453	10.68

当然，中欧基金本身的投资实力也非常强，尤其是在股票投资上颇有一套。相信在转债数量越来越多，正股研究越来越重要的今天，也可以给予刘波非常大的支持。

最后我们来看看该基金的持仓情况。从下图表可以看出，中欧可转债的股票仓位并不高，风险资产主要是债券部分的可转债头寸。基金经理不会去二级市场博股票的投资机会，而是更加专注于在转债本身的投资上。

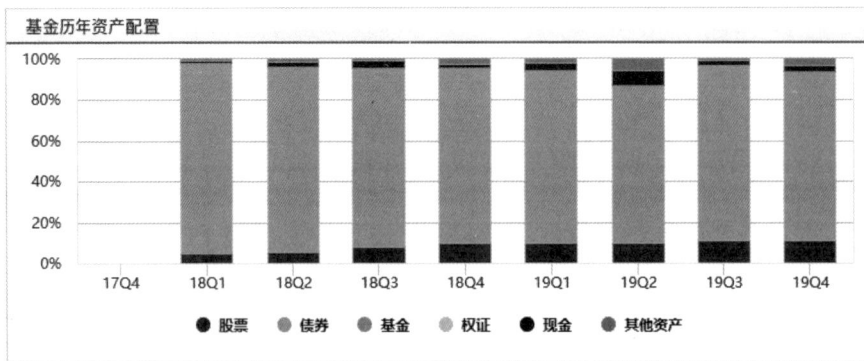

中欧可转债资产配置变化情况

中欧可转债基金要素表

基金简称	中欧可转债 A	基金全称	中欧可转债债券型证券投资基金
基金代码	004993	成立日期	2017/11/10
基金管理人	长信基金管理有限责任公司	基金托管人	平安银行股份有限公司
比较基准	中证可转换债券指数 ×70%+ 中债综合指数收益率 ×20%+ 沪深 300 指数收益率 ×10%	最新规模	33.78 亿元（2019 年 4 季度）
运作方式	契约型开放式	投资类型	混合债券型二级基金
投资目标	在严格控制投资组合风险的前提下，力争为基金份额持有人获取超越业绩比较基准的投资回报		
投资范围	本基金的投资范围为具有良好流动性的金融工具，包括国内依法发行上市的股票（包括中小板、创业板以及其他经中国证监会批准发行上市的股票）、国债、地方政府债、政府支持机构债、金融债、次级债、中央银行票据、企业债、公司债、中期票据、短期融资券（含超短期融资券）、可转换债券（含可分离交易可转换债券）、可交换债券、资产支持证券、同业存单、债券回购、协议存款、通知存款、定期存款、现金、权证、国债期货以及经中国证监会批准允许基金投资的其它金融工具（但需符合中国证监会的相关规定）。 如法律法规或监管机构以后允许基金投资其他品种，基金管理人在履行适当程序后，可以将其纳入投资范围。 基金的投资组合比例为：本基金对债券资产的投资比例不低于基金资产的 80%，投资于可转换债券（含可分离交易可转换债券）的比例合计不低于非现金基金资产的 80%；股票、权证的投资比例不超过基金资产的 20%，其中，本基金持有的全部权证的市值不得超过基金资产净值的 3%；每个交易日日终在扣除国债期货合约需缴纳的交易保证金后，现金或者到期日在一年以内的政府债券投资比例合计不低于基金资产净值的 5%。 如果法律、法规或中国证监会变更投资品种的投资比例限制，基金管理人在履行适当程序后，可以调整上述投资品种的投资比例		
管理费	1.00%	托管费	0.20%

申购费	金额 <100 万元	0.80%	赎回费	期限 <7 日	1.50%
	100 万元≤金额 <500 万元	0.50%		7 日≤期限 <365 日	0.10%
				365 日≤期限 <730 日	0.05%
	金额 > 500 万元	1000 元 / 笔		730 日≤期限	0.00%

12.3.5　其他转债基金

除了以上四只优秀的可转债基金之外，下面再为大家介绍几只有特色的产品。

银华中证转债指数增强

截至 2019 年底，全市场少有的跟踪中证转债指数的基金，该基金的投资组合比例为：投资于固定收益类证券的比例不低于基金资产的 80%，其中投资于中证转债指数的成分券及其备选成分券的比例不低于基金非现金资产的 80%。

中证转债指数代码是 000832，也是全市场使用比较多的可转债对标基准。从下图可以看出，转债基金想要战胜转债指数，似乎并不是容易的事情。

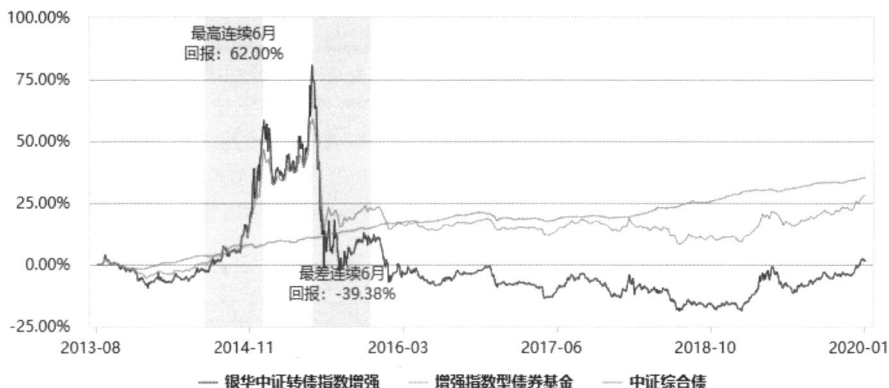

银华中证转债指数增强基金净值走势

这里主要有两个原因：

（1）可转债在牛市中大量转股消失，转债指数只需要直接剔除即可，而转债基金则需要进行卖出转债或者转股后卖出股票的操作，这两个操作均有一定的摩擦成本，特别是 2015 年股灾来得太快，摩擦成本更高。

（2）转债指数通常是以银行转债等大转债为主，而做指数增强或者主动投资，基金经理常常会选择一些有机会的小转债，这种策略在最近几年的行情中并不奏效，反而是大股票、大转债吃香，所以常常跑输基准。

无论如何，如果在短期内寻求波段操作获益，该基金和基准之间的误差是不会太大的，仍然可以作为投资者短期博取转债收益的工具。与之类似的还有东吴中证可转换债券指数基金。2020 年初，长信基金发行了长信中证转债及可交换债50 指数基金，博时基金发行了可转债 ETF，也可以关注。

招商可转债

招商可转债的投资类型是一级债基，如下图所示。而一级的含义通常是指"一级市场新股申购"，由于现行法规下债券基金不能参与新股申购，所以就可转债基金而言，一级债基的风险收益属性基本和纯债基金一样。

招商可转债基金净值走势

它们不从二级市场买入股票，即便由于可转债转股而持有的股票，也要在几十个交易日内卖出，不能在仓位中长时间停留。所以这种可转债基金，大部分收益和风险均来自于转债的头寸，是比较"纯粹"的专注转债市场的基金。

从基金净值上看，这类转债基金的波动性一点不亚于二级债类型，甚至不亚于股票。该基金成立于 2014 年 7 月份牛市来临之前，随后一年收益迅速翻倍，但是在股灾中也损失惨重。当时由于大量转债触发强赎而导致品种数量减少，该基金的配置被迫集中，恰逢股灾发生叠加投资者赎回，该基金当时又是分级基金触发了下折（分级基金的一种折算机制，会导致杠杆份额严重损失），净值发生了雪崩。从这个例子也可以看出，可转债基金投资的风险同样不小，下一节我们会专门进行介绍。

12.4 转债基金投资方法

通过对上面几只基金的介绍，相信读者已经对转债基金的运作特点有了一定的了解。面对几十只转债基金，应该如何选择呢？下面给出几个标准供参考。

12.4.1　投资经验丰富

这里不仅仅是指基金经理本人，也指基金公司。我们专门介绍的几只主动管理转债基金，无论成立时点如何，基本上长期都能够战胜沪深 300 指数。能做到这一点并不容易，需要基金公司或者基金经理对转债投资有深刻的理解，经历过几轮牛熊，体验过熊市磨底、条款博弈、牛市转股、股灾暴跌等不同阶段，才能做到在任何情况下都游刃有余。

12.4.2　基金规模适中

转债基金的规模不宜过大也不宜过小。可转债市场的容量和流动性都不是那么好，所以规模太大的基金在某些标的的进出上会比较困难，而一旦规模太小，则会面临清盘风险。所以转债基金的规模在 1 亿～ 5 亿之间是最好的，稍大一些 10 亿～ 20 亿也基本问题不大。

12.4.3　投资时机需把握

转债基金的投资并不是买完放在那里就可以一劳永逸了，2015 年股灾中许多转债基金断崖式下跌的情景仍然历历在目。综合来看，在熊市中，尤其是熊市中后期是转债基金投资的黄金时期，投资者应该重仓布局，无论是主动管理还是指数投资均是不错的标的。但是在牛市高峰期，转债的价格都在 150 元以上，有的甚至超过 200 元，转债的转股溢价率下降，这时的可转债和股票的风险差别不大；同时又会有大量的转债触发强赎转股，市场容量急剧缩小，转债基金面临的不是没有便宜东西投，而是根本就没东西可投的尴尬情形。

那么，这时就不是投资转债基金的好时机。如果继续看好转债，则可以直接在二级市场购买，如果看好股市，还不如直接投资股票或股票基金，止损也好赎回也罢，都不会面临流动性风险。从中证转债指数成立以来的走势图也可以看出，可转债在牛市的涨幅不小，熊市很抗跌，但是在由牛转熊的高点，风险也是不小的。而好的转债基金则可以做到牛市上一个台阶，而熊市中下半个台阶，下次牛市再上一个台阶。如此往复，成就牛"基"。

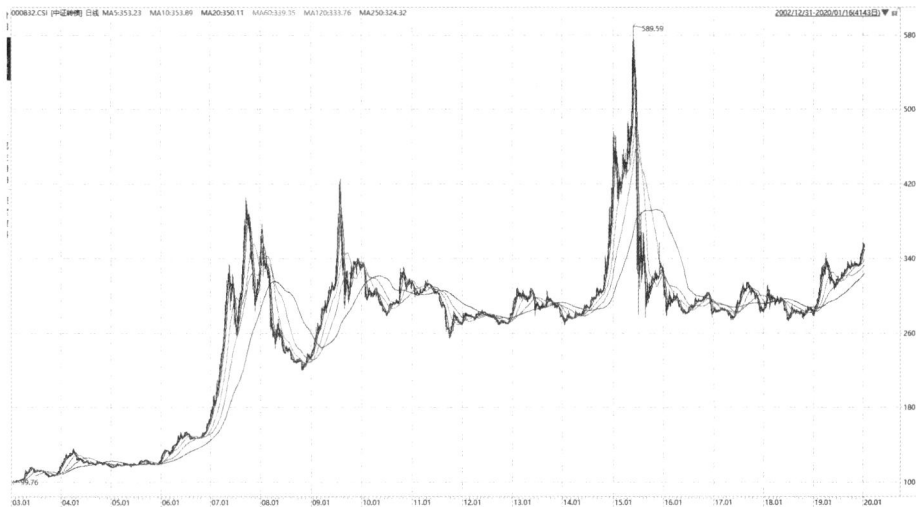

中证转债指数成立以来的走势图

第 13 章

法条备查：法律法规
解析

13.1 可转债所适用的法律体系

1992 年底，深圳上市公司深宝安在 A 股市场首次发行了 5 亿元的可转债，开创历史先河。这只可转债的发行完全是在法律法规基本空白的状态下进行的，之后的五年间，又先后有中纺机、深南玻公司在境外发行可转债，琼能源、成都工益等公司在上市前发行可转债，通通都是在无法可依、无章可循的摸索阶段所进行的尝试。由此也带来一些问题，比如深宝安由于转股价格过高和发行时间不当造成转股失败。

直到 1997 年 3 月 25 日中国证监会发布《可转债管理暂行办法》，才有了第一部针对可转债发行的法规。2000 年之后，随着一系列相关的法律法规的颁布和实施，可转债的发行、上市、交易、转股、赎回、回售等变得有章可循、有法可依，又经过 20 多年的修正和打补丁，终于形成了一套相对比较完善的可转债法律法规制度。

截至 2019 年底，相关体系如下。

13.1.1 国家法律

《中华人民共和国公司法》（2018 年 10 月 26 日修订）

《中华人民共和国证券法》（2019 年 12 月 28 日修订，2020 年 3 月 1 日起实施）

解读：可转债由上市公司发行，必须首先符合《公司法》，同时它又是一种有价证券，所以也必须符合《证券法》，这是两个大法。

13.1.2 证监会法规

《上市公司证券发行管理办法》（证监会令第 30 号，2006 年 5 月 6 日，2008 年 10 月 9 日修改）。

《创业板上市公司证券发行管理暂行办法》（证监会令第 100 号，2014 年 5 月 14 日）。

《证券发行与承销管理办法》（证监会令第 144 号，2018 年 6 月 15 日）。

点评：可转债由上市公司发行，必须符合证监会颁布的《上市公司证券发行管理办法》，有了这条法规以后，之前针对上市公司发行股票、债券和可转债的的专门法规都被废止了。同时针对创业板上市公司，有专门的《创业板上市公司证券发行管理暂行办法》，里面对于发行转债的要求会比前者更为严格。最后还要符合涉及更多细节的《证券发行与承销管理办法》。

13.1.3　交易所制度

（1）深交所

《深圳证券交易所可转换公司债券业务实施细则》（2017 年 9 月修订）。

《深圳证券交易所上市公司可转换公司债券发行上市业务办理指南》（2017 年 9 月修订）。

《深圳证券交易所交易规则》〔2016〕138 号。

（2）上交所

《上海证券交易所上市公司可转换公司债券发行实施细则》（上证发〔2017〕54 号）。

《上海证券交易所上市公司可转换公司债券发行上市业务办理指南》（上证发〔2018〕1493 号）。

《上海证券交易所证券异常交易实时监控细则》（2018 年修订）。

《上海证券交易所交易规则》（2018 年修订）。

点评：沪市上市公司发行的可转债通常在上交所上市交易，代码 11××××.SH，深市的上市公司，其可转债则在深交所交易，代码 12××××.SZ。沪深交易所分别发布了相应的实施细则、业务指南和交易规则。两个交易所的规则有一些细微差别，但不是很大。

所有法律法规可以通过扫描公众号，在后台回复"可转债法规"获得下载链接。

See More

可转债法规

13.2 国家法律

13.2.1 《中华人民共和国公司法》

（2018 年 10 月 26 日修订，部分摘录）

第一百六十一条　上市公司经股东大会决议可以发行可转换为股票的公司债券，并在公司债券募集办法中规定具体的转换办法。上市公司发行可转换为股票的公司债券，应当报国务院证券监督管理机构核准。

发行可转换为股票的公司债券，应当在债券上标明可转换公司债券字样，并在公司债券存根簿上载明可转换公司债券的数额。

点评：这一条明确规定了上市公司发行债券的具体核准部门是证监会，为证监会层面的法规制定打下基础。

第一百六十二条　发行可转换为股票的公司债券的，公司应当按照其转换办法向债券持有人换发股票，但债券持有人对转换股票或者不转换股票有选择权。

点评：这一条专门讲了可转债，规定了发行人和投资者之间最基本的权利和义务。

13.2.2 《中华人民共和国证券法》

（2019 年 12 月 28 日修订，部分摘录）

第十条　发行人申请公开发行股票、可转换为股票的公司债券，依法采取承销方式的，或者公开发行法律、行政法规规定实行保荐制度的其他证券的，应当聘请证券公司担任保荐人。

保荐人应当遵守业务规则和行业规范，诚实守信，勤勉尽责，对发行人的申请文件和信息披露资料进行审慎核查，督导发行人规范运作。

保荐人的管理办法由国务院证券监督管理机构规定。

点评：发行可转债必须要找证监会认可的承销商和保荐人。

第十二条 公司首次公开发行新股，应当符合下列条件：

（一）具备健全且运行良好的组织机构；

（二）具有持续经营能力；

（三）最近三年财务会计报告被出具无保留意见审计报告；

（四）发行人及其控股股东、实际控制人最近三年不存在贪污、贿赂、侵占财产、挪用财产或者破坏社会主义市场经济秩序的刑事犯罪；

（五）经国务院批准的国务院证券监督管理机构规定的其他条件。

第十五条 公开发行公司债券，应当符合下列条件：

（一）具备健全且运行良好的组织机构；

（二）最近三年平均可分配利润足以支付公司债券一年的利息；

（三）国务院规定的其他条件。

公开发行公司债券筹集的资金，必须按照公司债券募集办法所列资金用途使用；改变资金用途，必须经债券持有人会议作出决议。公开发行公司债券筹集的资金，不得用于弥补亏损和非生产性支出。

上市公司发行可转换为股票的公司债券，除应当符合第一款规定的条件外，还应当遵守本法第十二条第二款的规定。但是，按照公司债券募集办法，上市公司通过收购本公司股份的方式进行公司债券转换的除外。

点评：第十五条规定了发行债券的基本要求，同时又对发行可转债做了最专门的要求，即除了满足债券发行的基本条件，还要满足满足股票发行中要求的"具有持续经营能力"。关于发行股票和可转债的具体要求，在证监会层面的《上市公司证券发行管理办法》中，会有更详细的要求。

第三十七条 公开发行的证券，应当在依法设立的证券交易所上市交易或者在国务院批准的其他全国性证券交易场所交易。

非公开发行的证券，可以在证券交易所、国务院批准的其他全国性证券交易场所、按照国务院规定设立的区域性股权市场转让。

第三十八条　证券在证券交易所上市交易，应当采用公开的集中交易方式或者国务院证券监督管理机构批准的其他方式。

第四十六条　申请证券上市交易，应当向证券交易所提出申请，由证券交易所依法审核同意，并由双方签订上市协议。

证券交易所根据国务院授权的部门的决定安排政府债券上市交易。

第四十七条　申请证券上市交易，应当符合证券交易所上市规则规定的上市条件。

证券交易所上市规则规定的上市条件，应当对发行人的经营年限、财务状况、最低公开发行比例和公司治理、诚信记录等提出要求。

第四十八条　上市交易的证券，有证券交易所规定的终止上市情形的，由证券交易所按照业务规则终止其上市交易。

证券交易所决定终止证券上市交易的，应当及时公告，并报国务院证券监督管理机构备案。

第四十九条　对证券交易所作出的不予上市交易、终止上市交易决定不服的，可以向证券交易所设立的复核机构申请复核。

点评：上述几条是说公开发行的证券需要在交易所上市，自然是集中交易方式（而银行间债券市场主要是一对一询价交易为主）。非公开发行的证券（例如私募可交换债），可以在其他交易所交易。而对于证券终止上市的规定，新《证券法》并没有专门规定，而是交由交易所来制定政策。

13.3 证监会法规

13.3.1 《上市公司证券发行管理办法》

（证监会令第30号，自2006年5月8日起施行，2008年10月9日修订，部分摘要）

第二条　上市公司申请在境内发行证券，适用本办法。

本办法所称证券，指下列证券品种：

（一）股票；

（二）可转换公司债券；

（三）中国证券监督管理委员会（以下简称"中国证监会"）认可的其他品种。

点评：本《办法》主要针对股票和可转债，针对普通公司债券另有专门的《公司债券发行与交易管理办法》。

第三条　上市公司发行证券，可以向不特定对象公开发行，也可以向特定对象非公开发行。

点评：以前大家只听说过股票的公开发行（或增发）和定向增发，而可转债一般都是公开发行，其实可转债也可以定向发行。2018 年 11 月证监会专门发文试点定向可转债并购以支持上市公司发展。

第七条　上市公司的盈利能力具有可持续性，符合下列规定：

（一）最近三个会计年度连续盈利。扣除非经常性损益后的净利润与扣除前的净利润相比，以低者作为计算依据；

（二）业务和盈利来源相对稳定，不存在严重依赖于控股股东、实际控制人的情形；

（三）现有主营业务或投资方向能够可持续发展，经营模式和投资计划稳健，主要产品或服务的市场前景良好，行业经营环境和市场需求不存在现实或可预见的重大不利变化；

（四）高级管理人员和核心技术人员稳定，最近十二个月内未发生重大不利变化；

（五）公司重要资产、核心技术或其他重大权益的取得合法，能够持续使用，不存在现实或可预见的重大不利变化；

（六）不存在可能严重影响公司持续经营的担保、诉讼、仲裁或其他重大事项；

（七）最近二十四个月内曾公开发行证券的，不存在发行当年营业利润比上年下降百分之五十以上的情形。

第八条　上市公司的财务状况良好，符合下列规定：

（一）会计基础工作规范，严格遵循国家统一会计制度的规定；

（二）最近三年及一期财务报表未被注册会计师出具保留意见、否定意见或无法表示意见的审计报告；被注册会计师出具带强调事项段的无保留意见审计报告的，所涉及的事项对发行人无重大不利影响或者在发行前重大不利影响已经消除；

（三）资产质量良好。不良资产不足以对公司财务状况造成重大不利影响；

（四）经营成果真实，现金流量正常。营业收入和成本费用的确认严格遵循国家有关企业会计准则的规定，最近三年资产减值准备计提充分合理，不存在操纵经营业绩的情形；

（五）最近三年以现金方式累计分配的利润不少于最近三年实现的年均可分配利润的百分之三十。

【备注：该项根据《关于修改上市公司现金分红若干规定的决定》（证监会令第57号，2008年10月9日）进行修改。】

点评：《证券法》第十三条第二款中"具有持续盈利能力"，就是上述两条所讲的内容。

第十四条　公开发行可转换公司债券的公司，除应当符合本章第一节规定外，还应当符合下列规定：

（一）最近三个会计年度加权平均净资产收益率平均不低于百分之六。扣除非经常性损益后的净利润与扣除前的净利润相比，以低者作为加权平均净资产收益率的计算依据；

（二）本次发行后累计公司债券余额不超过最近一期末净资产额的百分之四十；

（三）最近三个会计年度实现的年均可分配利润不少于公司债券一年的利息。

前款所称可转换公司债券，是指发行公司依法发行、在一定期间内依据约定的条件可以转换成股份的公司债券。

第十五条　可转换公司债券的期限最短为一年，最长为六年。

第十六条　可转换公司债券每张面值一百元。

可转换公司债券的利率由发行公司与主承销商协商确定，但必须符合国家的有关规定。

第十七条　公开发行可转换公司债券，应当委托具有资格的资信评级机构进行信用评级和跟踪评级。

资信评级机构每年至少公告一次跟踪评级报告。

第十八条　上市公司应当在可转换公司债券期满后五个工作日内办理完毕偿还债券余额本息的事项。

第十九条　公开发行可转换公司债券，应当约定保护债券持有人权利的办法，以及债券持有人会议的权利、程序和决议生效条件。

存在下列事项之一的，应当召开债券持有人会议：

（一）拟变更募集说明书的约定；

（二）发行人不能按期支付本息；

（三）发行人减资、合并、分立、解散或者申请破产；

（四）保证人或者担保物发生重大变化；

（五）其他影响债券持有人重大权益的事项。

第二十条　公开发行可转换公司债券，应当提供担保，但最近一期末经审计的净资产不低于人民币十五亿元的公司除外。

提供担保的，应当为全额担保，担保范围包括债券的本金及利息、违约金、损害赔偿金和实现债权的费用。

以保证方式提供担保的，应当为连带责任担保，且保证人最近一期经审计的净资产额应不低于其累计对外担保的金额。证券公司或上市公司不得作为发行可转债的担保人，但上市商业银行除外。

设定抵押或质押的，抵押或质押财产的估值应不低于担保金额。估值应经有资格的资产评估机构评估。

第二十一条　可转换公司债券自发行结束之日起六个月后方可转换为公司股票，转股期限由公司根据可转换公司债券的存续期限及公司财务状况确定。

债券持有人对转换股票或者不转换股票有选择权，并于转股的次日成为发行公司的股东。

第二十二条　转股价格应不低于募集说明书公告日前二十个交易日该公司股票交易均价和前一交易日的均价。

前款所称转股价格，是指募集说明书事先约定的可转换公司债券转换为每股股份所支付的价格。

第二十三条　募集说明书可以约定赎回条款，规定上市公司可按事先约定的条件和价格赎回尚未转股的可转换公司债券。

第二十四条　募集说明书可以约定回售条款，规定债券持有人可按事先约定的条件和价格将所持债券回售给上市公司。

募集说明书应当约定，上市公司改变公告的募集资金用途的，赋予债券持有人一次回售的权利。

第二十五条　募集说明书应当约定转股价格调整的原则及方式。发行可转换公司债券后，因配股、增发、送股、派息、分立及其他原因引起上市公司股份变动的，应当同时调整转股价格。

第二十六条　募集说明书约定转股价格向下修正条款的，应当同时约定：

（一）转股价格修正方案须提交公司股东大会表决，且须经出席会议的股东所持表决权的三分之二以上同意。股东大会进行表决时，持有公司可转换债券的股东应当回避；

（二）修正后的转股价格不低于前项规定的股东大会召开日前二十个交易日该公司股票交易均价和前一交易日的均价。

点评： 从第十五条到第二十六条，是对可转债具体条款的详细规定。法规中在这之后还叙述了分离交易可转债和权证的一些规定，由于该品种目前已不存在，故这里略去。

第四十条　上市公司申请发行证券，董事会应当依法就下列事项作出决议，并提请股东大会批准：

（一）本次证券发行的方案；

（二）本次募集资金使用的可行性报告；

（三）前次募集资金使用的报告；

（四）其他必须明确的事项。

第四十一条　股东大会就发行股票作出的决定……

第四十二条　股东大会就发行可转换公司债券作出的决定，至少应当包括下列事项：

（一）本办法第四十一条规定的事项；

（二）债券利率；

（三）债券期限；

（四）担保事项；

（五）回售条款；

（六）还本付息的期限和方式；

（七）转股期；

（八）转股价格的确定和修正。

第四十三条　股东大会就发行分离交易的可转换公司债券作出的决定，至少应当包括下列事项：

（一）本办法第四十一条、第四十二条第（二）项至第（六）项规定的事项；

（二）认股权证的行权价格；

（三）认股权证的存续期限；

（四）认股权证的行权期间或行权日。

第四十四条　股东大会就发行证券事项作出决议，必须经出席会议的股东所持表决权的三分之二以上通过。向本公司特定的股东及其关联人发行证券的，股东大会就发行方案进行表决时，关联股东应当回避。

上市公司就发行证券事项召开股东大会，应当提供网络或者其他方式为股东参加股东大会提供便利。

第四十五条　上市公司申请公开发行证券或者非公开发行新股，应当由保荐人保荐，并向中国证监会申报。

保荐人应当按照中国证监会的有关规定编制和报送发行申请文件。

第四十六条　中国证监会依照下列程序审核发行证券的申请：

（一）收到申请文件后，五个工作日内决定是否受理；

（二）中国证监会受理后，对申请文件进行初审；

（三）发行审核委员会审核申请文件；

（四）中国证监会作出核准或者不予核准的决定。

第四十七条　自中国证监会核准发行之日起，上市公司应在六个月内发行证券；超过六个月未发行的，核准文件失效，须重新经中国证监会核准后方可发行。

第四十八条　上市公司发行证券前发生重大事项的，应暂缓发行，并及时报告中国证监会。该事项对本次发行条件构成重大影响的，发行证券的申请应重新经过中国证监会核准。

第四十九条　上市公司发行证券，应当由证券公司承销；非公开发行股票，发行对象均属于原前十名股东的，可以由上市公司自行销售。

第五十条　证券发行申请未获核准的上市公司，自中国证监会作出不予核准的决定之日起六个月后，可再次提出证券发行申请。

点评： 上述几条规定了上市公司发行证券的基本流程，当然也包括可转债，前面我们以图形的形式进行了表述，这里不再赘述。

第六十七条　上市公司披露盈利预测的，利润实现数如未达到盈利预测的百分之八十，除因不可抗力外，其法定代表人、盈利预测审核报告签字注册会计师应当在股东大会及中国证监会指定报刊上公开作出解释并道歉；中国证监会可以对法定代表人处以警告。

利润实现数未达到盈利预测的百分之五十的，除因不可抗力外，中国证监会在三十六个月内不受理该公司的公开发行证券申请。

点评： 近年来受经济转型和监管趋严影响，越来越多的上市公司出现业绩爆雷现象，对于这种公司，所有的证券发行都会受到影响自然也包括可转债。

13.3.2　《创业板上市公司证券发行管理暂行办法》

（证监会令〔第 100 号〕，2014 年 5 月 14 日，部分摘要）

创业板公司发行可转债的规定和《上市公司证券发行管理办法》中所述区别不大，下文仅列出一些重要的特别之处。

第九条　上市公司发行证券，应当符合《证券法》规定的条件，并且符合以下规定：

（一）最近二年盈利，净利润以扣除非经常性损益前后孰低者为计算依据；

（二）会计基础工作规范，经营成果真实。内部控制制度健全且被有效执行，能够合理保证公司财务报告的可靠性、生产经营的合法性，以及营运的效率与效果；

（三）最近二年按照上市公司章程的规定实施现金分红；

（四）最近三年及一期财务报表未被注册会计师出具否定意见或者无法表示意见的审计报告；被注册会计师出具保留意见或者带强调事项段的无保留意见审计报告的，所涉及的事项对上市公司无重大不利影响或者在发行前重大不利影响已经消除；

（五）最近一期末资产负债率高于百分之四十五，但上市公司非公开发行股票的除外；

（六）上市公司与控股股东或者实际控制人的人员、资产、财务分开，机构、业务独立，能够自主经营管理。上市公司最近十二个月内不存在违规对外提供担保或者资金被上市公司控股股东、实际控制人及其控制的其他企业以借款、代偿债务、代垫款项或者其他方式占用的情形。

点评：对于创业板公司发行任何一类证券都做了更具体的要求。

第四十条　上市公司公开发行证券，应当由证券公司承销。非公开发行股票符合以下情形之一的，可以由上市公司自行销售：

（一）发行对象为原前十名股东；

（二）发行对象为上市公司控股股东、实际控制人或者其控制的关联方；

（三）发行对象为上市公司董事、监事、高级管理人员或者员工；

（四）董事会审议相关议案时已经确定的境内外战略投资者或者其他发行对象；

（五）中国证监会认定的其他情形。

上市公司自行销售的，应当在董事会决议中确定发行对象，且不得采用竞价方式确定发行价格。

点评：对于上市公司自行销售的情况，创业板公司的规定更为详细，范围更宽泛。

13.3.3　《证券发行与承销管理办法》

（证监会令〔第144号〕，2018年6月15日，部分摘要）

第十三条　网下和网上投资者申购新股、可转换公司债券、可交换公司债券获得配售后，应当按时足额缴付认购资金。网上投资者连续12个月内累计出现3次中签后未足额缴款的情形时，6个月内不得参与新股、可转换公司债券、可交换公司债券申购。网下和网上投资者缴款认购的新股或可转换公司债券数量合计不足本次公开发行数量的70%时，可以中止发行。

点评：由于可转债打新并非稳赚不赔，从认购到缴款有时滞性，股市可能出现重大变化直接影响上市价格，有时会发生投资者中签之后放弃购买的现象，这里专门做了相关规定。

第十九条 上市公司向原股东配售股票（以下简称配股），应当向股权登记日登记在册的股东配售，且配售比例应当相同。上市公司向不特定对象公开募集股份（以下简称增发）或者发行可转换公司债券，可以全部或者部分向原股东优先配售，优先配售比例应当在发行公告中披露。

网上投资者在申购可转换公司债券时无须缴付申购资金。

点评： 由于可转债可能稀释原股东权益，所以要优先向原股东配售。网上打新，不需要市值，中签了再交钱。

第二十条 上市公司增发或者发行可转换公司债券，主承销商可以对参与网下配售的机构投资者进行分类，对不同类别的机构投资者设定不同的配售比例，对同一类别的机构投资者应当按相同的比例进行配售。主承销商应当在发行公告中明确机构投资者的分类标准。

主承销商未对机构投资者进行分类的，应当在网下配售和网上

发行之间建立回拨机制，回拨后两者的获配比例应当一致。

点评： 可转债发行也分网上和网下，这点同股票发行相同。网上打新人人皆可参与，门槛低但不一定中签，网下打新主要是机构投资者，百分之百能中签，但是配售比例不确定。

第二十三条 证券公司承销证券，应当依照《证券法》第二十八条的规定采用包销或者代销方式。上市公司非公开发行股票未采用自行销售方式或者上市公司配股的，应当采用代销方式。

点评： 可转债发行一般情况下不会出现募集失败的情况，但是如果恰巧碰上行情不好弃购得较多，也有可能募集不足，这时采用包销模式的券商就得出资买入余下的份额。2018 年熊市中就有多只可转债出现这种情况，券商账面上的亏损可能会超过承销费。

第三十四条 首次公开发行股票的发行人和主承销商应当在发行和承销过程中公开披露以下信息：

（四）在发行结果公告中披露获配机构投资者名称、个人投资者个人信息以及每个获配投资者的报价、申购数量和获配数量等，并明确说明自主配售的结果是否符合事先公布的配售原则；对于提供有效报价但未参与申购，或实际申购数

量明显少于报价时拟申购量的投资者应列表公示并着重说明；缴款后的发行结果公告中披露网上、网下投资者获配未缴款金额以及主承销商的包销比例，列表公示获得配售但未足额缴款的网下投资者；发行后还应披露保荐费用、承销费用、其他中介费用等发行费用信息。

点评： 2019 年 3 月份市场转暖，转债发行火爆。由于可转债发行后要披露投资者明细，有细心的投资者发现在网下申购中有很多法人机构动用几十甚至上百个账户进行打新，这一不公平的现象最终被证监会叫停。

13.4 交易所制度

13.4.1 《深圳证券交易所可转换公司债券业务实施细则》

（2018 年 12 月修订，非常重要，全文转载）

第一章 总则

第一条 为规范可转换公司债券的发行、上市、交易、转股、回售、赎回及兑付等业务，保护投资者和证券发行人的合法权益，根据《证券法》《上市公司证券发行管理办法》《创业板上市公司证券发行管理暂行办法》《证券发行与承销管理办法》等法律、行政法规、部门规章，以及《深圳证券交易所股票上市规则》《深圳证券交易所创业板股票上市规则》《深圳证券交易所交易规则》制定本细则。

第二条 本细则所指可转换公司债券，是指发行人依法发行、在一定期间内依据约定的条件可以转换成股票的公司债券。

第三条 在深圳证券交易所（以下简称"本所"）上市的可转换公司债券，适用本细则。本细则未规定的，参照本所对股票的有关规定办理。

第二章 可转换公司债券的发行

第四条 在获得中国证监会核准后，可转换公司债券的发行人和保荐人可以采取向上市公司股东配售、网下发行、网上发行等方式中的一种或者几种发行可转换公司债券。

采取网下发行方式的，发行相关事宜由主承销商及上市公司自行组织实施，主承销商可向网下单一申购账户收取不超过 50 万元的申购保证金。

采取网上发行方式的，主承销商根据发行规模合理设置单个账户网上申购上限；投资者连续十二个月内累计出现三次中签后未足额缴款的情形时，六个月内不得参与新股、存托凭证、可转换公司债券、可交换公司债券申购。

第五条　发行人和保荐人申请办理可转换公司债券在本所发行事宜时，应当提交下列文件：

（一）中国证监会的核准文件；

（二）经中国证监会审核的全部发行申报材料；

（三）发行的预计时间安排；

（四）发行具体实施方案和发行公告；

（五）募集说明书全文及摘要；

（六）证券简称及证券代码申请书；

（七）本所要求的其他文件。

第六条　发行人为主板、中小企业板上市公司的，应当在发行日前二至五个交易日内，将发行公告和经中国证监会核准的募集说明书摘要刊登在至少一种中国证监会指定的报刊，同时将募集说明书全文刊登在中国证监会指定的互联网网站。

发行人为创业板上市公司的，应当在发行日前二至五个交易日内，将发行提示性公告刊登在至少一种中国证监会指定的报刊，同时将发行公告、经中国证监会核准的募集说明书摘要及全文刊登在中国证监会指定的互联网网站。

第三章　可转换公司债券的上市

第七条　发行完成后，发行人申请可转换公司债券在本所上市，应当符合下列条件：

（一）可转换公司债券的期限为一年以上；

（二）可转换公司债券实际发行额不少于人民币 5000 万元；

（三）申请可转换公司债券上市时仍符合法定的公司债券发行条件。

第八条　发行人向本所申请可转换公司债券上市时，应当提交下列文件：

（一）上市报告书（申请书）；

（二）申请可转换公司债券上市的董事会决议；

（三）公司章程；

（四）公司营业执照；

（五）保荐协议和保荐人出具的上市保荐书；

（六）法律意见书；

（七）发行完成后经具有从事证券、期货相关业务资格的会计师事务所出具的验资报告；

（八）中国证券登记结算有限责任公司深圳分公司对可转换公司债券已登记托管的书面确认文件；

（九）可转换公司债券募集办法（募集说明书）；

（十）公司关于可转换公司债券的实际发行数额的说明；

（十一）可转换公司债券上市公告书；

（十二）本所要求的其他文件。

第九条　上市申请经本所审核同意的，本所发出上市通知书。发行人应当在收到上市通知书后及时与本所签订可转换公司债券上市协议。

第十条　发行人应当在可转换公司债券上市前五个交易日内，将上市公告书全文刊登在中国证监会指定的互联网网站。发行人为主板和中小企业板上市公司的，还应当将上市公告书全文同时刊登在至少一种中国证监会指定的报刊。

第十一条　上市公告书应当载明可转换公司债券的基本情况、发行人概况、主要发行条款、担保事项、发行人的资信情况、偿债措施、发行人财务会计资料、上市推荐意见等。

第四章　可转换公司债券的交易

第十二条　可转换公司债券实行当日回转交易。

第十三条　可转换公司债券以人民币 100 元面额为 1 张。通过竞价交易买入可转换公司债券以 10 张或者其整数倍进行申报。卖出可转换公司债券时，余额不足 10 张部分，应当一次性申报卖出。申报价格最小变动单位为人民币 0.001 元。

第十四条　可转换公司债券单笔交易数量不低于 5000 张，或者交易金额不低于人民币 50 万元的，可以采用大宗交易方式。

第十五条　可转换公司债券标的股票停复牌的，可转换公司债券同步停复牌，但因特殊原因可转换公司债券需单独停复牌的除外。

第十六条　可转换公司债券上市交易期间出现下列情况之一的，应当停止交易：

（一）流通面值少于人民币 3000 万元时，自发行人发布相关公告三个交易日后停止交易；

（二）转股期结束前十个交易日；

（三）赎回期间；

（四）中国证监会和本所认定的其他情况。

第五章　可转换公司债券的转股

第十七条　可转换公司债券自发行结束之日起六个月后，在符合约定条件时，债券持有人方可通过报盘方式申请转换为公司股票。转股期由发行人根据可转换公司债券的存续期限及公司财务状况确定。

第十八条　发行人应当按照约定向可转换公司债券持有人换发股票，但可转换公司债券持有人对转换股票或者不转换股票有选择权。

第十九条　可转换公司债券进入转股期后，投资者当日买入的可转换公司债券当日可申报转股，投资者可于当日交易时间内撤销转股申请。转换后的股票可于转股后的次一交易日上市交易。

第二十条　可转换公司债券在停止交易后、转股期结束前，持有人仍然可以依据约定的条件申请转股。

第二十一条　可转换公司债券转股的最小单位为 1 股。

第二十二条　债券持有人申请转股的可转换公司债券数额大于其实际拥有的可转换公司债券数额的，按其实际拥有的数额进行转股，申请剩余部分予以取消。

第二十三条　债券持有人申请转股后，所剩债券面额不足转换 1 股股份的部分，发行人将在该种情况发生后五个交易日内，以现金兑付该部分可转债的票面金额及利息。

第二十四条　发行人应当在可转换公司债券开始转股前三个交易日内披露实

施转股的公告。公告内容应当包括可转换公司债券的基本情况、转股的起止时间、转股的程序、转股价格的历次调整和修正情况等。

第二十五条　可转换公司债券转换为股票的数额累计达到可转换公司债券开始转股前公司已发行股份总额的 10% 时，发行人应当及时履行信息披露义务。

第二十六条　募集说明书应当规定转股价格调整的原则及方式。发行可转换公司债券后，因配股、增发、送股、派息、分立及其他原因引起发行人公司股份变动的，应当同时调整转股价格。

第二十七条　募集说明书约定转股价格向下修正条款的，应当同时约定：

（一）转股价格向下修正方案应当提交公司股东大会表决，且须经出席会议的股东所持表决权的三分之二以上通过。股东持有公司可转换债券的，应当回避表决；

（二）修正后的转股价格不低于前项规定的股东大会召开日前二十个交易日该公司股票交易均价和前一交易日的均价。

第二十八条　拟进行转股价格向下修正的发行人，应当在转股价格向下修正议案经董事会审议通过后再提交股东大会审议。股东大会审议通过该议案后，发行人应当及时发布转股价格修正公告，公告内容包括修正前的转股价格、修正后的转股价格、修正转股价格履行的审议程序、转股价格修正的起始时间等。

第二十九条　发行人在可转换公司债券转股期结束的二十个交易日前应当至少发布三次提示公告，提醒投资者有关在可转换公司债券转股期结束前十个交易日停止交易的事项。

第六章　可转换公司债券的赎回

第三十条　发行人可按募集说明书约定的条件和价格行使赎回权，也可以不行使赎回权。

第三十一条　在可转换公司债券存续期内募集说明书约定的赎回条件满足时，发行人可以行使赎回权，按约定的价格赎回全部或者部分未转股的可转换公司债券。

第三十二条　发行人拟行使赎回权时，应当将行使赎回权事项提交董事会审议并予以公告，但公司章程或者募集说明书另有约定除外。发行人决定行使赎回权的，应当在满足赎回条件后的五个交易日内至少发布三次赎回公告。赎回公告应当载明赎回的条件、程序、价格、付款方法、起止时间等内容。

第三十三条　发行人刊登公告行使赎回权时，本所在赎回期间停止该债券的交易和转股。

第三十四条　发行人根据停止交易后登记在册的债券数量，于赎回期结束后的五个交易日内将资金划入投资者开设的保证金账户。

第三十五条　自赎回期结束后的七个交易日内，发行人刊登赎回结果公告。赎回结果公告应当包括赎回价格、赎回数量、赎回的债券金额以及赎回对公司财务状况、经营成果及现金流量的影响。

发行人全部赎回的，还应当刊登可转换公司债券的摘牌公告。公告应当包括可转换公司债券基本情况、赎回情况、摘牌的起始时间等。

第三十六条　发行人按一定比例赎回的，未赎回的可转换公司债券，在完成清算、交收手续后恢复交易和转股。

第七章 可转换公司债券的回售

第三十七条　可转换公司债券募集说明书可以约定回售条款，规定债券持有人可按事先约定的条件和价格将所持债券回售给发行人，债券持有人也可以不行使回售权。

第三十八条　募集说明书应当约定，发行人改变公告的募集资金用途的，债券持有人获得一次回售的权利。

第三十九条　在可转换公司债券存续期内募集说明书约定的回售条件满足时，债券持有人可回售部分或者全部未转股的可转换公司债券。

第四十条　发行人应当在募集说明书约定的回售条件满足后的五个交易日内至少发布三次回售公告。回售公告应当载明回售的条件、价格、程序、付款方法、起止时间等内容。

第四十一条　在可转换公司债券的回售期内，债券持有人可通过本所交易系统进行回售申报，回售申报当日可以撤单。在回售期结束后的五个交易日内，发行人将资金划入投资者开设的保证金账户。

第四十二条　自回售期结束后的七个交易日内，发行人刊登回售结果公告。

回售结果公告应当包括回售价格、回售数量、回售的债券金额以及回售对公司财务状况、经营成果及现金流量的影响。

第四十三条　如在同一交易日内分别收到可转换债券持有人的交易、转托管、转股、回售等两项或者以上报盘申请的，按以下顺序处理申请：交易、回售、转股、转托管。

第八章　可转换公司债券的本息兑付

第四十四条　发行人应当在可转换公司债券派息前三至五个交易日内刊登付息公告。付息公告应当载明付息方案、付息债权登记日与除息日、付息对象、付息方法等。

第四十五条　发行人应当在可转换公司债券期满前三至五个交易日刊登本息兑付公告。本息兑付公告内容参照付息公告。

第四十六条　发行人应当自可转换公司债券期满后五个交易日内办理完毕偿还债券余额本息的事项。

第九章　附　　则

第四十七条　可转换公司债券清算、交收依照《中国结算深圳分公司公司债券登记结算业务指南》办理。可转换公司债券证券交易经手费按成交金额的0.04‰双边收取。

第四十八条　本细则由本所负责解释。

第四十九条　本细则自发布之日起施行。本所2017年9月8日发布的《深圳证券交易所可转换公司债券业务实施细则》（深证上〔2017〕576号）同时废止。

13.4.2　《深圳证券交易所上市公司可转换公司债券发行上市业务办理指南》

（2018年12月修订，部分省略）

一、可转换公司债券发行前的准备工作

（一）沟通发行方案（略）

（二）网上可转债发行业务有关要点

1．上市公司可转债发行上市业务流程及时间安排请参见《上市公司可转债发行参考流程》（附件1）。

2．主板、中小板上市公司可转债申购代码为"07××××"，其中"××××"为上市公司股票代码后四位；申购简称为"××发债"，其中"××"取自上市公司股票简称。

创业板上市公司可转债申购代码为"37××××"，其中"××××"为上市公司股票代码后四位；申购简称为"××发债"，其中"××"取自上市公司股票简称。

3．主板、中小板上市公司可转债老股东优先配售代码为"08××××"，其中"××××"为上市公司股票代码后四位；配售简称为"××配债"，其中"××"取自上市公司股票简称。

创业板上市公司可转债老股东优先配售代码为"38××××"，其中"××××"为上市公司股票代码后四位；配售简称为"××配债"，其中"××"取自上市公司股票简称。

4．投资者参与可转债网上申购只能使用一个证券账户。同一投资者使用多个证券账户参与同一只可转债申购的，或投资者使用同一证券账户多次参与同一只可转债申购的，以该投资者的第一笔申购为有效申购，其余申购均为无效申购。

确认多个证券账户为同一投资者持有的原则为证券账户注册资料中的"账户持有人名称""有效身份证明文件号码"均相同。证券账户注册资料以T-1日日终为准。

5．如本次发行安排对原股东优先配售，原股东均可通过网上申购行使优先认购权。原股东因发行可交换公司债券将股份划转至质押专户等原因导致无法通过网上行使优先认购权的，可联系上市公司和承销商通过网下行使优先认购权，并由上市公司向中国结算深圳分公司发行人业务部申请办理网下优先认购获得的可转换公司债券的登记事宜。

原股东在股权登记日持有的有优先认购权的股票托管在两个或两个以上的证券营业部的，优先认购权按其托管的证券营业部分别申购"××配债"。

6．可转债发行不向投资者收取手续费。

7．主承销商根据发行规模合理设置单个账户网上申购上限。

8. 机构投资者可以同时选择网上、网下两种申购方式参与本次发行，发行公告对此应予以明确。

9. 投资者网上申购可转债中签后，应依据中签结果履行资金交收义务，确保其资金账户在 T+2 日日终有足额的认购资金。投资者认购资金不足的，不足部分视为放弃认购，由此产生的后果及相关法律责任，由投资者自行承担。

对于因投资者资金不足而全部或部分放弃认购的情况，结算参与人（包括证券公司及托管人等，下同）应当认真核验，并在 T+3 日 15:00 前如实向中国结算深圳分公司申报。放弃认购的张数以实际不足资金为准，最小单位为 1 张，可不为 10 张的整数倍。投资者放弃认购的可转债由主承销商负责包销或根据发行人和主承销商事先确定并披露的其他方式处理。

10. 投资者连续十二个月内累计出现三次中签但未足额缴款的情形时，自结算参与人最近一次申报其放弃认购的次日起六个月（按一百八十个自然日计算，含次日）内不得参与网上新股、存托凭证、可转换公司债券及可交换公司债券申购。

放弃认购情形以投资者为单位进行判断。放弃认购的次数按照投资者实际放弃认购的新股、存托凭证、可转换公司债券、可交换公司债券累计计算；投资者持有多个证券账户的，其任何一个证券账户发生放弃认购情形的，放弃认购次数累计计算。不合格、注销证券账户所发生过的放弃认购情形也纳入统计次数。

证券公司客户定向资产管理专用账户以及企业年金账户，证券账户注册资料中"账户持有人名称"相同且"有效身份证明文件号码"相同的，按不同投资者进行统计。

11. 当出现网下和网上投资者缴款认购的可转换公司债券数量合计不足本次公开发行数量的 70% 的情形，发行人或主承销商可在 T+3 日 17:00 前向本所提出中止发行的申请，发行人与主承销商应对可能发生此情形时向本所提出中止发行申请的法律主体进行约定，募集说明书与发行公告应载明相关安排。

（三）与中国结算深圳分公司联系办理发行前的相关手续

上市公司及保荐机构应当提前与中国结算深圳分公司发行人业务部、结算业务部等有关部门联系，了解可转债发行的相关工作。

二、可转债发行期间的工作

（一）刊登《可转债发行获准公告》

上市公司应当在取得中国证监会可转债核准文件后两个交易日内刊登《可转债发行获准公告》。（略）

（二）刊登《可转债募集说明书》及网上（网下）发行公告、路演公告

上市公司取得中国证监会可转债发行核准通知后，应当在可转债发行核准通知有效期内刊登《可转债募集说明书》，以保证可转债发行顺利实施。（略）

（三）刊登《可转债发行提示性公告》

上市公司应当在可转债发行申购日刊登《可转债发行提示性公告》，在可转债发行申购日前一交易日 15:00 前通过业务专区上传《可转债发行提示性公告》后披露。

《网上及网下发行公告》及《可转债发行提示性公告》至少应当包括以下内容：

1. 可转债募集说明书及网上网下发行公告的刊登日。

2. 股权登记日（如有）、网上申购日（T 日）。

3. 网下发行日程安排（不得晚于 T 日）。

4. 发行数量、发行价格。

5. 申购代码（07××××、37××××）、申购简称（×× 发债）。

6. 申购方式。

7. 配售代码（08××××、38××××）、配售简称（×× 配债）（如有）。

8. 配售方式（如有）。

9. 中止发行安排。

10. 本所要求的其他内容。

（四）网下发行

网下发行相关事宜由主承销商及上市公司自行组织实施，主承销商可向网下单一申购账户收取不超过 50 万元的申购保证金。

（五）刊登《网上发行中签率及网下发行配售结果公告》（略）

（六）摇号并刊登《可转换公司债券中签号码公告》

可转债网上申购结束后的第一个交易日（T+1），保荐人联系信息公司组织

摇号，并于当日 10∶30 前将经公证的摇号结果送达公司管理部门。发行人于当日
15∶00 前将《可转换公司债券中签号码公告》通过业务专区上传。

（七）刊登《可转换公司债券发行结果公告》

可转债网上申购结束后的第三个交易日（T+3），发行人于当日 17∶00 前通
过业务专区上传《可转换公司债券发行结果公告》，披露网上、网下以及老股东
比例配售的最终发行认购结果。

如因发生网下和网上投资者缴款认购的可转换公司债券数量合计不足本次公
开发行数量的 70% 的情形，主承销商或发行人申请中止本次发行的，应在 T+3
当日 17∶00 前向本所提出申请，并安排发布《可转债中止发行公告》。

三、可转债登记及上市的相关工作（略，主要看下表）

注：

T 日：上网发行申购日；

L 日：可转债上市日。

序号	阶段	时间
1	刊登《可转债发行获准公告》	取得证监会可转债发行核准通知后两个交易日内
2	发行安排	取得证监会核准通知后至刊登《可转债募集说明书》前三个交易日
3	刊登《可转债募集说明书》准备	T−3 日前 （刊登《可转债募集说明书》前一个交易日及之前）
4	刊登《可转债募集说明书》	T−2 日
5	网上申购准备	T−1 日
6	网上申购	T 日
7	摇号	T+1 日
8	网上申购中签缴款	T+2 日
9	确定发行结果	T+3 日
10	发行结束	T+4 日
11	登记准备	T+6 日前
12	上市准备	登记业务完成后两个交易日内
13	刊登上市公告	L−1 日
14	上市	L 日

附录 1

可转债详情列表

注：数据截至日为 2019 年底，仅包含处在交易状态的转债。

（1）特别向下修正条款中"15/30，85%"意思是"正股在任意连续 30 个交易日中至少有 15 个交易日收盘价格低于当期转股价格的 85%"，公司董事会有权提出下修。

（2）特别向下修正条款中"15/30，130%"意思是"正股连续 30 个交易日中至少有 15 个交易日收盘价格不低于当期转股价格的 130%"，发行人有权实施强赎。

（3）回售条款中"30,70%，后两年"意思是"正股任意连续 30 个交易日收盘价格低于当期转股价格的 70% 时"，即触发回售。空值意味着该转债没有基于正股价格的回售条款，可能仅有改变募集用途的回售条款。

可转债详情列表如下。

代码	名称	发行总额（亿元）	发行公告日	期限（年）	特别向下修正条款	赎回条款	回售条款	评级	正股名称	GICS 一级行业
110061.SH	川投转债	40.0	2019/11/7	6	10/20,85%	15/30,130%	30,70%，后 2 年	AAA	川投能源	公用事业
123034.SZ	通光转债	3.0	2019/10/31	6	15/30,85%	15/30,130%	30,70%，后 2 年	A+	通光线缆	工业
123033.SZ	金力转债	4.4	2019/10/30	6	20/30,90%	20/30,130%	30,70%，后 2 年	AA−	金力永磁（退市）	材料
110060.SH	天路转债	10.9	2019/10/24	6	15/30,85%	15/30,130%	30,70%，后 2 年	AA	西藏天路	工业
113548.SH	石英转债	3.6	2019/10/24	6	15/30,80%	15/30,130%	30,70%，后 2 年	AA−	石英股份	材料
110059.SH	浦发转债	500.0	2019/10/24	6	15/30,80%	15/30,130%	—	AAA	浦发银行	金融
113547.SH	索发转债	9.5	2019/10/22	6	15/30,90%	15/30,130%	30,70%，后 2 年	AA	索通发展	材料
127014.SZ	北方转债	5.8	2019/10/22	6	15/30,80%	15/30,130%	30,70%，后 2 年	AA+	北方国际	工业
113546.SH	迪贝转债	2.3	2019/10/19	6	15/30,90%	15/30,130%	30,70%，后 2 年	A+	迪贝电气	工业
128079.SZ	英联转债	2.1	2019/10/17	6	15/30,85%	15/30,130%	30,70%，后 2 年	A+	英联股份	材料
128078.SZ	大极转债	10.0	2019/10/17	6	15/30,90%	15/30,130%	30,70%，后 2 年	AA	大极股份	信息技术
128077.SZ	华夏转债	7.9	2019/10/14	6	10/20,90%	15/30,130%	30,70%，后 2 年	AA−	华夏航空	工业
128076.SZ	金轮转债	2.1	2019/10/10	6	15/30,85%	15/30,130%	30,70%，后 2 年	AA−	金轮股份	工业
113545.SH	金能转债	15.0	2019/10/10	6	15/30,80%	15/30,130%	30,70%，后 2 年	AA	金能科技	能源
123032.SZ	万里转债	1.8	2019/10/9	6	15/30,85%	15/30,130%	30,70%，后 2 年	A+	万里马	可选消费
128075.SZ	远东转债	8.9	2019/9/19	6	15/30,85%	15/30,130%	30,70%，后 2 年	AA	远东传动	可选消费
128074.SZ	游族转债	11.5	2019/9/19	6	15/30,90%	15/30,130%	30,70%，后 2 年	AA	游族网络	信息技术
113544.SH	桃李转债	10.0	2019/9/18	6	15/30,85%	15/30,130%	30,70%，后 2 年	AA	桃李面包	日常消费

续上表

代码	名称	发行总额（亿元）	发行公告日	期限（年）	特别向下修正条款	赎回条款	回售条款	评级	正股名称	GICS 一级行业
123031.SZ	晶瑞转债	1.9	2019/8/27	6	15/30,90%	15/30,130%	30,70%，后2年	A+	晶瑞胶份	材料
128073.SZ	哈尔转债	3.0	2019/8/20	5	15/30,85%	15/30,130%	30,70%，后2年	AA−	哈尔斯	可选消费
128072.SZ	翔鹭转债	3.0	2019/8/16	6	15/30,80%	15/30.130%	30,70%，后2年	AA−	翔鹭钨业	材料
123030.SZ	九洲转债	3.1	2019/8/16	6	15/30,85%	15/30,130%	30,70%，后2年	AA−	九洲电气	工业
128071.SZ	合兴转债	6.0	2019/8/14	6	15/30,90%	15/30,130%	30,70%，后2年	AA	合兴包装	材料
123029.SZ	英科转债	4.7	2019/8/14	6	15/30,85%	15/30,130%	30,70%，后2年	AA−	英科医疗	医疗保健
113543.SH	欧派转债	15.0	2019/8/14	6	15/30,80%	15/30,130%	30,70%，后1年	AA	欧派家居	可选消费
113542.SH	好客转债	6.3	2019/7/30	6	15/30,80%	15/30,130%	30,70%，后2年	AA	好莱客	可选消费
113541.SH	荣晟转债	3.3	2019/7/19	6	10/20,90%	15/30,130%	30,70%，第5年	AA−	荣晟环保	材料
113540.SH	南威转债	6.6	2019/7/11	6	15/30,85%	15/30,130%	30,70%，后2年	AA−	南威软件	信息技术
113539.SH	圣达转债	3.0	2019/6/30	6	10/30,90%	15/30,130%	30,70%，后1年	A+	圣达生物	医疗保健
128070.SZ	智能转债	2.3	2019/6/27	6	15/30,90%	15/30,130%	—	A+	智能自控	工业
113538.SH	安图转债	6.8	2019/6/25	6	15/30,80%	15/30,130%	30,70%，后2年	AA	安图生物	医疗保健
128069.SZ	华森转债	3.0	2019/6/20	6	10/20,85%	15/30,130%	30,70%，后2年	AA−	华森制药	医疗保健
123028.SZ	清水转债	4.9	2019/6/17	6	15/30,85%	15/30,130%	30,70%，后2年	AA−	清水源	材料
113028.SH	环境转债	21.7	2019/6/14	6	15/30,85%	15/30,130%	30,70%，后2年	AAA	上海环境	工业
113027.SH	华钰转债	6.4	2019/6/12	6	15/30,80%	15/30,130%	30,70%，后2年	AA	华钰矿业	材料
123027.SZ	蓝晓转债	3.4	2019/6/6	6	15/30,85%	15/30,130%	30,70%，后2年	A+	蓝晓科技	材料

续上表

代码	名称	发行总额（亿元）	发行公告日	期限（年）	特别向下修正条款	赎回条款	回售条款	评级	正股名称	GICS 一级行业
113537.SH	文灿转债	8.0	2019/6/5	6	15/30, 85%	15/30, 130%	30, 70%, 后 2 年	AA−	文灿股份	可选消费
123026.SZ	中环转债	2.9	2019/6/5	5	15/30, 90%	15/30, 130%	30, 70%, 后 2 年	AA−	中环环保	工业
128068.SZ	和而转债	5.5	2019/5/31	6	15/30, 85%	15/30, 130%	30, 70%, 后 2 年	AA−	和而泰	信息技术
113536.SH	三星转债	1.9	2019/5/29	6	15/30, 85%	15/30, 130%	30, 70%, 后 2 年	AA	三星新材	可选消费
113535.SH	大业转债	5.0	2019/5/7	5	10/20, 90%	15/30, 130%	30, 70%, 后 2 年	AA	大业股份	材料
128067.SZ	一心转债	6.0	2019/4/17	6	15/30, 80%	15/30, 130%	30, 70%, 后 2 年	AA	一心堂	日常消费
128066.SZ	亚泰转债	4.8	2019/4/15	6	15/30, 90%	15/30, 130%	30, 70%, 后 2 年	AA−	亚泰国际	工业
110058.SH	永鼎转债	9.8	2019/4/12	6	15/30, 85%	15/30, 130%	30, 70%, 后 2 年	AA	永鼎股份	信息技术
128065.SZ	雅化转债	8.0	2019/4/12	6	10/20, 90%	15/30, 130%	30, 70%, 后 2 年	AA	雅化集团	材料
127013.SZ	创维转债	10.4	2019/4/11	6	10/20, 90%	15/30, 130%	30, 70%, 后 2 年	AA	创维数字	可选消费
113026.SH	核能转债	78.0	2019/4/11	6	15/30, 85%	15/30, 130%	30, 70%, 后 2 年	AAA	中国核电	公用事业
113025.SH	明泰转债	18.4	2019/4/5	6	15/30, 90%	15/30, 130%	30, 70%, 第 5 年	AA	明泰铝业	材料
113534.SH	鼎胜转债	12.5	2019/4/4	6	15/30, 85%	15/30, 130%	30, 70%, 后 2 年	AA	鼎胜新材	材料
113024.SH	核建转债	30.0	2019/4/3	6	15/30, 80%	15/30, 130%	30, 70%, 后 2 年	AAA	中国核建	工业
128064.SZ	司尔转债	8.0	2019/4/3	6	20/30, 85%	15/30, 130%	30, 70%, 后 2 年	AA	司尔特	材料
128063.SZ	未来转债	6.3	2019/3/31	6	15/30, 80%	15/30, 130%	30, 70%, 后 1 年	AA−	德尔未来	材料
113533.SH	参林转债	10.0	2019/3/31	6	15/30, 85%	15/30, 130%	30, 70%, 后 2 年	AA	大参林	日常消费
113532.SH	海环转债	4.6	2019/3/29	6	15/30, 85%	15/30, 130%	30, 70%, 后 2 年	AA	海峡环保	公用事业

续上表

代码	名称	发行总额（亿元）	发行公告日	期限（年）	特别向下修正条款	赎回条款	回售条款	评级	正股名称	GICS 一级行业
128062.SZ	亚药转债	9.7	2019/3/29	6	15/30,85%	15/30,130%	30,70%,后2年	AA	亚太药业	医疗保健
110057.SH	现代转债	16.2	2019/3/28	6	15/30,80%	15/30,130%	30,70%,后2年	AAA	现代制药	医疗保健
113531.SH	百姓转债	3.3	2019/3/27	5	15/30,80%	15/30,130%	30,70%,后2年	AA	老百姓	日常消费
123025.SZ	精测转债	3.8	2019/3/27	6	15/30,85%	15/30,130%	30,70%,后2年	AA-	精测电子	信息技术
128061.SZ	启明转债	10.5	2019/3/25	6	10/20,85%	15/30,130%	30,70%,后2年	AA	启明星辰	信息技术
113530.SH	大丰转债	6.3	2019/3/25	6	15/30,85%	15/30,130%	30,70%,后2年	AA	大丰实业	工业
128060.SZ	中装转债	5.3	2019/3/22	6	10/20,90%	15/30,130%	30,70%,后2年	AA	中装建设	工业
127012.SZ	招路转债	50.0	2019/3/20	6	15/30,90%	15/30,130%	30,70%,后2年	AAA	招商公路	工业
123024.SZ	岱勒转债	2.1	2019/3/19	5	15/30,80%	15/30,130%	30,70%,后2年	A+	岱勒新材	工业
123023.SZ	迪森转债	6.0	2019/3/16	6	10/20,80%	10/20,130%	30,70%,后1年	AA	迪森股份	工业
110056.SH	亨通转债	17.3	2019/3/15	6	15/30,85%	15/30,130%	30,70%,后2年	AA+	亨通光电	信息技术
123022.SZ	长信转债	12.3	2019/3/14	6	15/30,85%	15/30,130%	30,70%,后2年	AA	长信科技	信息技术
110054.SH	通威转债	50.0	2019/3/14	6	15/30,80%	15/30,130%	30,70%,后2年	AA+	通威股份	日常消费
110055.SH	伊力转债	8.8	2019/3/13	6	15/30,80%	15/30,130%	30,70%,后2年	AA	伊力特	日常消费
110053.SH	苏银转债	200.0	2019/3/12	6	15/30,80%	15/30,130%	—	AAA	江苏银行	金融
113022.SZ	浙商转债	35.0	2019/3/8	6	15/30,80%	15/30,130%	—	AAA	浙商证券	金融
128059.SZ	视源转债	9.4	2019/3/7	6	15/30,90%	15/30,130%	30,70%,后2年	AA	视源股份	信息技术
127011.SZ	中鼎转2	12.0	2019/3/6	6	15/30,85%	15/30,130%	30,70%,后2年	AA+	中鼎股份	可选消费

续上表

代码	名称	发行总额（亿元）	发行公告日	期限（年）	特别向下修正条款	赎回条款	回售条款	评级	正股名称	GICS 一级行业
128058.SZ	拓邦转债	5.7	2019/3/5	6	15/30,80%	15/30,130%	30,70%,后 2 年	AA	拓邦股份	信息技术
110052.SH	贵广转债	16.0	2019/3/1	6	10/20,90%	15/30,130%	30,70%,后 2 年	AA+	贵广网络	可选消费
128057.SZ	博彦转债	5.8	2019/3/1	6	15/30,90%	15/30,130%	30,70%,后 2 年	AA–	博彦科技	信息技术
113021.SH	中信转债	400.0	2019/2/28	6	15/30,80%	15/30,130%	—	AAA	中信银行	金融
123021.SZ	万信转 2	12.0	2019/2/28	6	10/20,90%	15/30,130%	30,70%,后 2 年	AA	万达信息	信息技术
113528.SH	长城转债	6.3	2019/2/27	6	15/30,80%	15/30,130%	30,70%,后 2 年	AA–	长城科技	工业
123020.SZ	富祥转债	4.2	2019/2/27	6	15/30,90%	15/30,130%	30,70%,后 2 年	AA–	富祥股份	医疗保健
128056.SZ	今飞转债	3.7	2019/2/26	6	10/20,90%	15/30,130%	30,70%,后 2 年	A+	今飞凯达	可选消费
110051.SH	中天转债	39.7	2019/2/26	6	15/30,85%	15/30,130%	30,70%,后 2 年	AA+	中天科技	信息技术
128055.SZ	长青转 2	9.1	2019/2/25	6	20/30,85%	15/30,130%	30,70%,后 2 年	AA	长青股份	材料
123019.SZ	中来转债	10.0	2019/2/21	6	15/30,85%	15/30,130%	30,70%,后 2 年	AA–	中来股份	信息技术
128054.SZ	中宠转债	1.9	2019/2/13	6	15/30,85%	15/30,130%	30,70%,后 2 年	A+	中宠股份	日常消费
128053.SZ	尚荣转债	7.5	2019/2/12	6	15/30,90%	15/30,130%	30,70%,后 2 年	AA	尚荣医疗	医疗保健
113527.SH	维格转债	7.5	2019/1/22	6	10/20,90%	15/30,130%	30,70%,后 2 年	AA	维格娜丝	可选消费
113526.SH	联泰转债	3.9	2019/1/21	6	15/30,90%	15/30,130%	30,70%,后 2 年	AA	联泰环保	工业
128052.SZ	凯龙转债	3.3	2018/12/19	6	10/20,90%	15/30,130%	30,70%,后 2 年	AA	凯龙股份	材料
123018.SZ	溢利转债	6.6	2018/12/18	6	15/30,85%	15/30,130%	30,70%,后 2 年	AA–	溢多利	医疗保健
110050.SH	佳都转债	8.7	2018/12/17	6	10/20,90%	15/30,130%	30,70%,后 2 年	AA	佳都科技	信息技术

续上表

代码	名称	发行总额（亿元）	发行公告日	期限（年）	特别向下修正条款	赎回条款	回售条款	评级	正股名称	GICS一级行业
113525.SH	台华转债	5.3	2018/12/13	6	10/20,85%	15/30,130%	30,70%,后2年	AA	台华新材	材料
128051.SZ	光华转债	2.5	2018/12/12	6	10/20,85%	15/30,130%	30,70%,后2年	AA−	光华科技	材料
113524.SH	奇精转债	3.3	2018/12/12	6	15/30,85%	15/30,130%	30,70%,后2年	AA	奇精机械	可选消费
128050.SZ	钧达转债	3.2	2018/12/6	6	15/30,85%	15/30,130%	30,70%,后2年	AA−	钧达股份	可选消费
113523.SH	伟明转债	6.7	2018/12/6	6	10/30,90%	15/30,130%	30,70%,后2年	AA	伟明环保	工业
110048.SH	福能转债	28.3	2018/12/5	6	15/30,90%	15/30,130%	30,70%,后2年	AA+	福能股份	公用事业
128049.SZ	华源转债	4.0	2018/11/23	6	15/30,85%	15/30,130%	30,70%,后2年	AA−	华源控股	材料
113522.SH	旭升转债	4.2	2018/11/20	6	15/30,85%	15/30,130%	30,70%,第5年	AA	旭升股份	可选消费
110047.SH	山鹰转债	23.0	2018/11/19	6	15/30,80%	15/30,130%	30,70%,后2年	AA+	山鹰纸业	材料
123017.SZ	寒锐转债	4.4	2018/11/16	6	15/30,80%	15/30,130%	30,70%,后2年	AA−	寒锐钴业	材料
110046.SH	圆通转债	36.5	2018/11/16	6	15/30,90%	15/30,130%	30,70%,后2年	AA+	圆通速递	工业
113020.SH	桐昆转债	38.0	2018/11/15	6	15/30,85%	15/30,130%	30,70%,后2年	AA+	桐昆股份	材料
113521.SH	科森转债	6.1	2018/11/14	6	10/20,90%	15/30,130%	30,70%,后2年	AA	科森科技	信息技术
127008.SZ	特发转债	4.2	2018/11/14	6	10/20,90%	15/30,130%	30,70%,后2年	AA	特发信息	信息技术
128048.SZ	张行转债	25.0	2018/11/8	6	15/30,80%	15/30,130%	—	AA+	张家港行	金融
113520.SH	百合转债	5.1	2018/11/6	6	15/30,80%	15/30,130%	30,70%,后2年	AA−	梦百合	可选消费
113519.SH	长久转债	7.0	2018/11/5	6	15/30,80%	15/30,130%	30,70%,后2年	AA	长久物流	工业
123016.SZ	洲明转债	5.5	2018/11/3	6	15/30,85%	15/30,130%	30,70%,后2年	AA−	洲明科技	信息技术

续上表

代码	名称	发行总额（亿元）	发行公告日	期限（年）	特别向下修正条款	赎回条款	回售条款	评级	正股名称	GICS 一级行业
128047.SZ	光电转债	13.0	2018/11/1	6	15/30,85%	15/30,130%	30,70%,后 2 年	AA+	中航光电	信息技术
128046.SZ	利尔转债	8.5	2018/10/15	6	20/30,80%	20/30,130%	30,70%,后 2 年	AA	利尔化学	材料
113518.SH	顾家转债	11.0	2018/9/10	6	15/30,80%	15/30,130%	30,80%,后 2 年	AA	顾家家居	可选消费
128045.SZ	机电转债	21.0	2018/8/23	6	15/30,85%	15/30,130%	30,70%,后 2 年	AAA	中航机电	工业
128044.SZ	岭南转债	6.6	2018/8/10	6	15/30,90%	15/30,130%	30,70%,后 2 年	AA	岭南股份	工业
123015.SZ	蓝盾转债	5.4	2018/8/9	6	15/30,85%	15/30,130%	30,70%,后 2 年	AA	蓝盾股份	信息技术
113517.SH	曙光转债	11.2	2018/8/2	6	15/30,80%	15/30,130%	30,70%,后 2 年	AA	中科曙光	信息技术
113516.SH	苏农转债	25.0	2018/7/31	6	15/30,80%	15/30,130%	—	AA+	苏农银行	金融
128043.SZ	东音转债	2.8	2018/7/31	6	15/30,80%	15/30,130%	30,70%,后 2 年	AA-	东音股份	工业
128042.SZ	凯中转债	4.2	2018/7/26	6	10/30,85%	15/30,130%	30,70%,后 2 年	AA	凯中精密	工业
123014.SZ	凯发转债	3.5	2018/7/25	5	15/30,85%	15/30,130%	30,70%,后 2 年	A+	凯发电气	工业
123013.SZ	横河转债	1.4	2018/7/24	6	15/30,90%	15/30,130%	30,70%,后 2 年	A+	横河模具	材料
113515.SH	高能转债	8.4	2018/7/24	6	15/30,80%	15/30,130%	30,70%,后 2 年	AA	高能环境	工业
113514.SH	威帝转债	2.0	2018/7/18	6	20/30,80%	20/30,130%	30,70%,后 2 年	A+	威帝股份	可选消费
123012.SZ	万顺转债	9.5	2018/7/18	6	15/30,80%	15/30,130%	30,70%,后 2 年	AA-	万顺新材	材料
123011.SZ	德尔转债	5.6	2018/7/16	6	15/30,85%	15/30,130%	30,70%,后 2 年	AA-	德尔股份	可选消费
128041.SZ	盛路转债	10.0	2018/7/13	6	10/20,90%	15/30,130%	30,70%,后 2 年	AA	盛路通信	信息技术
110045.SH	海澜转债	30.0	2018/7/11	6	15/30,85%	15/30,130%	30,70%,后 2 年	AA+	海澜之家	可选消费

续上表

代码	名称	发行总额（亿元）	发行公告日	期限（年）	特别向下修正条款	赎回条款	回售条款	评级	正股名称	GICS一级行业
123010.SZ	博世转债	4.3	2018/7/3	6	15/30,90%	15/30,130%	30,70%,后2年	AA−	博世科	工业
127007.SZ	湖广转债	17.3	2018/6/26	6	10/20,90%	15/30,130%	30,70%,后2年	AA+	湖北广电	可选消费
110044.SH	广电转债	8.0	2018/6/25	6	10/20,90%	15/30,130%	30,70%,后2年	AA	广电网络	可选消费
113511.SH	千禾转债	3.6	2018/6/15	6	15/30,80%	20/30,130%	30,70%,后2年	AA−	千禾味业	日常消费
113510.SH	再升转债	1.1	2018/6/14	6	10/20,85%	15/30,130%	30,80%,第3年	AA−	再升科技	材料
128040.SZ	华通转债	2.2	2018/6/12	6	15/30,90%	15/30,130%	30,70%,后2年	AA−	华通医药	医疗保健
128039.SZ	三力转债	6.2	2018/6/6	6	15/30,85%	15/30,130%	30,70%,后2年	AA−	三力士	材料
113509.SH	新泉转债	4.5	2018/5/31	6	15/30,80%	15/30,130%	30,70%,后2年	AA	新泉股份	可选消费
113508.SH	新凤转债	21.5	2018/4/24	6	15/30,80%	15/30,130%	30,70%,后2年	AA	新凤鸣	材料
128038.SZ	利欧转债	22.0	2018/3/20	6	15/30,90%	15/30,130%	30,70%,后2年	AA	利欧股份	可选消费
128037.SZ	岩土转债	6.0	2018/3/13	6	15/30,85%	15/30,130%	30,70%,后2年	AA	中化岩土	工业
127006.SZ	敖东转债	24.1	2018/3/9	6	15/30,80%	15/30,130%	30,70%,后2年	AA+	吉林敖东	医疗保健
127005.SZ	长证转债	50.0	2018/3/8	6	15/30,80%	15/30,130%	—	AAA	长江证券	金融
128036.SZ	金农转债	6.5	2018/3/7	6	15/30,90%	15/30,130%	30,70%,后2年	AA−	金新农	日常消费
123009.SZ	星源转债	4.8	2018/3/5	6	10/20,90%	15/30,130%	30,70%,后2年	AA	星源材质	材料
113505.SH	杭电转债	7.8	2018/3/2	6	15/30,90%	15/30,130%	30,70%,后2年	AA	杭电股份	工业
113504.SH	艾华转债	6.9	2018/2/28	6	15/30,80%	15/30,130%	30,70%,后2年	AA	艾华集团	信息技术
113019.SH	玲珑转债	20.0	2018/2/27	5	15/30,80%	15/30,130%	30,70%,后2年	AA+	玲珑轮胎	可选消费

续上表

代码	名称	发行总额（亿元）	发行公告日	期限（年）	特别向下修正条款	赎回条款	回售条款	评级	正股名称	GICS 一级行业
128035.SZ	大族转债	23.0	2018/2/2	6	20/30,80%	15/30,130%	30,70%,后 2 年	AA+	大族激光	信息技术
110043.SH	无锡转债	30.0	2018/1/26	6	15/30,80%	15/30,130%	—	AA+	无锡银行	金融
128034.SZ	江银转债	20.0	2018/1/24	6	15/30,80%	15/30,130%	—	AA+	江阴银行	金融
123007.SZ	道氏转债	4.8	2017/12/26	6	15/30,85%	15/30,130%	30,70%,后 2 年	AA-	道氏技术	材料
128033.SZ	迪龙转债	5.2	2017/12/25	6	10/20,85%	15/30,130%	30,70%,后 2 年	AA	雪迪龙	信息技术
113017.SH	吉视转债	15.6	2017/12/25	6	15/30,90%	15/30,130%	30,70%,后 2 年	AA+	吉视传媒	可选消费
128032.SZ	双环转债	10.0	2017/12/21	6	15/30,90%	15/30,130%	30,70%,后 2 年	AA	双环传动	工业
110042.SH	航电转债	24.0	2017/12/21	6	15/30,80%	15/30,130%	30,70%,后 2 年	AAA	中航电子	工业
128029.SZ	太阳转债	12.0	2017/12/20	5	15/30,85%	15/30,130%	30,70%,后 2 年	AA+	太阳纸业	材料
110041.SH	蒙电转债	18.8	2017/12/20	6	15/30,90%	15/30,130%	30,70%,后 2 年	AAA	内蒙华电	公用事业
128030.SZ	天康转债	10.0	2017/12/20	6	15/30,90%	15/30,130%	30,70%,后 2 年	AA	天康生物	日常消费
128028.SZ	赣锋转债	9.3	2017/12/19	6	15/30,80%	15/30,130%	30,70%,后 2 年	AA	赣锋锂业	材料
123004.SZ	铁汉转债	11.0	2017/12/14	6	15/30,85%	15/30,130%	30,70%,后 2 年	AA	铁汉生态	工业
113503.SH	泰晶转债	2.2	2017/12/13	6	10/20,90%	15/30,130%	30,70%,后 2 年	AA	泰晶科技	信息技术
128026.SZ	众兴转债	9.2	2017/12/11	6	15/30,80%	15/30,130%	30,70%,后 2 年	AA-	众兴菌业	日常消费
123003.SZ	蓝思转债	48.0	2017/12/6	6	15/30,80%	20/30,130%	30,70%,后 2 年	AA+	蓝思科技	信息技术
128025.SZ	特一转债	3.5	2017/12/4	6	15/30,85%	15/30,130%	30,70%,后 2 年	AA-	特一药业	医疗保健
128023.SZ	亚太转债	10.0	2017/11/30	6	15/30,85%	15/30,130%	30,70%,后 2 年	AA	亚太股份	可选消费

续上表

代码	名称	发行总额（亿元）	发行公告日	期限（年）	特别向下修正条款	赎回条款	回售条款	评级	正股名称	GICS 一级行业
128022.SZ	众信转债	7.0	2017/11/29	6	10/20,90%	15/30,130%	30,70%,后 2 年	AA	众信旅游	可选消费
128021.SZ	兄弟转债	7.0	2017/11/24	6	15/30,85%	20/30,130%	30,70%,后 2 年	AA	兄弟科技	医疗保健
123002.SZ	国祯转债	6.0	2017/11/22	6	20/30,85%	15/30,130%	30,70%,后 2 年	AA	国祯环保	工业
110038.SH	济川转债	8.4	2017/11/9	5	10/30,80%	15/30,125%	30,50%,后 2 年	AA	济川药业	医疗保健
113502.SH	嘉澳转债	1.9	2017/11/8	6	10/20,90%	15/30,130%	30,70%,后 2 年	AA-	嘉澳环保	材料
128019.SZ	久立转 2	10.4	2017/11/6	6	15/30,80%	20/30,130%	30,70%,后 2 年	AA	久立特材	材料
128018.SZ	时达转债	8.8	2017/11/2	6	15/30,90%	15/30,130%	30,70%,后 2 年	AA	新时达	工业
113016.SH	小康转债	15.0	2017/11/2	6'	10/20,90%	15/30,130%	30,70%,后 2 年	AA	小康股份	可选消费
128017.SZ	金禾转债	6.0	2017/10/30	6	15/30,90%	15/30,130%	30,70%,第 5 年	AA	金禾实业	材料
113014.SH	林洋转债	30.0	2017/10/25	6	15/30,80%	15/30,130%	30,70%,后 2 年	AA	林洋能源	工业
128016.SZ	雨虹转债	18.4	2017/9/21	6	15/30,80%	15/30,130%	30,70%,后 2 年	AA	东方雨虹	材料
113013.SH	国君转债	70.0	2017/7/5	6	15/30,80%	15/30,130%	—	AAA	国泰君安	金融
113015.SZ	久其转债	7.8	2017/6/6	6	15/30,90%	15/30,130%	30,70%,后 2 年	AA	久其软件	信息技术
127004.SZ	模塑转债	8.1	2017/5/31	6	15/30,85%	20/30,130%	30,70%,后 2 年	AA	模塑科技	可选消费
128014.SZ	永东转债	3.4	2017/4/13	6	10/20,90%	15/30,130%	30,70%,后 2 年	AA-	永东股份	材料
113012.SH	骆驼转债	7.2	2017/3/22	6	15/30,80%	15/30,130%	30,70%,后 2 年	AA	骆驼股份	工业
113011.SH	光大转债	300.0	2017/3/15	6	15/30,80%	15/30,130%	—	AAA	光大银行	金融
128013.SZ	洪涛转债	12.0	2016/7/27	6	15/30,80%	15/30,130%	30,70%,后 2 年	AA	洪涛股份	工业

续上表

代码	名称	发行总额（亿元）	发行公告日	期限（年）	特别向下修正条款	赎回条款	回售条款	评级	正股名称	GICS 一级行业
127003.SZ	海印转债	11.1	2016/6/6	6	15/30,90%	15/30,130%	30,70%，后 2 年	AA−	海印股份	工业
128012.SZ	辉丰转债	8.5	2016/4/18	6	20/30,90%	15/30,130%	30,70%，后 2 年	AA	辉丰股份	材料
128010.SZ	顺昌转债	5.1	2016/1/20	6	20/30,85%	15/30,130%	30,70%，后 2 年	AA	澳洋顺昌	工业
113009.SH	广汽转债	41.1	2016/1/20	6	15/30,90%	15/30,130%	30,70%，后 2 年	AAA	广汽集团	可选消费
110034.SH	九州转债	15.0	2016/1/13	6	10/20,85%	20/30,130%	30,70%，后 2 年	AA+	九州通	日常消费
110033.SH	国贸转债	28.0	2015/12/31	6	15/30,90%	15/30,130%	30,70%，后 2 年	AA+	厦门国贸	工业
110031.SH	航信转债	24.0	2015/6/10	6	10/20,90%	20/30,130%	30,70%，后 2 年	AAA	航天信息	信息技术
113008.SH	电气转债	60.0	2015/1/29	6	10/20,85%	15/30,130%	30,70%，后 2 年	AAA	上海电气	工业

附录 2

延伸阅读推荐

相关书籍

《可转债投资魔法书》，安道全著，2012 年

《期权、期货和其他衍生品 (第 7 版)》，约翰·赫尔著，王勇、索吾林翻译，
2012 年

优秀的转债研究系列

《可转债基础研究系列》中信证券研究部，明明、刘斌、余经纬，公众号：
明晰笔谈、CITICS 债券研究

《转债定价，你应该知道的事系列》招商证券固定收益研究，徐寒飞、谭卓、
王菀婷，公众号：寒飞论债

《中泰证券固收转债专题报告》中泰证券研究所，齐晟、韩坪等，公众号：
齐晟太子看债

《华泰证券转债市场策略周报系列》华泰证券研究所，张继强、殷超，公众号：
强债华泰论坛

《兴业证券可转债研究系列》兴业证券固定收益研究，黄伟平、左大勇、雷霆，
公众号：兴证固收研究

《国金证券可转债周报系列》国金证券研究创新中心，唐川等

《国信证券可转债专题报告》国信证券固定收益研究，董德志、柯聪伟等，
公众号：国信研究

《东北证券可转债专题系列》东北证券研究所，李勇、邹勇等，公众号：李
勇宏观债券研究

《天风证券可转债市场周报系列》天风证券固定收益研究，韩洲枫，孙彬彬，
公众号：固收彬法

《东吴证券可转债研究系列》东吴证券固定收益研究，周岳等（现国金证券），
公众号：岳读债市

《可转债基金跟踪分析系列》财通证券金融工程，陶勤英等，公众号：量化
陶吧

注：介于证券分析师时有跳槽，此处所述证券公司与分析师可能有所不符，
以实际情况为准。

以下是三位基金经理眼中的可转债：

有很多朋友会问，既然看好股市，可以直接买股票，为什么要买可转债？其实投资面对的是不确定性，追求的是未来最优的期望收益，而可转债正是此类非常好的品种。

可转债投资既复杂又简单，复杂的是可转债属于股票衍生品，有很多需要研究分析的维度；而简单的是有那么多的要素和约束条件可以共同框定较小的波动区间。可转债投资的核心是对期权的定价，此种定价是绝对与相对相结合、静态与动态相结合、确定性与概率相结合，最终追求模糊的正确。

李家春　长信可转债 / 长信中证转债及可交换债 50 基金经理

谈起可转债，人们容易想到"进可攻、退可守"，这较好地描述了可转债的投资特性，但如何灵活地运用好可转债兼具股票属性和债券属性的特征为投资创造超额收益，是值得深入研究学习的，且会感到很有趣。

在国内，除了内含转股期权，可转债还常内嵌转股价下修条款和提前赎回条款等，这些条款综合在一起进一步增加了可转债的魅力！

另外，在参与风险资产投资时，投资者容易产生恐惧或贪婪，可能在恐惧中错失机会，在贪婪中落空收益，可转债也许能在一定程度上缓解此类问题，因为低价格下的"退可守"能提高投资者在市场较低位置时的投资信心，而提前强制赎回又能帮助投资者做到见好就收。

最后希望更多的投资朋友们能发现和享受可转债的美。

邓欣雨　博时可转债 ETF/ 博时转债增强债券 基金经理

可转债是一个相对小众的投资品类，其条款较为复杂且标的相对较少，但同时由于其"向下有底，向上有弹性"的特征，可转债也是绝对收益的有效工具。

随着近几年可转债市场的不断扩容，参与打新以及交易的投资者增加，可转债市场的关注度不断提升，也为部分投资者带来丰厚的回报。

本书从可转债的发展历史、条款、指标分析、投资方法等角度，详细地介绍了可转债的特点，可以让不熟悉可转债的投资者对这类资产有大致的了解，有机会利用这一工具提高投资收益，专业投资人士也能从中有所收获。

虞淼　兴全可转债 基金经理